教师人文素养漫谈

JIAOSHI RENWEN SUYANG MANTAN

山西书系

编写人员：

鲁文余　郝美荣　郭　焱　王梅青　宋玉婷

段晓佳　李常艳　罗　恰　陈盈盈　姜永华

张巨温　于海洋　贺阳阳　郑　洁　李文亮

山西出版传媒集团　山西教育出版社

图书在版编目（CIP）数据

教师人文素养漫谈 / 教师人文素养编委会编. — 太原：山西教育出版社，2021. 4
ISBN 978-7-5703-1488-1

Ⅰ. ①教… Ⅱ. ①教… Ⅲ. ①人文素质教育—师资培养—教材 Ⅳ. ①G40-012

中国版本图书馆CIP数据核字（2021）第062698号

教师人文素养漫谈
JIAOSHI RENWEN SUYANG MANTAN

责任编辑 樊丽娜
复　　审 刘继安
终　　审 李梦燕
装帧设计 郭俊杰 崔文娟
印装监制 蔡 洁

出版发行 山西出版传媒集团 · 山西教育出版社
（太原市水西门街馒头巷7号 电话：0351-4729801 邮编：030002）
印　　装 山西基因包装印刷科技股份有限公司
开　　本 890×1240 1/32
印　　张 12
字　　数 260千字
版　　次 2021年4月第1版 2021年4月山西第1次印刷
书　　号 ISBN 978-7-5703-1488-1
定　　价 56.00元

让读书成为教师的精神信仰

民国时有句调侃教书先生的打油诗“命苦不如趁早死，家贫无奈做先生”，每次想起此语都让我百味杂陈。大家都说教育是神圣的，她培育真善美；可教师是平凡的，她要备课、上课与评课。教育是永恒的，她创造希望与可能；可教师也是普通人，她要和学生斗智斗勇。教育是高尚的，人类将所有美好的词汇加诸于她；教师是寻常的，铁打的营盘流水的兵，日复一日重复着光阴的故事。当神圣与平凡相遇、希望与普通融合，当一切以“为孩子一生负责”的名义汇聚于学校展示于课堂时，阅读成为教师跨越平凡、改变自己、连接伟大世界与卑微梦想的唯一媒介。

读书是人丰富精神世界最有效的方式，也是实现教师专业化发展的重要手段。教师是读书人，也是教人读书的人。教师有一个远离世俗的学生世界，也有一个与圣贤先哲对话的精神世界。一个腹有诗书气自华的教师、一个气象万千的教书先生，可以让一间教室熠熠生辉，让身处其中的每一位学生肃然起敬，润物无声间埋下阅读的种子。正如苏霍姆林斯基所说："集体的智力财富之源首先在于教师的个人阅读，真正的教师一定是读书的爱好者。"

阅读的好处千千万万，然而当今教师阅读的现状着实令人堪忧。繁重的课业负担、严苛的绩效考核、咄咄逼人的升学压力、年复一年的职称评审、无休无止的检查验收……教师的阅读在当下越发的功利化、扁平化和碎片化，经典的人文与教育图书备受冷落，教辅与教参成为主要的阅读资料，学科阅读大有独领风骚之势，加上移动互联网带来的剧烈冲击，让轻阅读、浅阅读、泛阅读挤占了老师太多的宝贵时间和精力，让教师这个最有文化、最爱学习的知识群体也出现了令人不安的阅读率下降的趋势。

为了提升教师的人文精神与教育理论素养，拓宽广大教师的视野，我们邀请几十位大中小学教师和教育理论工作者组成编委会共同编选了本书。英国大百科全书中曾提出名著的六条标准：名著是经久不衰的常销书，而非畅销于一时；面向大众、通俗易懂而不是为少数专业人士写的书；名著不因时代变迁、政治、思想、原则的变更而失其价值；言近旨远，隽永深刻，一页书的内容多于其它著作整本书的内容；见解独到，言前人之所未言；探讨人类长期的困惑、悬而未决的问题并在某一方面取得突破性进展。根据以上六条标准，我们从大量教育经典名著、最新的人文社科研究论著以及广大一线教育工作者的经验与反思中，选择有助于教师理性思考并蕴涵或阐发现代教师专业精神与理念的著述，以帮助广大教师提高自身的专业素养。全书涵盖教师人文常识和教育教学素养两大版块，细化为六个单元，分别为：“先把自己铸成器”“教育即生长，生长之外别无目的”“孩子是另外一个物种”“让教育摆脱现实的奴役”“向远处看有意义的事”“教育，财富蕴藏其中”。每篇文章均专门撰有作者简介及阅读导言，旨在引导读者对文章进行深入思考，以阅读引领教师人文品质和人文精神的滋养与升华。全书通过层层精选的文本，让时间宝贵的教师随时进入读书的状态，推开一扇眺望远方的窗子。

陶行知先生说过，一个人是千万人的出发点，为学生读书可以完善教师的知识结构，为自己读书可以提升教师的内在修养，一举两得的教师阅读让教育生动优雅而有趣，让教师可以诗意地栖居在教育的沃土上，向美而生。最后，希望本书的出版，能给老师们带来些许的思考与助益。

谨为序。

编者

2021年春

目录

第一章　先把自己铸成器

第二章　教育即生长，生长之外别无目的

第三章　孩子是另外一个物种

第四章　让教育摆脱现实的奴役

第五章　向远处看有意义的事

第六章　教育，财富蕴藏其中

先把自己铸成器

第一章

天下从来没有白费的努力

胡适

胡适是传统中国向现代中国发展过程中，继往开来的一位启蒙大师。作为青年人的导师，胡适在《赠予今年的大学毕业生》一文中，提出了防范毕业生堕落的“三种防身的药方”。第一，要寻问题来研究，脑子中时时有一两个值得研究的问题，以便激起继续保持追求学问的热心；第二，要学会发展一点非职业的兴趣，就是要有业余活动，利用工作之外的闲暇时间，这不但可以发展自己的求知兴趣和生活的理想，而且可以养成善于利用业余时间的习惯；第三，要培养我们的信心，要相信现在的努力，必有将来个人的成功和国家的复兴。这些发表于二十世纪三十年代的文字，如今读来依然大有裨益。

一、赠予今年的大学毕业生[①]

这一两个星期里，各地的大学都有毕业的班次，都有很多的毕业生离开学校去开始他们的成人事业。学生的生活是一种享有

① 本篇是胡适于1932年6月27日为全国应届大学毕业生写的毕业赠言。

特殊优待的生活，不妨幼稚一点，不妨吵吵闹闹，社会都能纵容他们，不肯严格地要他们负行为的责任。现在他们要撑起自己的肩膀来挑他们自己的担子了。在这个国难最紧急的年头，他们的担子真不轻！我们祝他们成功，同时也不忍不依据我们自己的经验，赠予他们几句送行的赠言——虽未必是救命毫毛，也许做个防身的锦囊吧！

你们毕业之后，可走的路不出这几条：极少数的人还可以在国内或国外的研究院继续做学术研究；少数的人可以寻着相当的职业；此外还有做官、办党、革命三条路；此外就是在家享福或者失业闲居了。第一条继续求学之路，我们可以不讨论。走其余几条路的人，都不能没有堕落的危险。堕落的方式很多，总括起来，约有这两大类：

第一是容易抛弃学生时代求知识的欲望。你们到了实际社会里，往往所用非所学，往往所学全无用处，往往可以完全用不着学问，而一样可以胡乱混饭吃，混官做。在这种环境里，即使向来抱有求知识学问的决心的人，也不免心灰意懒，把求知的欲望渐渐冷淡下去。况且学问是要有相当的设备的：书籍，实验室，师友的切磋指导，闲暇的工夫，都不是一个平常要糊口养家的人所能容易办到的。没有做学问的环境，有谁能怪我们抛弃学问呢？

第二是容易抛弃学生时代理想人生的追求。少年人初次与冷酷的社会接触，容易感觉理想与事实相去太远，容易发生悲观和失望。多年怀抱的人生理想，改造的热忱，奋斗的勇气，到此时候，好像全不是那么一回事。渺小的个人在那强烈的社会炉火里，往往经不起长时期的烤炼就熔化了，一点高尚的理想不久就幻灭了。抱着改造社会的梦想而来，往往是弃甲曳兵而走，或者做了恶势力的俘虏。你在那俘虏牢狱里，回想那少年气壮时代的种种理想主义，好像都成了自误误人的迷梦！从此以后，你就甘心放弃理想人生的追求，甘心做现成社会的顺民了。

要防御这两方面的堕落，一面要保持我们求知识的欲望，一面要保持我们对于理想人生的追求。有什么好法子呢？依我个人的观察和经验，有三种防身的药方是值得一试的。

第一个方子只有一句话："总得时时寻一两个值得研究的问题！"问题是知识学问的老祖宗，古往今来一切知识的产生与积聚，都是因为要解答问题，要解答实用上的困难或理论上的疑难。所谓"为知识而求知识"，其实也只是一种好奇心追求某种问题的解答，不过因为那种问题的性质不必是直接应用的，人们就觉得这是"无所为"的求知识了。我们出学校之后，离开了做学问的环境，如果没有一两个值得解答的疑难问题在脑子里盘旋，就很难继续保持追求学问的热心。可是，如果你有了一个真有趣的问题天天逗你去想他，天天引诱你去解决他，天天对你挑衅笑你无可奈何他，这时候，你就会同恋爱一个女子发了疯一样，坐也坐不下，睡也睡不安，没工夫也得偷出工夫去陪她，没钱也得撙衣节食去巴结她。没有书，你自会变卖家私去买书；没有仪器，你自会典押衣服去置办仪器；没有师友，你自会不远千里去寻师访友。你只要能时时有疑难问题来逼你用脑子，你自然会保持发展你对学问的兴趣，即使在最贫乏的知识环境中，你也会慢慢地聚起一个小图书馆来，或者设置起一所小实验室来。所以我说：第一要寻问题，脑子里没有问题之日，就是你的知识生活寿终正寝之时！古人说，“待文王而兴者，凡民也。若夫豪杰之士，虽无文王犹兴”。[①]试想伽利略和牛顿有多少藏书？有多少仪器？他们不过是有问题而已。有了问题以后，他们自会造出仪器来解答他们的问题。没有问题的人们，关在图书馆里也不会用书，锁在实验室里也不会有什么发现。

第二个方子也只有一句话：“总得多发展一点非职业的兴趣。”离开学校之后，大家总得寻个吃饭的职业。可是你寻得的职业未必就是你所学的，或者未必是你所心喜的，或者是你所学而实在和你的性情不相近的。在这种状况之下，工作就往往成了苦工，就不感觉兴趣了。为糊口而做那种非“性之所近而力之所能勉”的工作，就很难保持求知的兴趣和生活的理想主义。最好的救济方法只有多多发展职业以外的正当兴趣与活动。一个人应该有他的职业，又应该有他的非职业的玩意儿，可以叫作业余活动。凡一个人用他的闲暇来做的事业，都是他的业余活动。往往他的业余活动比他的职业还更重要，因为一个人的前程往往全靠他怎样用他的闲暇时间。他用他的闲暇来打麻将，他就成个赌

① 见《孟子·尽心上》。原文是：孟子曰：“待文王而后兴者，凡民也。若夫豪杰之士，虽无文王犹兴。”意思是：孟子说：“一定要等待文王出来而后奋发的，是一般百姓。至于出色的人才，纵使没有文王，也能奋发起来。”

徒；你用你的闲暇来做社会服务，你也许成个社会改革者；或者你用你的闲暇去研究历史，你也许成个史学家。你的闲暇往往定你的终身。英国十九世纪的两个哲人，弥儿终身做东印度公司的秘书，然而他的业余工作使他在哲学上、经济学上、政治思想史上都占一个很高的位置。斯宾塞[①]是一个测量工程师，然而他的业余工作使他成为十九世纪晚期世界思想界的一个大师。古来成大学问的人，几乎没有一个不是善用他的闲暇时间的。特别在这个组织不健全的中国社会，职业不容易适合我们的性情，我们要想生活不苦痛或不堕落，只有多方发展业余的兴趣，使我们的精神有所寄托，使我们的剩余精力有所施展。有了这种心爱的玩意儿，你就做六个钟头抹桌子的工作也不会感觉烦闷了，因为你知道，抹了六个钟头的桌子之后，就可以回家去做你的化学研究，或画完你的大幅山水，或写你的小说戏曲，或继续你的历史考据，或做你的社会改革事业。你有了这种称心如意的活动，生活就不枯寂了，精神也就不会烦闷了。

第三个方子也只有一句话："你总得有一点信心。"我们生在这个不幸的时代，眼中所见，耳中所闻，无非是叫我们悲观失望的。特别是在这个年头毕业的你们，眼见自己的国家民族沉沦到这步田地，眼看世界只是强权的世界，望极天边好像看不见一线

① 斯宾塞（1820—1903）：英国哲学家、社会学家。他著有《综合哲学》10卷，综合一切科学，自成一家之言，开进化主义哲学的先河。在教育方面，提倡功利，主张大量建立实科中学，著有《教育论》一书，在该书中，批判了古典教育，阐述了实科教育的理论。另外还著有《社会学研究》，曾为严复摘译，名为《群学肄言》。

的光明，在这个年头不发狂自杀，已算是万幸了，怎么还能够希望保持一点内心的镇定和理想的信心呢？我要对你们说：这时候正是培养我们的信心的时候！只要我们有信心，我们还有救。古人说："信念可以移山。"又说："只要功夫深，生铁磨成绣花针。"你不信吗？当拿破仑的军队征服普鲁士占据柏林的时候，有一位穷教授叫作费希特[①]的，天天在讲堂上劝他的国人要有信心，要信仰他们的民族是有世界的特殊使命的，是必定要复兴的。费希特死的时候（1814年），谁也不能预料德意志统一帝国何时可以实现。然而不满五十年，新的统一的德意志帝国居然实现了。

一个国家的强弱盛衰，都不是偶然的，都不能逃出因果的铁律。我们今日所受的苦痛和耻辱，都只是过去种种恶因种下的恶果。我们要收将来的善果，必须努力种现在的新因。一粒一粒地种，必有满仓满屋地收，这是我们今日应该有的信心。

我们要深信：今日的失败，都由于过去的不努力。

我们要深信：今日的努力，必定有将来的大收成。

佛典里有一句话："福不唐捐。"唐捐就是白白地丢了，我们也应该说："功不唐捐！"没有一点努力是会白白地丢了的。在我们看不见想不到的时候，在我们看不见想不到的方向，你瞧！你下的种子早已生根发叶开花结果了！

---

① 费希特（1762—1814）：德国哲学家。初为康德的信徒，后来又批判康德哲学中的唯物主义因素，否定"自在之物"的存在。在政治上，强调民族至上，提出维护德国人的民族主权的口号，鼓励德国人民起来抵抗拿破仑的侵略。著有《知识学的基础》《人的使命》《论学者的使命》等。

你不信吗？法国被普鲁士打败之后，割了两省地，赔了五十亿法郎的赔款。这时候有一位刻苦的科学家巴斯德[①]终日埋头在他的实验室里做他的化学试验和细菌学研究。他是一个最爱国的人，然而他深信只有科学可以救国。他用一生的精力证明了三个科学问题：（1）每一种发酵作用都是由于一种细菌的发展；（2）每一种传染病都是由于一种细菌在生物体中的发展；（3）传染病的细菌，在特殊的培养之下，可以减轻毒力，使它从病菌变成防病的药苗。这三个问题，在表面上似乎都和救国大事业没有多大的关系。然而从第一个问题的证明，巴斯德制定出做醋酿酒的新法，使全国的酒醋业每年减除极大的损失。从第二个问题的证明，巴斯德教全国的蚕丝业怎样选种防病，教全国的畜牧农家怎样防止牛羊瘟疫，又教全世界的医学界怎样注重消毒以减少外科手术的死亡率。从第三个问题的证明，巴斯德发明了牲畜的脾热瘟的疗治药苗，每年替法国农家减少了两千万法郎的损失；又发明了疯狗咬毒的治疗法，救济了无数的生命。所以英国的科学家赫胥黎[②]在皇家学会里称颂巴斯德的功绩道："法国给了德国五十亿法郎的赔款，巴斯德先生一个人研究科学的成绩足够还清这

① 巴斯德（1822—1895）：法国微生物学家、化学家、近代微生物学的奠基人。曾任里尔大学、巴黎高等师范学校教授。1888年创立巴斯德研究所，研究细菌学，贡献甚大。

② 赫胥黎（1825—1895）：英国博物学家。他是达尔文进化学说的信徒，第一个提出人类起源问题的学者。著有《人在自然界中的地位》《论有机界现象的起因》《进化论与伦理学》等书。最后一部书的一部分，由严复译成中文后称为《天演论》，对我国近代的启蒙运动有很大的影响。

一笔赔款了。”

巴斯德对于科学有绝大的信心，所以他在国家蒙奇辱大难的时候，终不肯抛弃他的显微镜与试验室。他绝不想他的显微镜底下能偿还五十亿法郎的赔款，然而在他看不见想不到的时候，他已收获了科学救国的奇迹了。

朋友们，在你最悲观最失望的时候，那正是你必须鼓起坚强的信心的时候。你要深信：天下没有白费的努力。成功不必在我，而功力必不唐捐。

二、略谈人生观

每个人可以说都有一个“人生观”，我是以先几十年的经验，提供几点意见，供大家思索参考。

很多人认为个人主义是洪水猛兽，是可怕的，但我所说的是个平平常常、健全而无害的。干干脆脆的一个个人主义的出发点，不是来自西洋，也不是完全中国的。中国思想史上具有健全的个人主义思想，可以与西洋思想互相印证。王安石是个一生自己刻苦，而替国家谋安全之道、为人民谋福利的人，当为非个人主义者。但从他的诗文可以找出他个人主义的人生观，为己的人生观，因为他曾将古代极端为我的杨朱与提倡兼爱的墨子相比。在文章中说“为己是学者之本也，为人是学者之末也。学者之事必先为己为我，其为己有余，则天下事可以为人，不可不为人”。

这就是说，一个人在最初的时候应该为自己，在为自己有余的时候，就该为别人，而且不可不为别人。

十九世纪的易卜生，他晚年曾给一位年轻的朋友写信说：“最期望于你的只有一句话，希望你能做到真正的、纯粹的为我主义，要你有时觉得天下事只有自己最重要，别人不足想，你要想有益于社会最好的办法，就是把你自己这块材料铸成器。”

另外一部自由主义的名著《自由论》，有一章“个性”，也一再地讲人最可贵的是个人的个性，这些话，便是最健全的个人主义。一个人应该把自己培养成器，使自己有了足够的知识、能力与感情之后，才能再去为别人。

孔子的门人子路，有一天问孔子说：“怎样才能做成一个君子？”孔子回答说：“修己以敬。”这句话的意思，也就是要把自己慎重的培养、训练、教育好的意思，“敬”在古文解释为慎重。子路又说，这样够了吗？孔子回答说：“修己以安人。”这句话的意思，就是先把自己培养、训练、教育好了，再为别人。子路又问，这样够了吗？孔子回答说：“修己以安百姓。修己以安百姓，尧舜其犹病诸。”这句话的意思就是培养、训练、教育好了自己，再去为百姓。培养好了自己再去为百姓，就是圣人如尧舜，也很不易做到。孔子这一席话，也是以个人主义为起点的。自此可见，从十九世纪到现在，从现在回到孔子时代，差不多都是以修身为本。修身就是把自己训练、培养、教育好，因此个人主义并不是可怕的，尤其是年轻人确立一个人生观，更是需要慎重地把自己这块材料培养、训练、教育成器。

我认为最值得与年轻人谈的便是知识的快乐。一个人怎样能使生活快乐？人生是为追求幸福与快乐的，美国《独立宣言》中曾提及三种东西，即生命、自由、追求幸福。但是人类追求的快乐范围很广，例如财富、婚姻、事业、工作等。但是一个人的快乐，是有粗有细的，我在幼年的时候不用说，但自从有知以来，就认为人生的快乐，就是知识的快乐，做研究的快乐，找真理的快乐，求证据的快乐。从求知识的欲望与方法中深深体会到人生有限，知识是无穷的，以有限的人生，去深求无穷的知识，实在是非常快乐的。

两千年前有一位政治家问孔子门人子路说，你的老师是怎样的人，子路不答。后来孔子知道了，说："你为什么不告诉他，你的老师'其为人也，发愤忘食，乐以忘忧，不知老之将至'。"从孔子这句话，可以体会到知识的乐趣。希腊科学家阿基米德在澡堂洗澡时，想出了如何分析皇冠的金子成分的方法，高兴得赤身从澡堂里跳了出来，沿街跑去，口中喊着："我找到了，我找到了。"这就是说明知识的快乐，一旦发现证据或真理的快乐。英国两位大诗人勃朗宁和丁尼生有两首诗，都是代表十九世纪冒险的、追求新的知识的精神。

最后谈谈社会的宗教说。一个人总是有一种制裁的力量的，相信上帝的人，上帝是他的制裁力量。我们古代讲孝，于是孝便成了宗教，成了制裁。现在台湾宗教很发达，有人信最高的神，有人信很多的神，许多人为了找安慰都走了宗教的道路。我说的社会宗教，乃是一种说法，中国古代有此种观念，就是三不朽：立德，是讲人格与道德；立功，就是建立功业；立言，就是思想语言。在外国也有三个，就是Worth、Work、Words。这三个不朽，没有上帝，亦没有灵魂，但却不十分民主。究竟一个人要立德、立功、立言到何种程度，我认为范围必须扩大，因为人的行为无论为善为恶都是不朽的，我国的古语“流芳百世、遗臭万年”便是这个意思。因此，我们的行为，一言一行，均应向社会负责，这便是社会的宗教，社会的不朽……我们千万不能叫我们的行为在社会上发生坏的影响，因为即使我们死了，我们留下的坏的影响仍是永久存在的，“我们要一出言不敢忘社会的影响，一举步不敢忘社会的影响”。即使我们在社会上留一白点，但我们也绝对不能留一点污点，社会即是我们的上帝，我们的制裁者。

毕业赋予你们的职责[①]

斯塔尔

让学校真正成为公平正义价值观的保护者和实践者，只有这样，最充分的机会才能平等地展现在每一个人面前，这是教育人的责任，也是教育人的追求。

艾尔维斯·斯塔尔，1916年生，美国法学家、教育家。先后就读于肯塔基州立大学、牛津大学和耶鲁大学。1948年起任肯塔基州立大学教授、法学院院长、教务长等职。1957年后，曾任匹兹堡大学副校长、西弗吉尼亚大学校长、印第安纳大学校长、全美奥德班学会会长。20世纪70年代出任联合国斯德哥尔摩人类环境会议成员、美苏环保合作联合委员会成员。

在毕业典礼上向你们提出挑战，也许最恰当不过了。今天，是你们达到老师们的严格要求和学校规定的条件而获得学位的日子。为什么在授予你们毕业证书的同时又要赋予你们以职责呢？

① 本篇是斯塔尔在美国西北大学毕业典礼上的演讲。

主要有两个重要原因：第一，任何一代人都不可能不接受前人的教育，也不可能完成教育后代的全部工作，因此，每一代人都应负起教育下一代的责任。

我们应当相信，我们的高等院校将变得更好。院校就像耐寒的植物，虽能抗冻，但是一有疏忽，也会枯萎。西北大学需要，也值得你们不断地去关心它的健康和成长，以使你们的后继者能得到更合适的教育，从而去应付他们所必须面对的世界。

作为毕业生，人们会很合理地希望你们继续在西北大学深造。正是在它的才智、力量和传统的熏陶之下，你们才成长起来的。我们中的任何一个人都能从许多方面去全面认识当前的形势。我们的许多大学正在为帮助人们克服知识、社会发展、健康生活方面的种种障碍而努力。在这三个方面，社会发展这一目标离我们最远。两星期前洛杉矶恐怖的枪击事件①，可算是世界范围内逐渐升级的暴力、争斗和动辄使用武力等野蛮事件的典型例子。它使那些正为人类摆脱弱肉强食、进入一个理智的新时代而努力的人们分外惊愕。文明，这个源于远古时代的目标，由于人们将法律玩于股掌之间而遭到无法估量的挫折，也由于武力、强制手段或暴力进入大学理性的堡垒——而遇上巨大的障碍。然而，即使我们感到失望，我们仍须为实现这个目标而继续努力——作为公民，你们能用自己的行动和态度去促进或阻挠目标的实现。

---

① 指1968年6月5日，罗伯特·肯尼迪在洛杉矶大旅馆舞厅遇刺身亡，遇刺事件使美国公众受到极大震动。

当碰到麻烦时，你们往往会去寻求理智。事实上，如果法律不公正，如果秩序只是某些人所奉行的准则，那么，寻求法律和秩序并不足以解决问题。为此，人们正在寻觅一种具有更好的法律和秩序的文明，而这只有当所有的人都重新相信人的尊严和人的价值时才能实现。

所以，使你们担负起职责的第二个原因来自教育的实质和它所代表的价值观。在成为一个受教育者的过程中，你们必须学会尊重某些概念，因为它们是基本的概念。让我来谈一谈学术自由这个被人严重误解的概念，它既是现代的哥白尼们，也是缺乏那种显赫名声的人自由地进行怀疑和询问的保障。

对事实、观念和理论提出怀疑，是一切学者独立思考的必要环节。自由地加以否定和拒绝，如同自由地表示赞同一样，也是极为重要的。

如果没有人曾经提出怀疑、批评、反对或异议，那么今天的人将不会比穴居人进步多少。

学术自由，怀疑和批评的权利，这不仅对学者和学生来说是重要的，而且对社会本身也同样如此。如果有人凭预想断定有些事物可以怀疑，而有些事物不可以怀疑，那是对探索真理和光明的莫大嘲讽。在大学里，不时会有外来压力限制你们的研究和言论，尤其是在发生理论冲突和严重争议的时候。我们从我们所处的时代中也已充分地看到了这种压力。它的后果，我们不必去推测；事实上，我们业已从第三帝国和苏联所引起的扭曲中看到了这种后果，即使在我们自己国内，我们也可在麦卡锡[1]参议员在任的较早时期看到他所施加于大学的压力是多么的有害。

现在，我希望我们大家都能清楚地认识到：校园自由的实质是，在得出结论之前，必须考虑到所有的因素。学术自由并不意味着学校当局必定得接受任何人在重大问题上的意见。它必须包括这样一个前提：培养大学生的目的是使他们能够分辨出错误的和不合逻辑的观点。它也包含了所有人对政治和政治家、政策和纲领、信念和宣传、战争和镇压等进行怀疑和批评的权利。你们现在所面对的世界确实是一个远非完美的世界，所以对于你们希望设法使它变得好一些，对于你们出自内心为这个世界的和平大声疾呼，并没有人会感到吃惊。但是，学术自由并不意味着学术的无政府状态，它意味着自由地表达意见，而不是自由地把意见强加于人。

最近，对言论自由的保护遭到了新的、与前不同的打击，具有反讽意味的是，这种打击竟然来自学术机构内部。在全国各地的许多高校中，一些学生甚至教职员工也开始骚扰演说者，阻挠人们接近招聘招生人员，甚至不让人们接近一些学术机构的成员，因为这些成员的观点和兴趣不为那些学生所接受。尽管许多人是因相信他们的事业具有崇高的道德意义而那样干的，但是他们却打开了带来

① 麦卡锡（1908—1957）：美国共和党人、参议员。1950年至1954年利用参议院调查小组委员会主席之职，对许多机构和个人进行所谓“忠诚调查”，实行非法听审，煽起反共狂热，打击民主和进步势力。其观点和做法被称为“麦卡锡主义”。

毁灭性后果的潘多拉匣子[①]。用破坏手段来支持一种道德立场，很容易转化成支持不道德的和是非不分的目标。我们已经看到，那些所谓的“非暴力”方式正在被模仿和扩大，以至恫吓、纵火、暴力甚至全面性的破坏已经成为遍及全国校园的悲剧性现实和持续的威胁。由于对他人权利的完全忽视和对学术机构命运的漠不关心，有些人试图把自己的观念强硬地灌输给他人。而且，他们并不以此为满足，他们还试图寻找新的方法来延长混乱。他们蔑视对话而固执己见。如果某些有分歧的意见被发展为妨碍别人询问、表达或听取某一观点的权利，妨碍别人在校园内安安静静活动的权利，那么这种歧见就成了学术自由的对立物，这与追求知识和真理的环境以及学术自由的精神是格格不入的。任何人的权利中都不包括践踏别人权利的权利。

长期以来，大学几乎成了知识分子价值观的唯一保护者和实践者，现在大学仍应如此，这对每一个人来说都极为重要。大学本身憎恶暴力，只有在抵制暴力或理智显然不再能起作用时，才使用强制手段。

今天，事实证明没有一所美国大学能比你们这个大学更善于在情况危急时运用理智和劝说、同情、沟通等手段。像我的大学一样，你们的大学也向大家宣布了学术团体的职责：把那些拒绝接受学术团体所实行的学术自由及和平等重要原则的人开除出去。

---

① 潘多拉：希腊神话中的第一个女人。曾私自打开一只装满各种祸患的盒子，人间因此充满各种灾祸。

知识既不是黑色的，又不是白色的，也不是黄色的。没有一种观念可以用肤色来衡量。在校园里，种族歧视已失去了市场，它也应当在其他地方消失。你们的大学是她所有的学生和毕业生的母校，你们的国家也应该是她的全体人民享有自由和机会的园地。

因此，我要求你们，作为一所著名大学的学生，你们应该把它的价值观和理想在社会上发扬光大，提倡人人享有言论的自由，拒斥暴力，消灭歧视。只有这样，最充分的机会才会平等地、真正地属于一切人。

年轻的朋友们，仅仅根据职业、家庭和住所来展望生活是行不通的，也是不可取的。几年大学生活给予你们的可信启示就是，你们应该超越这种确实诱人的前景以及它可能带来的安全感，而去努力创造种种条件，使大家都能满意地去实现自己小小的梦想。

为了忘却的纪念

百年国史殷鉴不远，教育昌，虽国穷而民力沛。教育衰，纵富甲宇内亦人心不古。西南联大的时代是一个群星闪耀、大师辈出的时代，那些先生们用他们的人格魅力与光辉事迹，谱写了一个时代的芳华传奇。以下两篇碑文是最广为人知的民国名碑。那些逝去的先生们，因碑文上的文字“独立之精神、自由之思想”光照史册，也成为教育之魂。他们坚信，没有学术自由也不会有真学问。

清华大学王观堂先生纪念碑铭

陈寅恪

海宁王先生自沉后二年，清华研究院同人咸怀思不能自已。其弟子受先生之陶冶煦育者有年，尤思有以永其念。佥曰，宜铭之贞珉，以昭示于无竞。因以刻石之词命寅恪，数辞不获已，谨举先生之志事，以普告天下后世。其词曰：士之读书治学，盖将以脱心志于俗谛之桎梏，真理因得以发扬。思想而不自由，毋宁死耳。斯古今仁圣所同殉之精义，夫岂庸鄙之敢望。先生以一死见其独立自由之意志，非所论于一人之恩怨，一姓之兴亡。呜呼！树兹石于讲舍，系哀思而不忘。表哲人之奇节，诉真宰之茫茫。来世不可知者也，先生之著述，或有时而不章；先生之学说，或有时而可商，唯此独立之精神，自由之思想，历千万祀，与天壤而同久，共三光而永光。

1929 年

国立西南联合大学纪念碑文

冯友兰

中华民国三十四年九月九日，我国家受日本之降于南京。上距二十六年七月七日卢沟桥之变，为时八年；再上距二十年九月十八日沈阳之变，为时十四年；再上距清甲午之役，为时五十一年。举凡五十年间，日本所鲸吞蚕食于我国家者，至是悉备图籍献还。全胜之局，秦汉以来所未有也。

国立北京大学、国立清华大学原设北平，私立南开大学原设天津。自沈阳之变，我国家之威权逐渐南移，唯以文化力量与日本争持于平津，此三校实为其中坚。二十六年平津失守，三校奉命迁于湖南，合组为国立长沙临时大学。以三校校长蒋梦麟、梅贻琦、张伯苓为常务委员，主持校务。设法、理、工学院于长沙，文学院于南岳。于十一月一日开始上课。迨京沪失守，武汉震动，临时大学又奉命迁云南。师生徒步经贵州，于二十七年四月二十六日抵昆明。旋奉命改名为国立西南联合大学，设理、工学院于昆明，文、法学院于蒙自，于五月四日开始上课。一学期后，文、法学院亦迁昆明。二十七年增设师范学院。二十九年设分校于四川叙永，一学年后并于本校。昆明本为后方名城，自日军入安南，陷缅甸，乃成后方重镇。联合大学支持其间，先后毕业学生两千余人，从军旅者八百余人。

河山既复，日月重光，联合大学之战时使命既成，奉命于三十五年五月四日结束。原有三校即将返故居、复旧业。缅维八年支持之苦辛，与夫三校合作之协和，可纪念者盖有四焉。我国家以世界之古国，居东亚之天府，本应绍汉、唐之遗烈，作并世之先进，将来建国完成，必于世界历史居独特之地位。盖并世列强，虽新而不古；希腊、罗马，有古而无今。唯我国家，亘古亘今，亦新亦旧，斯所谓周虽旧邦，其命维新者也。旷代之伟业，八年之抗战，已开其规模，立其基础。今日之胜利，于我国家有旋乾转坤之功，而联合大学之使命与抗战相终始，此其可纪念者一也。

文人相轻，自古而然；昔人所言，今有同慨。三校有不同之历史，各异之学风，八年之久，合作无间。同无妨异，异不害同，五色交辉，相得益彰，八音合奏，终和且平，此其可纪念者二也。万物并育而不相害，天道并行而不相悖，小德川流，大德敦化，此天地之所以为大。斯虽先民之恒言，实为民主之真谛。联合大学以其兼容并包之精神，转移社会一时之风气，内树学术自由之规模，外来民主堡垒之称号，违千夫之诺诺，作一士之谔谔，此其可纪念者三也。

稽之往史，我民族若不能立足于中原、偏安江表，称曰南渡。南渡之人，未有能北返者。晋人南渡其例一也，宋人南渡其例二也，明人南渡其例三也。风景不殊，晋人之深悲；还我河山，宋人之虚愿。吾人为第四次之南渡，乃能于不十年间，收恢复之全功，庾信不哀江南，杜甫喜收蓟北，此其可纪念者四也。联合大学初定校歌，其辞始叹南迁流难之苦辛，中颂师生不屈之壮志，终寄最后胜利之期望。校以今日之成功，历历不爽，若合符契。联合大学之终始，岂非一代之盛事，旷百世而难遇者哉！爰就歌辞，勒为碑铭。铭曰：

痛南渡，辞宫阙。驻衡湘，又离别。更长征，经峣嵲。望中原，遍洒血。抵绝徼，继讲说。诗书器，犹有舌。尽笳吹，情弥切。千秋耻，终已雪。见仇寇，如烟灭。起朔北，迄南越。视金瓯，已无缺。大一统，无倾折。中兴业，继往烈。维三校，兄弟列。为一体，如胶结。同艰难，共欢悦。联合竟，使命彻。神京复，还燕碣。以此石，象坚节。纪嘉庆，告来哲。

人是一根能思想的苇草

帕斯卡

帕斯卡（1623—1662），法国数学家、物理学家和思想家。他对近代初期的理论科学和实验科学都做出了巨大的贡献。帕斯卡的思想主要集中在他的《思想录》中。帕斯卡是欧洲哲学史上承上启下的一位重要人物，他既继承与发扬了理性主义的传统，又指出了真理都必然以矛盾的形式呈现，进而道出了理性本身的内在矛盾和界限。本文以铿锵有力的声音阐释了人之为人最重要的尊严之所在，也让“人是一根能思想的苇草”成为一句广为传播的名言。

我很能想象一个人没有手、没有脚、没有头（因为只是经验才教导我们说，头比脚更为重要）。然而我不能想象人没有思想，那就成了一块顽石或者一头畜生了。

思想形成人的伟大。

人只不过是一根苇草，是自然界最脆弱的东西，但他是一根能思想的苇草。用不着整个宇宙都拿起武器才能毁灭他，一口气、一滴水就足以致他死命了。然而，纵使宇宙毁灭了他，人却仍然要比致他于死命的东西高贵得多，因为他知道自己要死亡，以及宇宙对他所具有的优势，而宇宙对此却一无所知。

因而，我们全部的尊严就在于思想。正是由于它而不是由于我们所无法填充的空间和时间，我们才必须提高自己。因此，我们要努力好好地思想。这就是道德的原则。

能思想的苇草——我应该追求自己的尊严，绝不是求之于空间，而是求之于自己思想的规定。我占有多少土地都不会有用，由于空间，宇宙便囊括了我并吞没了我，有如一个质点；由于思想，我却囊括了宇宙。

人既不是天使，又不是禽兽；但不幸就在于想表现为天使的人却表现为禽兽。

思想——人的全部的尊严就在于思想。

因此，思想由于它的本性，就是一种可惊叹的、无与伦比的东西。它一定得具有出奇的缺点才能为人所蔑视；然而它又确实具有，所以再没有比这更加荒唐可笑的事了。思想由于它的本性是何等的伟大啊！思想又由于它的缺点是何等的卑贱啊！

然而，这种思想又是什么呢？它是何等的愚蠢啊！

人的伟大之所以为伟大，就在于他认识到自己的可悲。一棵树并不认识自己可悲。

因此，认识自己可悲乃是可悲的；然而认识我们之所以为何可悲，却是伟大的。

这一切的可悲其本身就证明了人的伟大。它是一位伟大君主的可悲，是一个失了位的国王的可悲。

我们没有感觉就不会可悲。一栋破房子就不会可悲。只有人才会可悲。人的伟大——我们对于人的灵魂具有一种如此伟大的观念，以至于我们不能忍受它受人蔑视，或不受别的灵魂尊敬；而人的全部的幸福就在于这种尊敬。

人的伟大——人的伟大是那样的显而易见，甚至于从他的可悲里也可以得出这一点来。因为在动物是天性的东西，我们于人则称之为可悲。由此我们便可以认识到，人的天性现在既然有类似于动物的天性，那么他就是从一种为他自己一度所固有的更美好的天性里面堕落下来的。

因为，若不是一个被废黜的国王，有谁会由于自己不是国王就觉得自己不幸呢？人们会觉得保罗·哀米利乌斯[①]不再任执政官就不幸了吗？正相反，所有的人都觉得他已经担任过了执政官乃是幸福的，因为他的情况就是不得永远担任执政官。然而人们觉得柏修斯[②]不再做国王却是如此之不幸——因为他的情况就是永远要做国王——以致人们对于他居然能活下去感到惊异。谁会由于自己只有一张嘴而觉得自己不幸呢？谁又会由于自己只有一只眼睛而不觉得自己不幸呢？我们也许从不曾听说过由于没有三只眼睛便感到难过

① 保罗·哀米利乌斯：曾于公元前182年与公元前168年两度任罗马执政官，第二次任执政官时击败马其顿王柏修斯。

② 柏修斯：马其顿末代国王，公元前179—前168年在位，公元前168年为保罗·哀米利乌斯击败并被俘。

的，可是若连一只眼睛都没有，那就怎么也无法慰藉了。

对立性。在已经证明了人的卑贱和伟大之后——现在就让人尊重自己的价值吧。让他热爱自己吧，因为在他身上有一种足以美好的天性；可是让他不要因此也爱自己身上的卑贱吧。让他鄙视自己吧，因为这种能力是空虚的；可是让他不要因此也鄙视这种天赋的能力。让他恨自己吧，让他爱自己吧：他的身上有着认识真理和可以幸福的能力；然而他却根本没有获得真理，无论是永恒的真理，还是满意的真理。

因此，我要引人渴望寻找真理并准备摆脱感情而追随真理（只要他能发现真理），既然他知道自己的知识是彻底地为感情所蒙蔽；我要让他恨自身中的欲念，欲念本身就限定了他，以便欲念不至于使他盲目做出自己的选择，并且在他做出选择之后不至于妨碍他。

四种人可以当教师

荀子

战国末年思想家、教育家荀子（约前313—前238），名况，时人尊号为“卿”。游学于齐，后三为祭酒。韩非、李斯俱为其学生。荀子批判和总结了先秦诸子的学术思想，提出“制天命而用之”的人定胜天思想。其思想为儒家的一派，与孟子“性善”说相反，主张人性本“恶”，提出以教育和环境影响引导人们为“善”。

【原文】

师术有四，而博习不与焉。尊严而惮①，可以为师；耆艾②而信，可以为师；诵说而不陵不犯，可以为师；知微而论，可以为师。故师术有四，而博习不与焉。水深而回，树落则粪本，弟子通利则思师。《诗》曰：“无言不雠，无德不报。”③此之谓也。

① 惮：敬畏。

② 耆（qí）艾：五十岁称“艾”，六十岁称“耆”。

③ “《诗》曰”句：引自《诗经·大雅·抑》。雠，应答。

【译文】

作为老师的方法有四个，但知识广博不包括在里面。有尊严而使人畏惧，可以作为老师；年老而有威信，可以作为老师；诵经解说而不违反师说，可以作为老师；知道精微的道理而能论说，可以作为老师。所以作为老师的方法有四个，但知识广博不包括在里面。水深了就有漩涡，树叶落了就会成为树根的肥料，弟子通达顺利了就会思念老师。《诗经》中说："没有言论不应答，没有恩德不回报。"说的就是这个道理。

谈谈教师的教育素养

苏霍姆林斯基

苏联著名教育家苏霍姆林斯基倡导人道主义的教育观，他的教育思想因符合儿童成长规律，符合教育发展的普适性而深受中国老师的欢迎。他认为教师的教育素养首先是教师要对自己所教的学科有深刻的认识，建立读书的兴趣。其次要懂得各种研究儿童的方法。最后是修炼教师的语言。

教育素养是由什么构成的呢？这首先是指教师对自己所教的学科要有深刻的认识。我们认为很重要的一点是，教师在学校里教的是科学基础学科，他应当能够分辨清楚这门科学上的最复杂的问题，能够分辨清楚那些处于科学思想前沿的问题。如果你教的是物理，那么你就应当对基本粒子有所了解，懂得一点场论，能够哪怕是粗略地设想出将来的能源发展的前景。教生物的教师则需要懂得遗传学发展的历史和现状，熟悉生命起源的各种理论，知道细胞内部发生的生化过程，教育素养就是由此开始并在此建立起来的。可能会有人反驳说：为什么教师要懂得那些课堂上并不学习的东西以及那些跟中学所学的教材没有直接联系的东西呢？这是因为：关于学校教学大纲的知识对于教师来说，应当只是他的知识视野中的起码常识。只有当教师的知识视野比学校教学大纲宽广得无可比拟的时候，教师才能成为教育过程的真正的能手、艺术家和诗人。

我认识几十位这样的教育能手。他们的教育素养从备课就能看得出来。他们是按照教学大纲而不是按照教材来备课的。他们仔细地思索过教学大纲以后，就把教材里有关的章节读一遍。他们这样做是为了把自己置身于学生的地位，用学生的眼光来看教材。真正的教育能手知道的东西，要比学校里学习的东西多得多，因此他不需要在课时计划里把要讲的新教材都写出来。他的课时计划里并不写叙述（演讲、讲解）的内容，而只写一些为了指导学生的脑力劳动所必要的关于课堂教育过程的细节的简短的纪事。教育工作的能手对于课堂上所学的自己那门科学的起码知识了解得如此透彻，以至在课堂上，在学习教材的过程中，处于他的注意中心的，并不是所学东西的内容本身，而是学生，是学生的脑力劳动，是学生的思维以及学生在脑力劳动中遇到的困难。

请你留意观察一下那些只知道必须教给学生的那点东西的教师的工作情形吧。他认真地按照教材把要讲述的东西准备好，甚至把讲述的内容和逻辑顺序都记住。你将会发现：那些在讲述新教材时应当使用的直观教具和说明性的材料（如在历史、地理、生物课上要用的文艺作品中的形象），好像是人为地附加在课的内容上的，所有这些都从学生思想的表面上滑过去了（有时候教师甚至忘记了使用他所挑选和准备好的东西)。为什么会得到这样的结果呢？这是因为，处于教师的注意中心的只是教材内容，而不是教育过程的各种细节。教师使足力气去回想讲述的过程，他的全部注意力都集中在自己的思考和教材内容上。学生要领会这样的讲述是困难的，在这种课堂上没有不随意识记，因为在教师的讲述和语言里没有情感。如果教师不得不使足自己的全部力气去回想教材内容，他的讲述缺乏情感，那么学生就不会感兴趣，而在没有兴趣的地方也就没有不随意识记。这是教师的教育素养的一个非常微妙而又非常重要的特征：教师越是能够运用自如地掌握教材，那么他的讲述就越是情感鲜明，学生听课以后需要花在抠教材上的时间就越少。真正的教育能手必有真正丰富的情感。那种对教材的认识很肤浅的教师，往往在课堂上造成一种虚张的声势，人为地夸夸其谈，企图借此来加强对学生意识的影响，但是这样做的结果却是可悲的：虚张声势会使人空话连篇，爱说漂亮词句，所有这些都会腐化学生的灵魂，使他们内心空虚。

当人们谈到形成信念的问题时，常常会听到这样一些议论：对教材的知识——这还不是信念，有知识并不意味着有信念。这样把两者对立起来是毫无道理的。所谓真正的有知识，就是对知识有深刻的理解并且把知识多次地反复思考过；而如果对知识有深刻的理解并且反复地思考过，如果知识变成了学生主观世界的一部分，变成了他自己的观点，那就意味着知识已经成为信念。那么，在什么条件下知识才能触动学生个人的精神世界，才能成为一个人所珍视的智力财富和道德财富呢？只有在这样的条件下，用形象的话来说，就是在知识的活的身体里要有情感的血液在畅流。如果在教师的讲课里没有真正的、由衷的情感，如果他掌握教材的程度只能供学生体验他所知道的那一点东西，那么学生的心灵对于知识的感触就是迟钝的，而在心灵没有参与到精神生活里去的地方，也就没有信念。由此我们还是得出那个同样的结论：教师对教材有深刻的认识——这是教育素养的基本方面之一。

教育素养的这一重要特征的第一个标志，就是教师在讲课时能直接诉诸学生的理智和心灵。在拥有这一真正宝贵财富的教师那里，讲述教材就好比是向交谈的对方（学生）发表议论。教师不是宣讲真理，而是在跟少年和男女青年娓娓谈心：他提出问题，邀请大家一起来对这些问题进行思考。在分析这种课的时候，大家会感觉到在教师跟学生之间建立了一种密切的交往关系。你，作为校长，也会被教师的思想的潮流所带走，你会忘记你是来检查教师的工作的，你会感到自己也变成了学生，你跟一群十五岁的少年们一起为发现真理而欢欣鼓舞，你在心里回答着教师所提出的问题。在我们州的一所学校里发生过一件有趣的事：年轻的校长在听一位有经验的教师上几何课，他的思想完全被教师的讲解迷住了，以至当教师向同学们问道“你们谁能回答这个问题”的时候，这位校长竟举起手说：“我！”这才是真正的教育技巧。这就是我们所说的那种直接诉诸儿童的理智和心灵的境界，这种境界只能是教师具备深刻的知识的结果。他的知识要如此深刻，以至处于他的注意中心的并不是教材内容，而是儿童们的脑力劳动。

而在另外一种课堂上，当你看到教师跟学生之间并没有交往，教师一头钻进他的课时计划里，而孩子们在看着天花板或者天空中飘浮的云朵时，你会做何感想呢？你会在学生面前觉得不自在，你会替教师，替自己，也替教育学觉得难为情。你后悔不该来听课。在课后，你不想当时就跟教师进行谈话，你会想：是不是把谈话推迟到明天，是不是应当再来听他一节课呢？

可见，教师在他所教的科学基础学科方面，如果没有深刻的科学知识，就谈不上教育素养。那么怎样才能使每一位教师不仅懂得一点教学的常识，而且深知本门学科的渊源呢？

读书，读书，再读书，教师的教育素养的这个方面正是取决于此。要把读书当作第一精神需要，当作饥饿者的食物。要有读书的兴趣，要喜欢博览群书，要能在书本面前坐下来，深入地思考。

怎样才能使读书成为每一位教师的需要呢？这里很难确定地说有些什么特殊的方法。读书的需要是靠教师集体的全部精神生活培养起来的。

但是，把读书变成教师的精神需要毕竟还是有一些非常具体的、容易琢磨的、易于检查的条件和前提的。这首先是时间——供教师自由支配的时间。教师的空闲时间越少，他被各种计划、总结之类的东西弄得越忙，那么他对学生将要无物可教的那一天就来得越快。我们的教师集体遵循着一条规则：教师不写任何总结和汇报。除了教育工作计划和课时计划外，教师不写任何别的计划。课时计划是必不可少的文献，它能反映出教师个人的创造性实验室的情况。对课时计划不规定什么固定的格式。当然，也对它提出一定的要求。这首先就是要对学生将要学习的理论性教材进行教学论的加工。一个创造性地工作的教师所做的课时计划，就是对课堂上应当发生的和可能出现的情况做出最大限度的预见。

每一位教师都有自己的创造性的实验室，这个实验室一年比一年丰富起来，这是教育素养的一个非常重要的方面。这里指的是教师劳动的工艺学（指创造性地积累资料）。例如，数学教师们一年年地积累教学资料——几种不同难度（不同变式）的应用题，教师和学生制作的直观教具等。教师为每一节课积累的资料每年都在增加，因此他也就没有必要再写课时计划了。地理教师每年在充实他的各个专题的直观教具册。语文教师在逐年编辑用于语法教学大纲的每章节的个别作业卡片集，编写和修订应当让学生牢记的最低限度正字法词汇表。

教师的教育素养的一个很重要的因素，就是要懂得各种研究儿童的方法。教育素养在很大程度上取决于，教师是否善于在儿童的脑力劳动和体力劳动过程中，在游戏、参观、课外休息时间内观察儿童，以及怎样把观察的结果转变或体现为对儿童施加个别影响的方式和方法。对儿童的认识首先是由观察构成的。这里应当再说一遍：教师应当了解儿童的健康状况，了解他的智力发展和身体发展的个人特点，了解影响他的智力发展的解剖生理因素。关于解剖学和生理学、心理学和缺陷教育学的书籍，应当成为一个善于思考的、创造性地工作的教师的必备书。教师到了学校以后（这种提高是在许多教师的经验的基础上进行的），才开始真正地研究心理学：他要时常去翻阅心理学书籍，以便更深入地思考和理解儿童的行为中、脑力劳动中、同学的相互关系中的这种或那种现象、这一或那一特点。

没有扎实的心理学基础，就谈不上教育素养。有些教师觉得心理学是一门枯燥的科学，在学校里得不到实际的应用。我们很关心让心理学成为教师实际工作中的真正的指南。我们经常在校务委员会的会议上介绍心理学家的研究成果，在教师休息室的新书陈列架上陈列心理学书籍，让教师去阅读、思考和研究。当然，我们宣传这些书籍，不能让它只是一种良好的愿望，我们每一位教师（包括校长和教导主任）都在经常地、用心地写儿童的教育鉴定，这种教育鉴定要求弄清楚儿童的复杂的精神世界，深入了解儿童的欢乐和忧愁，而这种“教育鉴定”所依据的基础就是心理学的分析、观察和研究。

在听课和分析课的时候，我和教导主任把一些需要进行心理学和教育分析的问题记在单独的一页纸上，例如下面这些问题：积极的脑力劳动是怎样影响旧教材在记忆中的保持的；在决定课堂上脑力劳动的方式时怎样考虑到学生的神经系统类型；采用哪些特殊的手段来激发学生对所学学科和具体教材的兴趣等；还有，校长、教导主任和负责课外活动的教师，我们也随时随地会碰到教育工作中的一些心理学和教育学问题。在学校生活的这个领域里，会遇到许多问题，如果缺乏心理学知识，简直就无法解决这些问题，例如学生的哪些行为可以交给班集体去讨论，而他的行为的哪些方面则不宜于在集体中讨论；在评定知识的过程中要有怎样的教育机智等。我们每星期聚会两次，读自己写的心理学和教育学笔记，并且讨论用什么方法解决那些困难而复杂的问题。有些问题我们提到校务委员会上进行讨论，而就个别问题我们还到科学研究中心去请教。

教育素养还有一个方面，谈到它不能不使人焦急，这就是教师的语言修养问题。二十年前我去听一位教师的课，观察孩子们怎样感知新教材的讲解。我发现，孩子们听后很疲劳，下课时简直是精疲力竭了。我开始仔细听教师的语言（他教生物学），使我大为吃惊。教师的语言是那么混乱，没有逻辑顺序，他讲的教材的意思是那么模糊不清，以致第一次感知这个或那个概念的儿童，不得不用全部力气，才能听懂一点点东西。孩子们感到疲劳的原因正在于此。

为什么我作为校长，也没有立即发现这一点呢？因为我听的是自己很熟悉的教材。我有足够的暗示——我实质上是用自己的思想补上了教师讲课中的漏洞。我又听了几节课，逐字逐句地把教师的讲解记录下来，我在校务委员会的会议上读了这些记录，问同事们：请大家想一想，一个对所讲解的事物毫无了解的人，能不能听得懂。请大家设想一下，如果你们对叶绿素、二氧化碳、光合作用本来一无所知，那么你们从我所读的记录里能听懂些什么呢？

回答这个问题是痛苦的，令人为难的，但是回答只有一个：什么也听不懂。如果说在下节课上，学生毕竟还知道一点东西，学习最好的学生还能得到优秀的分数，那么在这一点上，我们只能归功于学生的勤奋和努力，而获得这些知识却要付出多大的代价呢？这是以学生的健康为代价换来的：因为他们实质上不是在教师的课堂上，而是独立地在课外时间抠教材去获取这些知识的。

我们全体教师敢于正视真理，虽然这个真理是严峻的。我和教导主任又去记录了几节课，又把在其他课上（历史、物理、化学）的逐字逐句的记录读了一遍。情况并不像生物课上那么严重，但是几乎在所有的课上，教师的讲解都不符合语言修养的许多基本要求。而最主要的、使全体教师深为忧虑的一点是：对于概念的解释不够明确，教师力求用语言手段创造的那种表象模糊不清甚至有些混乱，然而没有清晰的表象，由简单到复杂、由近及远、由具体到一般的过渡就是不可能的。我们不得不深感遗憾地、痛心地承认：是的，我们还不会用语言来创造鲜明的形象，而鲜明的形象正是儿童思维的出发点和源头。

从那时起语言修养的问题跟其他同样重要的问题一起，成了我们全体教师特别关心的对象。我们研究这个问题已经有二十五年了。全体教师向自己提出的第一项任务，就是分析应当向学生讲解的那些表象和概念。我们分析各科教学大纲和教材，大家在一起考虑：怎样找到鲜明的、准确的和经济的语言外壳，才能使儿童建立起关于这样一些事物和现象的表象，例如天空、田野、草原、灌木丛、沙漠、火山、严寒、土壤的肥沃度、收成，等等。所有这些看起来都是很简单的东西，但是当我们试图创造出每样东西的鲜明的、儿童能够理解的语言形象时，就会发现这件事并不那么简单。

“怎样解释天空这个概念呢?”一位教师惊奇地说。“那里，那就是天空……”他用手指着说。但是难道可以一直让学生用可以看见的形象来思维吗？我们的语言的缺点就正在于此：由于我们不善于用语言来创造鲜明的形象，我们就使得学生由形象思维向抽象思维过渡感到困难，须知抽象思维是建立在概念的基础上的，而概念又是在以语言创造的表象的基础上形成的。

我们开始学习用语言来描述可以看到和观察到的东西，然后逐渐转到解释那些跟用感官不能直接感知的事物和现象有联系的概念。接着，我们转向深入地分析教材的课文：确定逻辑顺序，找出因果联系、质的联系、时间联系。我们发现：备课和对教材的教学论的加工，这首先是教师的逻辑思维和语言修养的统一。

教师们开始仔细地考虑自己的叙述形式，在他们的课堂上出现了创造性劳动的一种重要特征——自我监督。我们日益明确地认识到：教师的语言修养在极大的程度上决定着学生在课堂上的脑力劳动的效率。我们深信，高度的语言修养是合理地利用时间的重要条件。当我们很有必要使事物、现象和概念在教师的语言里找到鲜明的、能够为儿童所理解的语言外壳的时候，我们却在无数次的复习上浪费了多少时间啊!

勤奋、诚实、有选择地读书

卡莱尔

本文是卡莱尔在英国爱丁堡大学出任校长时的就职演讲。托马斯·卡莱尔（1795—1881），英国散文家、历史学家、政论家。1805年入安南学院，1809年入爱丁堡大学。卡莱尔认为青年人要勤奋、诚实、有选择地读书。他认为世上最不幸的人要数那些说不清自己究竟想做什么的人，而读书、工作能让你更好地认识自己。书像人的灵魂一样有善恶之分，尽信书不如无书，书也有好坏之分，如何有选择地读书将变得越来越重要。

我相信就年轻人以及所有的人而言，忠告很少能真正入耳。言之者谆谆听之者藐藐，不能引发行动的说教还是闭口不谈为好。因此，我不想多提忠告，但有一个忠告我仍得奉送给你们。事实上，它是全部忠告之和，你们无疑也已经听过一千遍，然而我必须再让你们听这一千零一次，因为它是绝对正确的，无论你们眼前是否相信——那就是，你们整个人生的幸福首先取决于你们的勤奋，就像今天你们来求学的这个学校所要求的！勤奋，包含着一个学生所可能具备的全部美德。我的意思是说，它包含着一切优秀品质，能使你们在这里获得真正的启示和提高。

请你们相信我，你们这些年轻人，你们正处在生命的黄金季节。就像你们听说过的那样，事实的确如此，青年处于生命的播种期。在这个季节，倘若你们不去播种，或者不播种麦子而播种莠草，那么将来也不要指望有好收成，你们只会一无所获。现在不听从他人的劝告——这中间不乏真知灼见——多年后回首往事，后悔也迟了。在大学养成好学的习惯，这对将来的生活极其重要。你们还年轻，整个智能可以说是起伏易变的，具有很大的可塑性，你们可以将它塑造成你们所想要的各种形态，但是它会渐渐变硬，变得像岩石或钢铁一样坚固，你们不可能去改变一个老人的习性，因为他起步时就这样，也会这样继续下去并走到生命的终点。

在所有的知识探索过程中，在与你们相关的一切事物中，除了上面所述的勤奋，诚实也是非常重要的。你们应以良心所能接受的诚实去从事你们的学业，并持之以恒。具体一点说，就是要准确地分辨什么是真正已知，而什么是未知。要想获取各种知识，在尚未弄懂它之前，还是先把它归入假设之类，注意千万不要不懂装懂。一件事，只有当它清晰地印入你的脑海中时，你才能算是知道了它，它对于你才变得透明，你才可以用智慧来把握它的方方面面。常见有这样的可笑之事：有的人，刚知道事情的一些皮毛，就努力安慰自己，说服别人：他知道了，并以此到处炫耀。

实际上，还有一个极其重要的事实，上面我已提到过。当今大学的主要用途，首先是协助你们修习各门课程，接下来的就是收集书籍，要拥有一个收藏大量好书的大型图书馆，以便供你们继续研究和阅读。大学能为你们做的主要事情，也就是我所发现的它曾为我做过的事情，当时它教会我阅读用各种语言写成的各科书籍，所以我才能研究那些讨论各种问题的图书，并逐渐领会我认为适合我去掌握的学科。

好了，先生们，摆在你们每个人面前最明确、也是最应履行的职责，就是勤奋读书。学会当一名好读者——这也许比你们所想象的要难。在阅读中学会鉴别，要尽量集中注意力去认真阅读你们真正感兴趣，一定是真正感兴趣，而不是想象中的感兴趣并认为的确适合于你们所做工作的一切书籍。当然，由此看来，目前有着大量的书籍等着你们去阅读，所以你们又必须在教授们的指导下去阅读由他们所推荐的书籍，从而便于把握教授们的兴趣所在。以后，当你们离开大学，独立从事自己的研究时，你们便会发现，选择一个适合于你们的研究和工作领域是多么的重要。

世界上最不幸的人要数那些说不清自己究竟想做什么的人，他们在这个世界上找不到适合他们干的事，简直无处容身。工作，是治愈困扰着人类的疾病和悲苦的良药——老老实实地工作，这就是你们应该做的事。

对于读书，还得强调一点。我不知道你们是否已经完全了解，书有两类。当一个人就某一问题而大量阅读各类书籍，广义而言，是所有能找到的书时，他会发现，书有好与坏之分。好书与坏书免不了哪里都有。我不相信你们对这个显而易见的事实全无认识或认识不清。但是，我还是想提醒你们，在我们这个时代，这已是一件需要好好加以考虑和重视的事了。我们必须摈弃人们普遍持有的这样一种观念，即不管看什么样的书，包括一个无知的人看任何什么书，总比什么也不看要好。对于这一观点，我只能表示怀疑，并敢于加以否定。对于许多读者来说，索性什么都不看，也许会更太平、更好些。要知道，对读者明显无益的书正在令人可怕地增多，然而聪明的读者也会从中懂得，有些书是极其高尚的人写成，这种书的量虽不很大，却也足以占去你们所有的阅读时间和精力，它或多或少也反映了事情的另一面。总之，如同我在其他书中所写，我深信书像人的灵魂一样有善恶之分。有些书是催人向上的，带着我们升腾，奔向天堂，我是说，这种书对教育人、对推动时代的教育有着无法估量的好处。而有许多可怕的书则是使人堕落的，给人带来越来越多、越来越大的祸害。年轻的朋友们，请严格地审视这后一类的书。

至于其他，关于你们在这儿的学习和读书，关于你们日后可能从事的学科，你们还得记住，你们的目标绝非某些具体的知识——不是那些能使你们的专业日臻完美的知识以及诸如此类的东西。在这一切的背后还有一个更高的目标，那些立志从事文学或演讲、从事神职的人尤应注意这一点。你们必须牢记，这一切背后还有一个掌握智慧的问题——即对你们周围的所有事物做出正确的鉴别和公正的评判，养成举止正直、态度诚恳、观察敏锐、实事求是的习惯。智慧是伟大的，智慧的价值是无限的。“悟者有福”，这一点再夸张也不过分，它是人类的最高成就。然而同时我又相信，这有时很容易被忽略，我有时还在想，这从来没有也像现在这样容易被忽略。如果这方面失败了，那一切都失败了！

此外，不要有奢望，那不是可以奉行的好原则，如果奢望成了动机，那就不免陷于粗鄙庸俗。“想得到的东西越多越大，终究什么也得不到。”我真诚地向你们重复先贤的忠告。不要抱奢望，不要太渴求成功，而应诚实和谦恭。抛却进入意识中睥睨一切的思想，使思想保持纯正和高尚。

总之，我祝愿你们坚守自己的阵地，无论多么困难，也不要害怕，不要在悲伤或矛盾中退却，而应向目标稳步推进。不要以为世界上的人都在与你们为敌或对你们不怀好意。其实，你们通常很少能发现有什么人会蓄意为难你们。你们可能常常感到整个世界都在给你们设置障碍，与你们作对，但是你会发现，这仅仅意味着这个世界与你们是在不同的道路上行进，它在按自己的轨迹运行，只是不经意地踩上了你们，这就是全部：对你们没有特别的恶意，每个人对自己都抱有一个极好的愿望，他有权拥有那样的愿望并奔向他的目标。即使你们曾发现有好些人对你们漠不关心、冷酷无情，那么在一个你们认为不友好或残酷的世界上——这常常发生在性情温和而且奋发向上的年轻人身上——你们最终也会发现在这个世界上仍有着高尚的心灵，他们会十分和蔼地对待你们，为你们提供无限宝贵的帮助。倘若你们继续走下去，你们会碰上善，也会遇到恶，而且会取得注定的成功。

负担过重的教育导致肤浅

爱因斯坦

身为物理学家的爱因斯坦对教育的理解同样精辟，他认为用专业知识教育人是不够的。通过专业教育，人可以成为一种有用的机器，但是不能成为一个和谐发展的人。要使学生对社会伦理准则有所理解并且产生热烈的感情，那是最基本的。他必须获得对美和道德上的善有鲜明的辨别力。否则，他连同他的专业知识就更像一只受过很好训练的狗，而不像一个和谐发展的人。为了获得对别人和对集体的适当关系，他必须学习去了解人们的动机、幻想和他们的疾苦。

一

生命中的善恶观念和伦理准则是通过同教育者亲身接触，而不是通过教材传授给年青一代的。本来构成文化和保存文化的正是这些核心价值观念。当我把“人文学科”作为重要的东西推荐给大家的时候，我心里想的就是这个，而不是历史和哲学领域里十分枯燥的专门知识。

过分强调竞争制度，以及依据直接用途而过早的专门化，就会扼杀包括专业知识在内的一切文化生活所依存的那种精神。

使青年人发展批判的独立思考，对于有价值的教育也是生命攸关的，由于太多和太杂的分科造成的青年人的过重负担，大大地危害了这种独立思考的发展。负担过重必导致教育的肤浅。教育应当使所提供的东西让学生作为一种宝贵的礼物来领受，而不是作为一种艰苦的任务要他去负担。

二

学校一直是把传统的财富从一代传给下一代的最重要的手段。今天这种重要程度超过了以前，因为通过经济生活的不断发展，家庭作为传统教育的载体地位已经削弱。因此，人类社会的延续和健康发展比以前更加依赖于学校。

有时人们把学校看成仅仅是把尽可能多的知识传递给成长中的一代的工具，但这是不对的。知识是死的，而学校却是在为活人服务。它应该在青年人身上培养那种有益于公共福利的品质和能力。但这并不意味着消灭个性，把个人仅仅作为如蜜蜂和蚂蚁那样的社会工具。因为由没有独创性和思想性的个人所组成的社会，将是毫无发展可能的、不幸的社会。相反，学校的目标必须是培养能独立行动和思考的个人，而这些人又把为社会服务视为最高的生活目的。在我看来，英国的学校体制距实现这个理想最为接近。

但是人们怎样才能实现这一理想呢？通过道德说教达到这一目标？绝对不是。言辞现在是，今后仍将是空洞的声音，通往毁灭之路从来都由关于理想的浮华之辞相伴。但是人格并不是由所听所说形成的，而是由劳动和行动形成的。

因而，最重要的教育手段是促使小学生们采取行动。这适用于小学生的第一次学写字，也适用于大学的博士论文，或者是写一首诗，作一支曲，口译或笔译一篇文章，解决一道数学题目，或是进行体育运动。

但是在每项成功背后都有一个作为其基础的推动力，这种推动力反过来又被所从事的事业中取得的成功所强化和滋养。在这里存在着最大的差别，这些差别对学校的教育价值至关重要。同一工作，其起源可能归因于恐惧和强制、追求权势和声名的野心勃勃的欲望，或是对研究对象的爱好、兴趣以及对真理和理性的要求，因此也可以是每个健康的孩子都有的，但很早就被削弱了的神圣的好奇心。完成同样一件工作对小学生产生的教育方面的影响可能有很大的不同，这取决于他完成这件工作的内因究竟是害怕受伤害、利己主义的情感还是获得喜悦和满足感。没有人会坚持认为学校的管理及教师的态度对塑造小学生的心理基础毫无影响。

我觉得最坏的莫过于学校主要用恐吓、暴力和人为的权威的手段工作，这种做法摧毁了小学生健康的感情、真诚和自信，它产生出顺从的人。遗憾的是，这样的学校在纳粹德国和俄国居统治地位。我知道在美国这样的民主国家的学校里不会产生这种最坏的邪恶。使学校脱离这种所有邪恶中最坏的邪恶，相对来说比较简单。给予教师尽可能少的使用强制措施的权力，这样小学生对教师的尊敬的唯一来源就是教师的人性和理智品质。

所指出的第二个动机——雄心，说得委婉点就是以被承认和被尊敬为目标，牢固地存在于人的本性之中。没有这种精神刺激，人类合作就完全不可能；取得伙伴赞同的愿望肯定是社会最重要的约束力之一。在这个感情复合体中，建构性的和摧毁性的力量密切相连。取得赞同和被承认的愿望是健康的动机；但要被承认比伙伴或者同学更优秀、更强大、更有才智，就很容易导致过分的自我为中心的心理态度，这可能对个人和社会都会造成伤害。所以学校和教师必须防止使用这种容易产生个人野心的简单方法，以敦促小学生们勤奋学习。

达尔文的生存竞争学说以及与此相联系的选择理论已经被许多人作为鼓励竞争精神的权威依据来引用，也有一些人用这种方法试图伪科学地证明个人之间毁灭性的经济竞争的必要性。但这是错误的，因为人们进行生存竞争的力量，完全在于它是一个过着社会性生活的动物。正如蚁冢中单个蚂蚁之间的战争对于生存没有什么根本意义一样，人类社会中个体成员之间的斗争也是如此。

因此人们应该防止向青年人宣传把这种习惯意义上的成功当作生活的目标。这种意义上成功的人，通常从他的伙伴那儿得到很多，其所得通常远远超过他给他们的贡献。但是，人的价值应该体现于他能给予什么，而不在于他能获得什么。

在学校里和生活中，工作最重要的动机是工作中的乐趣，以及对该成果的社会价值的认识。在年轻人的这些心理力量觉醒和强化之中，我看到了学校被赋予的最重要的任务。只有在这样的洗礼基础上才能导致一种快乐的愿望，去追求人类的最高财富，即知识和艺术技艺。

这些创造性的心理力量的觉醒当然比强力的实行或个人野心的觉醒困难，但它更有价值。重点在于发展孩子对游戏的爱好及获得承认的愿望，并把孩子引导到对社会很重要的领域；这种教育主要建立在对成功活动被承认的愿望的基础上。如果学校成功地从这种观点出发进行工作，它将得到成长中的一代的高度尊重，学校给予的任务也将当作一种礼物来接受。我就认识一些喜欢在校时光甚于喜欢假期的孩子。

这样的学校要求教师在他的工作范围内成为一个艺术家。如何才能在学校获得这种精神呢？对此不可能存在万能补救方法。首先，教师们应该在这样的学校里成长。其次，教师在教学材料和教学方法的选择方面应该拥有广泛的自主权，因为他安排自己工作的乐趣同样会被强力和外在压力所扼杀。

如果至此你们都专心地跟上了我的思考，你们可能会对一件事感到奇怪。根据我的观点，我已谈了这么多究竟以什么精神来指导青年。但是关于课程内容和教学方法的选择，我却什么都没有说。占主导地位的究竟应该是语言还是科学中的技术教育？

对此我的回答是这样的，在我看来这些都处于第二重要的地位。如果一个年轻人已经通过体操和跑步运动训练了他的肌肉和身体耐力，今后他将适应任何体力工作。头脑训练及脑力和手工技巧的训练也是类似的。因此，正如一个机智风趣的人对教育做如下定义时，我认为他大致是不错的："如果人们已经忘记了他们在学校里所学的一切，那么所留下的就是教育。"正因为此，我一点儿也不急于在支持古典的历史教育还是更偏重自然科学教育这两种不同观念之间表态。

另一方面，我想反对另一种观念，即学校应该教那些今后生活中将直接用到的特定知识和技能。生活中的要求太多样化了，这使得在学校里进行这种专门训练毫无可能。除此之外，我更认为应该反对把个人像无生命的工具一样对待。学校应该永远以此为目标：学生离开学校时是一个和谐的人，而不是一个专家。我认为在某种意义上，这对于那些培养将来从事较确定的职业人才的技术学校也适用。被放在首要位置的永远应该是独立思考和判断的总体能力的培养，而不是获取特定的知识。如果一个人掌握了他的学科的基本原理，并学会了如何独立地思考和工作，他肯定会找到属于他的道路。除此之外，与那些接受训练主要以获取零碎知识的人相比，他更加能够使自己适应进步和变化。

最后，我想再次强调，在此以一种多少有点较为绝对的形式所谈的内容，代表的只不过是我的个人观点，其基础仅仅是自己作为学生和教师积累的个人经验。

教育即生长，生长之外别无目的

第二章

真正的教育，不只是一份指导人们生存的说明书

尼采

德国哲学家尼采认为自然界与社会中的决定力量是意志，历史的进程就是权力意志实现其自身的过程，人生的目的在于发挥权力、“扩张自我”。本文中尼采认为其实人跟树是一样的，越是向往高处的阳光，它的根就越要伸向黑暗的地底。但尼采强调，为了生存，人必须多多学习，可作为个体为生存所做所学的一切与教育毫不相干。唯有超越生存世界的大气层，教育才真正开始。

为了生存，人必须学习，但任何只把谋生方式树为前景的教育，绝对不是真正的教育，而仅仅只是一份指导人们进行生存斗争的说明书。

在杰出的导师面前，哲学家的年轻同伴正不得不诚恳地请求原谅，因为他对一直从事的教师工作失去了勇气，想知难而退，从此无可慰藉地在自愿选择的孤独中度日。做出这样一个决定，其原因

不可能是狂妄自大。

正直的年轻人说道："如果是为了能够虔诚地献身于我们迄今为止的教育和教学事业，我从您那里听的教诲未免太多，在你身边待的时间也未免太长。对于您经常指责的那些平庸的错误和误解，我的感受是太鲜明了；可是我在自己身上找不到一种力量，可以使我在英勇的斗争中取得成果，能够捣毁这个伪教育的堡垒。我被一种普遍的懦弱所控制，孤独中结不出骄傲和自负的果实。"

为了求得原谅，他描述了这种教育体制的一般特征，在此之后，哲学家只好用同情的语调对他说话，以使他平静下来。

"静一静，我的可怜的朋友，"他说，"现在我更理解你了，刚才我不该对你说那些严厉的话。你完全正确，只是不可丧失勇气。现在我要对你说一些能够安慰你的话。我们当代学校教育的弊端如此沉重地压在你身上，你相信这还能持续多久？我不想向你隐瞒我在这方面的信念：它的时代正在过去，它的日子已经屈指可数。敢于在这个领域里做到完全真诚的先行者会听到，将有成千颗勇敢的心对他的真诚发出回响。因为在天性高贵、情感热忱的人中间，对于这个时代已经达成无声的共识，他们中每一个人都知道，他从学校的教育现状中受了什么损害，每一个人都希望，至少他的后来者能够摆脱同样的压制，哪怕他自己必须为此付出代价。

"可是，尽管如此，在任何地方都无人做到完全真诚，其可悲的原因在于我们这个时代学校教育的精神贫困。正是在这里，缺乏真正有创造力的禀赋，缺乏真正有实践能力的人，也就是那样的人，他们具有好的创意，他们懂得正确的天赋和正确的实践必须在同一个人身上相遇。实际情形却是，那些平庸的实践者恰恰缺乏创意，所以也就缺乏正确的实践。一个人只要接触过今天的教材，怎么还可能使自己有信心；倘若他在这种学习中不对最严重的精神贫乏以及一种真正愚笨的原地踏步感到惊恐，他就堕落到家了。

“在这里，我们的哲学不是开始于惊奇，而是开始于惊恐；如果谁没有能力开始惊恐，就请他不要伸手去碰学校教育的事情。现在通常的情况正相反：感到了惊恐的人，就像你，我的容易受惊的可怜的朋友，都逃跑了，而那些不会感到惊恐的平庸之辈却使劲张开他们的大手，搁在一门艺术所能具有的最精微的技艺上，即教育的技艺上。不过，不可能再长久这样了；只要出现一个真诚的人，他有那种好的创意，并且敢于利用一切现有手段果断地将它们付诸实践，只要他通过一个伟大的实例来示范一种东西，那种东西是如今那些有势力的大手连模仿也做不到的，那么人们至少到处都会开始进行区分，那么，人们至少会感觉到一种对立并思考这种对立的原因；可是现在，还有这么多好心肠的人相信，这些大手是在从事学校教育的手艺。”

“我的尊敬的老师，”这时他的同伴说，“我希望您举一个具体的例子，帮助我也树立您这样满怀信心地告诉我的那个希望。我们两人都了解德国的文科中学[①]，譬如说，谈到这个机构，难道您也相

① 文科中学是西欧的一种普通完全中学类型。1538年，德国创立了第一所文科中学，主要培养封建君主国的官吏，成为贵族、律师、牧师和医师等子弟的学府。除宗教课程外，以教授拉丁文、希腊文等古代语言和古希腊、罗马著作为主要内容。

信，能够靠真诚和好的创意来消除这里陈旧顽固的习性？在我看来，这里并非有一座坚固的城墙来抵御对它的进攻，但一切原则都具有灾难性的坚韧和黏滑的特点。进攻者并没有一个明确稳定的敌人可以歼灭，毋宁说这个敌人是化了装的，能够变化为成百种形象并借助其中某一个形象逃脱围剿，从而总是得以重新用阴险的妥协和隐忍的报复来迷惑进攻者。正是文科中学迫使我落荒而逃，洁身自好，因为我觉得倘若在这里斗争能够获胜，其他教育机构也就一定都会屈服，而谁在这里不得不气馁，他在一切最严肃的教育事物上也就只好气馁。所以，我的导师，关于文科中学，请您向我赐教我们何以希望它如何毁灭，又如何新生？”

哲学家说：“和你一样，我也认为文科中学至关重要，所有其他机构都要用文科中学所追求的教育目标来衡量，也都受到它的方向错误所导致的危害，而如果它能净化和更新，它们也同样都能借此净化和更新。这样一种作为运动着的中心的重要作用，是今天的大学不再敢于奢望的，就大学现在的构造来说，至少就其一个重要方面来说，可以把它仅仅看作文科中学趋向的扩建，过一会儿我要向你详谈这一点。现在我们先一起来看一下，是什么使我产生这个充满希望的信念：迄今为止人们习以为常的、如此五光十色又难以捕捉的文科中学精神，或者将烟消云散，或者必将彻底整合和更新。我不想用一般原理来吓唬你，我们都对文科中学有一些经验，我们都深受其苦，让我们来思考其中之一的问题。用严格的眼光考察，现在文科中学里的德语课是怎样的？”

“我首先要告诉你，它应该是怎样的。现在，每一个人说和写他的德语天生就水平恶劣粗俗，就像在一个通信不发达、教育不普及的时代一样，所以必须用强制手段把成长中的具有高贵禀赋的少年置于良好趣味和严格语言训练的玻璃罩下；既然这是不可能的，那么，在近期内，我宁可回到过去说拉丁语，因为我耻于说一种被如此败坏和玷污了的语言。”

在这一点上，一个较高层次的教育机构的任务不能是别的，只能是十分严格和精确地正确引导这些语言变粗野的少年，向他们呼吁严肃对待你们的语言！谁在此感觉不到一种神圣的责任，他身上也就完全不存在较高层次教育的萌芽。在此能够显示你们对于艺术是否看重，你们与艺术有无亲缘关系，在此表明你们对于母语的态度。假如你们不能自然而然地做到对我们报刊的惯用词语感到生理上的恶心，就应该好好接受教育，因为就在这里，近在眼前，就在你们说话和书写的每个瞬间，你们就有一块试金石，证明现在受教育的人的任务有多么繁重，你们中许多人得到正确教育的可能性是多么小。

按照这个讲话精神，文科中学的德语教师就有责任引导学生注意无数细节，从十分明确的良好趣味出发，禁止他们使用这样一些词语，例如“占有”“赚取”“盘算一件事情”“掌握主动”“无须考虑”——以及诸如此类令人无限厌恶的词语。此外，这个教师还必须教学生阅读我们的经典作家，一行一行指给他们看，如果一个人心中有正确的艺术感觉，完全理解面前所写下的一切，会如何谨慎严格地对待每一个词的用法。他将不断鞭策他的学生对同一思想寻求更好的表达，他要使那些天赋不算差的学生对语言感到敬畏，使那些天赋好的学生对语言产生高贵的热情，在这个目标达到之前，他的工作就不能结束。

那么，这就是所谓正规教育的任务，而且是最有价值的任务之一。可是，在文科中学里，在这个所谓正规教育场所，如今我们看到的是什么？谁倘若善于把他在这里看到的东西进行正确的归类，他就会知道，他从号称教育机构的今日文科中学那里可以得到什么了。他会发现，按照其本来的结构，文科中学的教学目标不是教育，而是学术，最近还发生了一个转折，其教学目标好像不再是学术，而是新闻了。这是由它的性质决定的，德语课作为一个可靠的例子证明了这一点。

教师本来应该提供真正的实践指导，使他的学生习惯于进行语言上的严格自我训练，可是我们到处看到的却是用博学的、历史的方式处理母语的趋势，人们对待它犹如它是一种已经死去的语言，仿佛对这种语言的现在和未来可以不负任何责任。在我们这个时代，历史的方式已经流行到了这个地步，以至于语言的活的身体也成了对它的解释研究的牺牲品。然而，教育正是在这里开始，要使人们懂得把活的东西当作活的东西对待；教师的任务也正是在这里开始，要在首先必须行为正确而非只是认识正确的事情上，抑制住正在蔓延上涨的“历史兴趣”。

我们的母语正是这样的领域，学生在其中必须学会行为正确，而只是为了这个实践的方面，我们教育机构中的德语课才是必要的。当然，对于教师来说，这种历史的方式似乎要方便轻松得多，同时似乎也更适合于他们的渺小资质，他们的完全胸无大志。不过，我们对此的洞察乃是基于整个教育界的现实状况，历史的方式虽然方便轻松，却披着华丽使命和风光头衔的外衣，而真正的实践工作、本来意义的教育行为虽然本质上更困难，却遭人妒恨和蔑视，因为真诚的人必定会疑虑重重，而使别人显得胸有成竹。

除了这种对语言研究的学术兴趣之外，德语教师惯常还提供什么？他是怎样把他的教育机构的精神与德国民族拥有的少数真正有教养人士的精神，与他的经典诗人和艺术家的精神联结起来的？这是一个令人忧虑的黑暗领域，要揭露这个领域的真相，我们不能不感到惊恐，但是我们不想有所隐瞒，因为有朝一日这里的一切都必须更新。

在文科中学里，少年人尚未成型的心灵上被印上了我们新闻审美趣味的野蛮标记，人们用粗枝大叶、不求甚解的态度对待我们的经典作家，教师亲手播下这样的种子，从此这种趣味上的野蛮就冒充为美学批评，到处抢着发言。在这里，学生们学会带着幼稚的优越感谈论我们独一无二的席勒①，习惯于讥笑他的最高、最具德国性质的构思，对于这种讥笑，德国的天才会感到愤怒，优秀的子孙将为之脸红。

文科中学德语教师的最后一个日常工作领域是所谓德语作业，

① 席勒（1759—1805）：德国著名诗人、哲学家、历史学家和剧作家。德国文学史上著名的狂飙突进运动的代表人物，也被公认为是德国文学史上仅次于歌德的伟大作家。

这常常被看作他的工作的顶峰，在一些地方还被看作文科中学教育的顶峰。差不多总是那些最有天赋的学生兴致盎然地嬉戏在这个领域里，正因为如此，我们应该认识到，在这方面布置的任务会多么危险而诱人。德语作业是向个人发出的号召，一个学生越是强烈地意识到自己与众不同的特性，就会越个性化地完成他的德语作业。在多数文科中学里，还通过所挑选的题目来要求这种“个性化的完成”；在我看来，这方面的一个有力证据是，在低年级就已经布置本身违背教育规律的题目了，用这种题目推动学生描述他自己的生活、他自己的发展。只要浏览一下许多文科中学这种题目的目录就会相信，绝大多数学生鉴于其生活经历可能很难对付这种过早要求的个性化作业，这种不成熟的思想性创作，而我们经常地看到，一个人后来全部的文学作品就像是这种反精神的教育原罪的可悲后果。

我们不妨设身处地想一想，在这样的年龄写这样的作文是怎么回事。这是自己最早的产品，尚未发展的力量第一次凝聚为一个结晶，因为被要求独立创作，整个感觉是轻飘的，给创作蒙上了一种不可重复的最迷人的魅力。天性中所有的放肆从其深处发出呐喊，所有的虚荣不再受到有力的约束，第一次得以采用文学的形式；年轻人从这时起自以为已经成熟，已经是一个擅长言说和发表见解的人，甚至觉得自己被邀请这样做。这些题目责成他对诗人的作品表明他的立场，用简明的形式概述历史人物，独立阐述最严肃的伦理问题，乃至反省他自己的变化过程，提交有关自己的批评性报告，总之，几乎是让懵懂不知的目瞪口呆的年轻人做出对这个世界最复杂问题的决定。

现在让我们设想一下，面对人生早期这种影响重大的原创性工作，教师通常会如何做。在他看来做这些作业时什么东西该受责备？他提醒他的学生当心什么？当心形式和思想的一切过度之处，亦即一般来说是那个年龄特有的和个人化的东西。在这种为时过早的激励下，真正独立的东西原本只能表现得笨拙、尖锐，呈现可笑的面貌，因此，正是个性受到了指责，被教师出于非原创的平均合宜的考虑予以拒绝。相反，他很不情愿地把赞扬施舍给了千篇一律的中等货色，虽然他在读这种东西时常常有充分理由感到无聊。

在文科中学德语作业这一整出喜剧中，也许还有人不但看到了当今文科中学极其荒谬的地方，而且看到了它极其危险的地方。在这里，原创性是学生与教师所要求的，可是那个年龄唯一可能的原创性却又遭到拒绝，强求学生具备今天只有极少数人在成熟年龄才能获得的形式感方面的教养；在这里，每个人一下子就被看作允许对最严肃的事与人持有己见的文献专家，可是一种正确的教育恰恰是要全力克服可笑的独立判断之要求，使年轻人习惯于严格服从天才的王权。在这里，一种大框架的描述形式被当作前提，可是在这个年龄每一句说出和写下的话都是野蛮的。

让我们再考虑一下这个年龄很容易刺激起来的自满的危险，考虑一下少年人现在第一次看自己的镜中文学形象时的虚荣感——谁若一眼看清所有这些效果，他就会担心，我们文学艺术界的全部弊端都将不断重新烙刻在成长中的一代人身上，包括匆忙和虚荣的制作，可耻的赌徒行径，完全没有风格，没有酝酿，表达时毫无特点或可悲地装腔作势，丧失任何美学规范，疯狂的无序和混乱，总之像极了我们新闻界连同我们学术界的文学特征。

现在，极少数人已经从上述情况中看出，成千上万人之中也许难得有一人能以写作闻名，所有其余冒险一试的人，他们印成铅字的每一个句子，在真正有判断力的人中间只能赢得一阵荷马式的哄堂大笑——因为对于众神来说，看见一个文学的赫菲斯托斯[①]跛行，甚至还想呈献给我们一点儿什么，确实是一幕好戏。在这个领域中培育最认真、最一丝不苟的习惯和眼光，这是正规教育的最高任务之一，而全面放任所谓的“自由个性”则无非是野蛮的标志。但是，从迄今所报告的情形来看，有一点已经十分清楚，即至少德语课所考虑的不是教育，而是别的东西，也就是上面说的“自由个性”。德国文科中学如此长久地照料德语作业，为令人恶心的不负责任的滥写做了准备，如此长久地不把读写的直接实践训练当作神圣的义务，如此长久地对待母语如同它是一种不可避免的不幸或一个已经死去的躯体，因此，我不承认这样的机构是真正的教育机构。

在语言问题上，我们几乎看不见古典典范发生了什么影响；在我看来，从这样一种考虑出发，我们文科中学开始进行的所谓“古典教育”是一种十分可疑和歪曲的东西。在观察古典典范时，怎么可能看不到，希腊人和罗马人从少年时代起就极其认真地对待他们的语言；而在制订我们文科中学的教育计划时，只要眼前还浮现着

① 赫菲斯托斯：希腊神话中的火神，天生瘸腿，面貌丑陋。

古希腊罗马世界作为最有教益的榜样，又怎么可能在这一点上错误地认识他们的典范？对此至少我是很怀疑的。

看来之所以把“古典教育”列为文科中学的任务，毋宁说是为了准备一个搪塞的借口，一旦文科中学的教育能力遭到无论来自何方的批评，就可以拿出来使用。古典教育！听起来多么理直气壮！它使进攻者感到惭愧，它使进攻延缓——因为谁能立刻看穿这蛊惑人心的套话！这是文科中学长期惯用的手法：哪里响起斗争的呼声，就朝哪个方向举起一块盾牌，上面没有奖章的装饰，而是写着一句蛊惑人心的口号——“古典教育”“形式教育”或“学术预备教育”。三件了不起的家伙，只可惜每一件自身以及三者互相之间都是矛盾的，硬要把它们往一起凑，只会产生出教育上的非驴非马。因为一种真正的“古典教育”是如此闻所未闻地困难和稀少，要求如此复杂的天赋，以至于只有太天真或者太无耻，才会承诺它是文科中学能够达到的目标。

“形式教育”是一个粗略的惯用词，在哲学上经不起推敲，必须尽量摆脱它。而倘若谁把“学术预备教育”树为文科教育的目标，他就背弃了“古典教育”和所谓形式教育，一般来说也背弃了文科中学的整个教育目标，因为学者和有教养人士属于两个不同的范畴，二者有时会在同一个人身上相遇，但绝不会彼此重合。

若我们把文科中学的这三个所谓目标与我们在德语课观察到的现实做一比较，我们就会知道，在日常使用中这些目标都是什么东西，它们是为打仗想出来的搪塞的借口，事实上常常也只能起到麻痹对手的作用。

在德语课上，我们根本学不到任何能让我们想起古典典范、想起古代伟大语言教育的东西：通过上述德语课所进行的形式教育业已证明是对“个性自由”的绝对偏爱，亦即是野蛮和无政府，而如果把学术预备教育看作德语课的成果，则我们的日耳曼学者评价一定不高，对于他们学科的繁荣，正是文科中学里那些貌似博学的初步课程贡献得何其少，个别大学生的个性贡献得何其多。

总之，迄今为止，文科中学耽误了真正的教育由之开始的最重要、最直接的对象，即母语，因此一切后续教育工作也就缺少自然的、丰产的土壤。因为唯有在一种严格的、艺术上讲究的语言训练和语言习惯的基础上，对我们经典作家的伟大之处的正确感觉才能得到强化，而来自文科中学方面的对这种伟大之处的赞赏，迄今只是基于个别教师把一切审美化的可疑的业余爱好，或某些悲剧和小说作品的纯粹拔高的效果。

可是，一个人必须从自己的经验中懂得语言的艰难，必须在长期摸索和搏斗之后终于踏上了我们的伟大诗人曾经走过的那条路，才能体会到他们在这条路上走得多么轻盈优美，而其余人在他们后面跟随得多么笨拙别扭。

我的教育信条

杜威

毁誉参半、褒贬不一的实用主义教育大师杜威期望以教育作为改良社会的工具。他发现多数学校正沿着早先的传统路线进行，没有适应儿童心理学的最新发现和变革中的民主社会秩序的需要。寻找一种能补救这些缺陷的教育哲学，成了杜威主要关切的事。杜威提倡以儿童为中心的教育观，来抵抗传统教育中教师对学生个性的压制。教师不是简单地从事训练一个人，而是从事于适当的社会生活的形成，教师是上帝的代言者，真正天国的引路人。

第一条　什么是教育

我认为一切教育都是通过个人参与人类的社会意识而进行的，这个过程几乎是在出生时就在无意识中开始了。它不断地发展个人的能力，熏染他的意识，形成他的习惯，锻炼他的思想并激发他的感情和情绪。由于这种不知不觉的教育，个人便渐渐分享人类曾经积累下来的智慧和道德的财富。他就成为一个固有文化资本的继承者。世界上最形式的、最专门的教育确实不能离开这个普遍的过程。教育只能按照某种特定的方向，把这个过程组织起来或者区分出来。

我认为唯一的真正教育是通过对儿童能力的刺激而来的，这种刺激是儿童自己感觉到的社会情景的各种要求所引起的。这些要求刺激他，使他以集体的一个成员去行动，使他从自己行动和感情的原有的狭隘范围里显现出来，而且使他从自己所属的集体利益来设想自己。通过别人对他自己的各种活动所做的反应，他便知道这些活动用社会语言来说是什么意义。这些活动所具有的价值又反应到社会语言中去。例如，儿童由于别人对他的呀呀的声音的反应，便渐渐明白那呀呀的声音是什么意思，这种呀呀的声音又渐渐变化为音节清晰的语言，于是儿童就被引导到现在用语言总结起来的统一丰富的观念和情绪中去。

我认为这个教育过程有两个方面：一个是心理学的，一个是社会学的。它们是平行并重的，哪一个也不能偏废；否则，不良的后果将随之而来。这两者，心理学方面的是基础。儿童自己的本能和能力为一切教育提供了素材，并指出了起点。除教育者的努力同儿童不依赖教育者而自己主动进行的一些活动联系以外，教育便变成外来的压力。这样的教育固然可能产生一些表面的效果，但实在不能称它为教育。因此，如果对于个人的心理结构和活动缺乏深入的观察，教育的过程将会变成偶然性的、独断的。如果它碰巧能与儿童的活动相一致，便可以起到作用；如果不是，那么它将会遇到阻力，不协调，或者束缚了儿童的天性。

我认为为了正确说明儿童的能力，我们必须具有关于社会状况和文明现状的知识。儿童具有自己的本能和倾向，在我们能够把这些本能和倾向转化为它们的社会对应物之前，我们不知道它们所指的是什么。我们必须能够把它们带到过去的社会中去，并且把它们看作是前代人类活动的遗传。我们还必须能把它们投射到将来，以视它们的结果会是什么。在前一个例子中，正是这样能够在儿童的呀呀的声音里，看出他将来的社会交往和会话的希望与能力，使人们能够正确地对待这种本能。

我认为心理的和社会的两个方面是有机地联系着的，而且不能把教育看作是二者之间的折中或其中之一凌驾于另一个之上而成的。有人说，心理学方面对教育所下的定义是空洞的、形式的，它只给我们一个发展一切心能的观念，却没有给我们怎样利用这些心能的观念。另一方面，又有人坚定地认为，教育的社会方面的定义（即把教育理解为与文明相适应）会使教育成为一个强迫的、外在的过程，结果把个人的自由隶属于一个预定的社会和政治状态之下。

我认为假如把一个方面看作与另一个方面孤立不相关而加以反对的话，那么这两种反对的论调都是对的。我们为了要知道能力究竟是什么，我们就必须知道它的目的、用途或功能是什么，而这些是无法知道的，除非我们认为个人是在社会关系中活动的。但在另一方面，在现有情况下，我们能给予儿童的唯一适应，便是由于使他们充分发挥其能力而得到的适应。由于民主和现代工业的出现，我们不可能明确地预言二十年后的文化是什么样子，因此也不能准备儿童去适应某种定型的状况。准备使儿童适应未来生活，那意思便是要使他能管理自己，要训练他能充分和随时运用他的全部能量。他的眼、耳和手都成为随时听命令的工具，他的判断力能理解它必须在其中起作用的周围情况，他的动作能力被训练能达到经济和有效地进行活动的程度。除非我们不断地注意到个人的能力、爱好和兴趣——也就是说，除非我们把教育不断地变成心理学的名词，这种适应是不可能达到的。

总之，我认为受教育的个人是社会的个人，而社会便是许多个人的有机结合。如果从儿童身上舍去社会的因素，我们便只剩下一个抽象的东西。如果我们从社会方面舍去个人的因素，我们便只剩下一个死板的、没有生命力的集体。因此，教育必须从心理学上探索儿童的能量、兴趣和习惯开始。它的每个方面都必须参照这些考虑加以掌握。这些能力、兴趣和习惯必须不断地加以阐明——我们必须明白它们的意义是什么，必须用和它们相对应的社会用语来加以解释——用它们在社会服务中能做些什么的用语来加以解释。

第二条　什么是学校

我认为学校主要是一种社会组织。教育既然是一种社会过程，学校便是社会生活的一种形式。在这种社会生活的形式里，凡是最有效地培养儿童分享人类所继承下来的财富以及为了社会的目的而运用自己的能力的一切手段，都被集中起来。

因此，我认为教育是生活的过程，而不是将来生活的预备。

我认为学校必须呈现现在的生活，即对于儿童来说是真实而生气勃勃的生活。像他在家庭里、在邻里间、在运动场上所经历的生活那样。

我认为不通过各种生活形式或不通过那些本身就值得生活的生活形式来实现的教育，对于真正的现实总是贫乏的代替物，结果便形成呆板，死气沉沉。

我认为学校作为一种制度应当简化现实的社会生活，不应当像过去那样把它缩小成一种社会雏形。现实生活是如此复杂，以致儿童不可能同它接触而不陷于迷乱；他不是被正在进行的那种活动的多样性所淹没，以致失去自己有条不紊的反应能力，便是被各种不同的活动所刺激，以致他的能力过早地被发动，致使他的教育不适当地偏于一面或者陷于解体。

我认为既然学校生活是如此简化的社会生活，那么它应当从家庭生活里逐渐发展出来，它应当开展并继续儿童在家庭里已经熟悉的活动。

我认为学校应当把这些活动呈现给儿童，并且以各种方式把它们再现出来，使儿童逐渐地了解它们的意义，并能在其中起着自己的作用。

我认为这是一种心理学的需要，因为这是使儿童获得继续生长的唯一方法，也是对学校所授的新观念赋予旧经验以背景的唯一方法。

我认为这也是一种社会的需要，因为家庭是社会生活的一种形式，儿童在其中获得教养和道德的训练。加深和扩展他的关于与家庭生活相联系的价值的观念，是学校的任务。

我认为现在教育上许多方面的失败，是由于它忽视了把学校作为社会生活的一种形式这个基本原则。现代教育把学校当作一个传授某些知识，学习某些课业或养成某些习惯的场所。这些东西的价值被认为多半要取决于遥远的将来，儿童之所以必须做这些事情，是为了他将来要做某些别的事情，这些事情只是预备而已。结果是，它们并不能成为儿童生活经验的一部分，因而并不能真正具有教育作用。

我认为道德教育集中在把学校作为一种社会生活的方式这个概念上，最好的和最深刻的道德训练恰恰是人们在工作和思想的统一中跟别人发生适当的关系而得来的。现在的教育制度就它对于这种统一的破坏或忽视而论，使得达到任何真正的、正常的道德训练变得困难或者不可能。

我认为儿童应当通过集体生活在他的活动中受到刺激和控制。

我认为在现在的情况下，由于忽视了把学校作为社会生活的一种方式这个概念，来自教师的刺激和控制是太多了。

我认为教师在学校中的地位和工作必须按同样的基本观点来加以阐明。教师在学校中并不是要给儿童强加某种概念，或形成某种习惯，而是作为集体的一个成员来选择对于儿童起着作用的影响，并帮助儿童对这些影响做出适当的反应。

我认为学校中的训练应当把学校的生活作为一个整体来进行，

而不是直接由教师来进行。我认为教师的任务仅仅是依据较多的经验和较成熟的学识来决定怎样使儿童得到生活的训练。

我认为关于儿童分班和升级的一切问题，都应当参照同样的标准来决定。考试不过是用来测验儿童对社会生活的适应力，并表明他在哪种场合最能起作用和最能接受帮助。

第三条　教材

我认为儿童的社会生活是其一切训练或生长的集中或相互联系的基础。社会生活给予他一切努力和一切成就的无意识的统一性和背景。

我认为学校课程的内容应当注意到从社会生活最初的无意识的统一体中逐渐分化出来。

我认为我们由于给儿童太突然地提供了许多与这种社会生活无关的专门科目，读、写和地理等，而违反了儿童的天性，并且使最好的伦理效果变得困难了。因此，我认为学校科目相互联系的真正中心不是科学，不是文学，不是历史，不是地理，而是儿童本身的社会活动。

我认为教育不能在科学的研究或所谓自然研究中予以统一，因为离开了人类的活动，自然本身并不是一个统一体。自然本身是时间和空间里许多形形色色的东西，要自然本身使它自己作为工作的中心，那便是提供一个分散的原理，而不是集中的原理。

我认为文学是社会经验的反映和阐明，因此，它必须产生在经验之后，而不是在之前。因此，它不能作为统一体的基础，虽然它可以成为统一体的总和。

我还认为，历史就它提供社会生活和生长的各个方面来说，是具有教育价值的。它必须参照社会生活而加以控制。假如只简单地作为历史来看，它便陷于遥远的过去而变成僵死的、毫无生气的东西。历史如被看作是人类的社会生活和进步的记录，那就成为有丰富意义的东西了。但是我认为，除非儿童也被直接引入社会生活中去，否则，对于历史是不可能这样看的。

所以，我认为教育最根本的基础是在于儿童活动的能力，这种能力正沿着现代文明所由来的同一的、总的建设路线而活动着。

我认为使儿童认识到他的社会遗产的唯一方法是使他去实践，使他从事那些使文明成其为文明的主要的典型的活动。因此，我认为所谓表现的和建设的活动便是相互联系的中心。这便给予学校中烹调、缝纫、手工等的地位以一个标准。

我认为这些科目并不是附加在其他许多科目之外，作为一种娱乐、休息的手段，或者作为次要的技能的特殊科目而提出的。我更相信它们是代表社会活动的类型和基本形态的；而且，通过这些活动作为媒介把儿童引入更正式的课程中，这是可能的，也是值得向往的。

我认为科学研究就它显示了产生现代社会生活的各种资料和方法而言，是具有教育意义的。

我认为目前科学教学的最大困难之一是，这种资料是以纯客观的形式提供出来，或者作为儿童能加于他已有经验之上的一种新的特殊经验。其实，科学之所以有价值正因为它给我们一种能力去解释和控制已有的经验。我们不应当把它作为新的教材介绍给儿童，而应当作为用来显示已经包含在旧经验里的因素，和作为提供更容易、更有效地调整经验的工具。

我认为现在我们丧失了许多文学和语言科目的价值，是因为我们抛弃了社会的因素。在教育学著作里，差不多总是把语言只当作思想的表现。语言固然是一种逻辑的工具，但最基本、最重要的是一种社会的工具。语言是一种交往的手段，是一个人用以分享别人的思想和感情的工具。如果只是把它当作个人获得知识，或当作表达已经学到的知识的工具，那么就会失去它的社会的动机和目的。

因此，我认为在理想的学校课程中，各门科目并不是先后连贯的。如果教育即是生活，那么一切生活一开始就具有科学的一面、艺术和文化的一面以及相互交往的一面。因此，某一年级的固定科目只是阅读和写字，而较高的年级里却开设阅读、文学或科学，这是不正确的。这个进度不是在于各门科目的连贯性，而是在于对经验的新态度和新兴趣的发展。

最后，我认为教育应该被认为是经验的继续改造，教育的过程和目的是完全相同的东西。

我认为如要在教育之外另立一个任何目的，例如给它一个目标和标准，便会剥夺教育过程中的许多意义，并导致我们在处理儿童问题时依赖虚构的和外在的刺激。

第四条　方法的性质

我认为方法的问题最后可以归结为儿童的能力和兴趣发展的顺序问题。提供教材和处理教材的法则就是包含在儿童自己本性之中的法则。由于情况正是这样，我认为下面的论述对于决定教育所赖以进行的那种精神是极端重要的。

一是我认为在儿童本性的发展上，自动的方面先于被动的方面，表达先于有意识的印象，肌肉的发育先于感官的发育，动作先于有意识的感觉。我相信意识在本质上是运动或冲动的，有意识的状态往往在行动中表现自己。

我认为对于这个原理的忽略便是学校工作中大部分的时间和精力浪费的原因。儿童被置身于被动的、接受的或吸收的状态中。情况是不允许儿童遵循自己本性的法则，结果造成阻力和浪费。

我认为观念（理智的和理性的过程）也是由动作引起的，并且为了更好地控制行动。我们所谓理性，主要就是有顺序的或有效的行动法则。要发展推理的能力、判断能力，而不参照行动方法的选择和安排，便是我们现在处理这个问题的方法中的一个重大错误，结果是我们把任意的符号提供给儿童。符号在心智发展中是必需的，不过它们的作用在于作为节省精力的工具；它们本身所表现出来的乃是从外部强加的大量毫无意义的和武断的观念。

二是我认为表象是教学的重要工具。儿童从他所见的东西中所得到的不过是他依照这个东西在自己心中形成的表象而已。

我认为假如将现在用以使儿童学习某些事物的十分之九的精力

用来注意儿童是否在形成适当的表象，那么教学工作将会容易得多。

我认为目前对课业的准备和传授给予许多时间和注意力，可以更加明智地、更有益地用来训练儿童形成表象的能力，使儿童将经验中所接触的各种东西不断地形成明确、生动和生长中的表象。

三是我认为兴趣是生长中的能力的信号和象征。我相信，兴趣显示着最初出现的能力。因此，经常细心地观察儿童的兴趣，对于教育者是最重要的。

我认为这些兴趣必须作为显示儿童已发展到什么状态的标志来加以观察。它们预示着儿童将进入那个阶段。

我认为成年人只有通过对儿童的兴趣不断地予以同情的观察，才能够进入儿童的生活里面，才能知道他要做什么，用什么教材才能使他工作得最起劲、最有效果。

我认为这些兴趣不应予以放任，也不应予以压抑。压抑兴趣等于以成年人代替儿童，这就减弱了儿童心智的好奇性和灵敏性，压抑了创造性，并使兴趣僵化。放任兴趣等于以暂时的东西代替永久的东西。兴趣总是一些隐藏着的能力的信号，重要的事情是发现这种能力。放任兴趣就不能从表面深入下去，它的必然结果是以任性和好奇代替了真正的兴趣。

四是我认为情绪是行动的反应。我认为力图刺激或引起情绪而不顾与此情绪相应的活动，便等于导致一种不健全的和病态的心理状态。

我认为只要我们能参照真、善、美而获得行动和思想上的正确习惯，情绪大都是能够约束自己的。

我认为除了死板和呆滞、形式主义和千篇一律之外，威胁我们教育的最有害的东西莫过于感情主义。

我认为这种感情主义便是企图把感情和行动脱离开来的必然结果。

第五条　学校与社会进步

我认为教育是社会进步和社会改革的基本方法。

我认为改革仅仅依赖法规的制定，或是惩罚的威胁，或仅仅依赖改变机械的或外在的措施，都是暂时性的、无效的。

我认为教育是达到分享社会意识的过程中的一种调节作用，而以这种社会意识为基础的个人活动的适应是社会改造的唯一可靠的方法。

我认为这个概念对于个人主义和社会主义的理想都予以应有的重视。它恰恰是个人主义的，因为它承认某种品格的形成是合理生活的唯一真正基础。它是集体主义的，因为它承认这种好的品格不是由于单纯的个人的告诫、榜样或说服所形成的，而是出于某种形式组织的或社会的生活施加于个人的影响，社会机体以学校为它的器官，决定道德的效果。

我认为在理想的学校里，我们得到了个人主义和集体组织的理想之间的调和。

因此，我认为社会对于教育的责任便是它的至高无上的道德责任。通过法律和惩罚，通过社会的鼓动和讨论，社会就会以一种多少有些机遇性和偶然性的方式来调整和形成它自身。但是通过教育，社会却能够明确地表达它自己的目的，能够组织它自己的方法和手段，因而明确地和有效地朝着它所希望的前进目标塑造自身。

我认为当社会一旦承认了朝着这种目标前进的可能性以及这些可能性所赋予的义务，人们便不可能去设想听任教育者随意地使用时间、注意力和金钱等资源。

我认为为了提醒社会认识到学校奋斗的目标，并唤起社会认识到给予教育者充分设备来进行其事业的必要性，坚持学校是社会进步和改革的最基本的和最有效的工具，是每个对教育事业感兴趣的人的任务。

我认为这样设想的教育是标志着人类经验中所能想象得到的科学和艺术最完善、最密切的结合。

我认为这样形成人类的各种能力并使它们适应社会事业的艺术是最崇高的艺术；能够完成这种艺术的人，便是最好的艺术家；对于这种事业，不论具有任何见识、同情、机智和行政的能力都不会是多余的。

我认为心理学事业的发展增长了对于个人的心理结构和生长的法则的观察能力；社会科学的发展增长了我们关于正确组织个人的知识。一切科学的资源都可以为教育的目的而使用。

我认为当科学和艺术这样携手以后，支配人类行动的最高动机已经达到了，人类行为的真正动力将被激发起来，人类本性中所能达到的最好的事业便有保障了。

最后我认为教师不是简单地从事于训练一个人，而是从事于适当的社会生活的形成。

我认为每个教师应当认识到他的职业的尊严，他是社会的公仆，专门从事于维持正常的社会秩序并谋求正确的社会生长。

这样，我认为教师总是真正上帝的代言者，真正天国的引路人。

杜威之后，教育何为？

布鲁纳

一个时代有一个时代之学术，有一个时代之教育。布鲁纳是美国教育心理学家、认知心理学家，对认知过程进行过大量研究，在词语学习、概念形成和思维方面有诸多著述，对认知心理理论的系统化和科学化做出了很大贡献，是认知心理学的先驱，是致力于将心理学原理实践于教育的典型代表，被誉为杜威之后对美国教育影响最大的人。本文既是布鲁纳对杜威教育哲学的检讨，也是对杜威时代的美国教育的反思。布鲁纳认为对杜威学说本身的争议毫无意义，关键在于面对杜威之后教育界出现的新情况与新问题，教育界的同人们应该做什么、怎么做。

1897年，38岁的杜威出版了一部振奋人心且富有预见性的著作《我的教育信条》。他后来的有关教育的许多论述在这个小册子里都有所体现。在这本书里，他提出了五大教育信条。第一条界定教育过程："即所有的教育都是通过个体对种族的社会意识的参与和分享而展开的。这个过程从人一出生时就已经不知不觉地开始了，并持续地塑造着他的能力，浸润着他的意识，形成他的习惯，训练他的思想，唤醒他的感情和情感。”

第二个信条体现了杜威对学校的认识：“教育就是一种社会过程，而学校是社会和社区生活的简单形式，社会所有的机构都浓缩在学校里，从而确保学生能够分享种族传递下来的各种资源，发挥他们的才能，服务于社会需求。因此，教育就是生活，而不是将来生活的准备。”

在第三个教育信条中，杜威探讨了教材问题：“儿童的社会生活是其教育和成长过程中关注或关联的基础。社会生活赋予他无意识的统一性，并奠定了其所有努力和成就的背景……真正的中心……不是科学，不是文学，不是历史，也不是地理，而是儿童自己的社会活动。”

第四个信条涉及他关于教育方法的看法：“教材的呈现和处理应该根据儿童自己的天性发展的规律。”杜威认为，这个规律就是行动的规律：“在儿童天性的发展过程中，积极的方面将领先于消极方面。我相信，意识是最基本的发动机或推动力；意识状态倾向于促使人行动。”

最后，杜威提出他的第五个教育信条：“教育是社会进步和改革的基本方法。”

今天我们带着复杂的心情阅读杜威这个文献。它反映了美国人传统的乐观主义精神，拒斥对生活的悲观看法。它用实用主义的精神来界定真理：真理就是探索行动后果的果实。它不仅表达了对个体能力成长的坚定信念，而且相信社会能够以其最好的形象来对人进行塑造。《我的教育信条》的最后几句话是这样的："每个教师都应该认识到自己职业的尊严，教师是社会的公仆，负有维持正当的社会秩序并确保社会健康发展的使命。从这个方面来说教师永远是真正福音的先知，是真正天国的引路人。"

不过，乐观主义、实用主义、认可人的发展与社会和谐一致等这些过于乐观的思想使我们感到忧虑。因为从1897年到现在近三分之二的世纪里，我们对自然的认识、对社会的认识和对社会机构的认识都产生了深刻的变化。也许更为重要的是，我们对人的本性的理解，包括他的智力、他的能力、他的情感、他的成长的各种形式，都经历了一场革命。

虽然杜威受其哲学观点的限制，他的思想还是反映了这种变化。不过，从杜威的早期信条的出版到我们这个时代，这期间产生了一系列革命性的学说，发生了一系列重大的事件，这些都改变了探究的性质。两次世界大战，希特勒的黑暗统治和种族大屠杀，俄国革命，物理学和心理学中相对主义的革命，拥有新技术的能源时代，怀疑主义哲学嘲讽的盛行——所有这些都迫使我们重新评价建构教育哲学的基本条件。

那么就让我们根据我们对今天世界和人类本性的认识来重新审视这些条件。不过，这样做很容易引起一些误解，所以最好我们事先就做些说明。每个写作者都是在其时代的背景下进行写作的。杜威的作品就注意到了19世纪90年代学校教学的无效和僵化，特别是对儿童天性的忽视。他强调直接经验和社会行动的重要性，这也暗含着对无关学生经验世界的空洞的形式主义学习的批判。杜威不遗余力地倡导对此进行割除和纠正。但是，正如过分的德行就是罪恶，杜威也有点矫枉过正。对此，我们今天需要对教育进行重新审视。

当然，对杜威也有误解。他的观点常常被转换成一种情绪化的实践。他在《我的教育信条》中悲叹道，“紧接着死寂和沉闷、形式主义和日常琐碎化，我们的教育正受到最大的罪恶——情绪主义的威胁”。对“班级工程”“生活适应”课程等情绪性的推崇，不愿意把儿童置于人类和自然狂暴一面的洗礼，担心这样会破坏学生直接经验的舒适性，对“准备性”这个概念的烦腻——所有这些对儿童的理解经常没有经验的支持，却以杜威的名义畅行无阻。杜威的观点在他的时代是高尚的，但也有点温和和情绪化。那么，我们这个时代的教育信条是什么？我们又应该用什么样的形式来探讨我们的教育信条？

一、教育是什么

教育力求发展学生思维的能力和敏感性。一方面，教育过程把构成一个民族的文化的价值观、风尚和知识积累部分地传递给学生个体，以此来培养他的冲动、塑造他的意识、形成他的生活方式。但是，教育过程同时也是发展智力的过程，以确保他能超越其社会的文化方式，并能够进行适度的创新，从而能创造出他自己的内在文化世界。因为不管是文化中的艺术、科学、文学、历史学还是地理学，每个人都必须是他自己的艺术家，他自己的科学家，他自己的历史学家，他自己的航海家。没有人能够掌握整个文化。实际上，这就是社会记忆形式的基本特征，我们经常称这种社会记忆为文化。为了成为一个整体的人，他必须运用他通过教育而获得的部分文化遗产来形成他自己的世界观。

在我们这个时代，技术的要求限制了个体创造一种最令人满意的世界图景的自由。促使个体屈服于某一特定的社会目的的意识形态在我们这个时代逐渐兴起。它丝毫不顾及人的特性，只看重人对社会进步的工具价值。虽然存在这样浓重的意识形态性，但同时，人们对自己的世界、对自然界的理解和认识更加深刻。难怪有人称我们这个时代是一个智力上的黄金时代。目前所需要的就是，进一步加深不仅是对社会丰富性而且还包括个体丰富性的理解和认识。

的确，如杜威所说，所有的教育都是通过个体对整个种族的社会意识的参与和分享而展开的。不过，问题存在两个方面。因为所有的教育，不论好坏，都属于杜威意义上的教育。我们现在知道在某种程度上的确如此。仅举一例，正是我们所说的语言决定了我们经验和思维的结构和风格。确如所见，我们有理由相信，思维过程本身就是社会交往的内化，就是为早期外部对话所模式化的内部对话。因而教育才变得可能。但是，赋予我们经验以形式和表达的教育同样也是限制思维活动的主要工具。消除这种限制的保障就是提供一种可以进行选择的感觉。因此，教育不仅是传承文化的过程，也是提供一种关于世界的另样看法，并强化学生主动探索愿望的过程。

半个世纪以来，心理科学取得了惊人的进展。我们认识到，精神健康是智力发展的最低保障。精神疾病的悲剧就是人总是需要逃避自己不能处理的现实，并丧失学习的勇气和热情。不过，精神健康也只是智力通过训练得到不断发展的基础。适应环境，如果是智力发展的一个理想的话，那它也只是一个微小的理想。发展一种追求个性化的并与社会有关的卓越的能力，才更加贴近教育的真正理想。弗洛伊德之后的半个世纪，我们认识到，本能的释放和性向的自由展现本身并不是目的，这只是通往能力发展之途的一个驿站。弗洛伊德留给20世纪下半叶最富有预见性的不是他对僵化的道德主义束缚的斗争，而是他的这样一句名言："哪儿有本我，哪儿就有自我。"

正如杜威在他第一个教育信条中所总结的那样，教育应该从对儿童的能力、兴趣和习惯的心理学洞察开始。但是，出发点显然不是整个旅程。为了孩子而牺牲成人和为了成人而牺牲孩子同样是错误的。主张教学总是要适应儿童的兴趣，这是一种情绪化的做法，它和迫使儿童模仿成人社会那一套的空洞的形式主义同样有问题。兴趣是可以创造的，也是可以激发的。因此我们说供给创造需求，刺激引起反应，这也不是太离谱。我们要设法用更加深刻的、更加吸引人的和更加精细的方式促使儿童了解世界和其自身。

二、学校是什么

进入学校就是进入智力生活。自然，学校不仅是生活的准备，而且也是生活本身。但是，学校生活是生活的特殊形式，我们精心设计，充分利用在学校的时间，促进儿童的发展，使人类和其他物种区别开来。学校不仅要确保与更大的社区或更大的组织和日常生活的连续性，它自身基本上也是这样一个场所：在这里学生运用智力体验发现跃入一个新的、未曾想象的并与以前经验不连续的经验王国。当他们第一次理解什么是一首诗、什么是美，理解守恒定理内在的简单性，理解宇宙是可以测量的时候，儿童总能体验和认识到学校是这样一个特殊的场所。当突出强调某种知识的连续性的时候，儿童初始的那种认为思维无所不能的艺术家的感觉，便逐渐地转化为对思维运用的现实的信心，这种信心是优秀人物的特征。

杜威坚持学校生活与社区、与家庭的连续性，从而忽视了教育开启新的前景的独特功能。假如学校就是作为个体从亲密的家庭生活到社区生活的转换地的话，那么学校生活就容易安排得多。原始社会的教育系统里，总是有这样一个时刻，通常是在青春期的时候，儿童的生活都会发生一次激烈的变化，往往要举行一次成人仪式，标志着儿童和成人之间的分水岭。

今天的教育实践还要照搬史前社会的教育活动，这是浪漫主义的胡说。我给大家做这样一个比较：教育不能把儿童世界和成人世界混为一谈，我们必须认识到，进入成人世界需要引入新的经验，需要发现和探讨新的神秘事物，需要获得新的力量。

在东欧犹太人小村镇里，在传统的城市犹太人小区里，学者是特别重要的人物——先知。他谈话充满暗喻，仪容宁静，不仅富有能力，更是情操美好。中国传统社会里就有这种用美的方式把知识、情感和行动融为一体的美好的人物形象。17和18世纪的欧洲理想的绅士也大致如此。也许，正是从这种精神的角度怀特海主张，如果教育要对个人留下一点印记的话，那么就应该让儿童接受伟大事物的熏陶。我则认为，激发教育就是追求“优异”的理念，教育要运用尽可能多的优异形式来发展学生优异的个人形象。学校必须把培育优异的形象作为其重要的功能之一。

对理想化的优异做超然的理解还是不够的。关于优异的理想，若要有效，就必须能够落实到与之有关的个体的生活之中。希伯来的先知、中国古代学者型的官员和18世纪的绅士的引人注目的共同点就是，他们的生活方式是任何人都可以用自己的方式来追求的，并能以自己的风格从中提取的。因而我认为，学校也必须有能够用自己的方式来寻求和体现优异的教师。这不是说，我们的学校必须雇佣伟大的天才作为教师，而是说，教师必须在自己的教学方式上体现出对优异的追求。的确，有电视及其辅助物等技术资源的帮助，我们可以从最高意义上给学生甚至教师提供一种完全可行的优异观。再过几年，我们将会看到，伟大的学者、科学家或艺术家可以像同研究生谈话一样简易而诚实地同初学者谈话。

三、教育中的教材

教材的问题只有联系我们对知识性质的认识才能解决。知识是我们为了把意义和结构赋予给经验中的规则而形成的一种模式。任何知识体系中组织化的概念都是为了使我们的经验具有经济性、简约性和联结性。我们发明概念就是作为我们理解和认识的工具，如物理学中的力、化学中的键、心理学中的动机和文学中的风格等概念。

文化的历史就是这种伟大的、组织化的观念发展的历史，这些观念总是必然地产生于我们关于人类和自然的更深的认识和价值观。这些伟大的、组织化的观念的力量主要在于它们使得我们理解，或有时也帮助我们预测，甚至改变我们生活于其中的世界。不过，它们的力量实际上也就在于为我们的经验提供了工具。在牛顿的时间观里，即时间的平稳均匀流逝的理念处于主导地位的文化中成长，我们就体验到时间稳定地不可避免地流淌，像单向的飞矢。但是，在对感觉研究了四分之一个世纪之后，我们现在认识到，经验不是直接地、纯粹地获得的，而是受到了我们结构化了的感觉的影响。我们对什么事物存在、什么事物又将随后出现的认识和模式中产生了很多预期，这些预期变成了我们感觉的结构性，并进而影响我们感觉的纯粹性。

由此，可以引出两条信念。第一，教育应该重视知识的结构。因为正是知识结构的联结和推衍使得我们的观念相继流动，也正是知识的结构，这个了不起的概念发明，赋予了互不联系的一堆观察结果以条理和秩序，赋予我们所学的内容以意义和价值，并使我们有可能开启新的经验领域。第二条信念是，如果某种知识是值得掌握的话，那么知识的整体性和结构性就能够在知识内部本身发现。

像杜威那样，试图用教材与孩子社会活动的关系来论证教材的合理性，将会误解什么是知识和知识又是如何掌握的。数学中的交换律这个概念的意义不是源自这样的社会洞见：两个房子住着十四个人和十四个房子住着两个人是不一样的。数学交换律的意义是观念的力量所固有的。我们的观念能够创造一种灵活的、美妙的但却有着巨大概括力的关于数的思维方式。比如说，这种观念至少应像英语正式语法中动词的将来时的规则那样效力强大。没有交换律的观念，几何学也是不可能的。在一些较新的数学课程中，导言部分经常是从定理与社会生活和当下经验的关系来论证定理和定理学习的重要性，如果是这样，那么这些定理就不值得去教。定理固然奠定了我们理解对数和次序的基础但不可能通过利率和几捆干草每捆多少根等所谓的社会算术来达到这种认识。像其他学科一样，数学首先必须从经验开始但也必须朝着抽象发展，真正的理解力需要逐渐摆脱肤浅的经验的直观性。

我们必须考虑到认知的经济性和简约性，我在前面一章中也谈到过这个问题，这非常重要。如果我们把教材“覆盖面”理解为检视所有的事实、所有的事件或所有的细节，就算终其一生，我们也很难全面地覆盖哪怕是一个学科。强调学科结构的教材应该具有一定概括性，从而有可能对细节进行重新组织，至少也应该准备一个知识结构，使得学生能够知道把可能遇到的细节放置于此。

传统意义上的教材又怎么样？“应该教什么”，对这个问题的回答结果就变成了对另一个问题的回答，即“什么是重要的”。如果我们能够首先回答“什么是值得知道的”，那么就不难区分什么是值得教的、值得学的和什么又是不值得教的、不值得学的。关于自然界的知识、关于人类处境的知识、关于社会的性质和动力的知识以及可以用来认识当代、展望未来的历史知识，所有这些知识对一个受过教育者来说，都是必要的。的确，这样说似乎很有道理，但还必须包括另一种知识，即标志着我们审美奇迹和审美愉悦史的艺术遗产的知识。

若从应该了解什么样的知识、应该谈论什么样的知识这个角度来考察教育和教材，就会立即产生有关知识的符号体系的问题。存在着两种语言符号，一种是自然意义的符号，一种是数学意义的符号。我很难想象，20世纪的一个受过教育的人不是这一特殊意义上的双语者，能够简明而熟练地使用自然语言和数学语言。因为这两种语言都是开启新经验、获得新能力的基本工具。因此，它们必须在任何课程中处于中心位置。

最后，诚如杜威所说，我们不可能预见到现在接受教育的儿童将来所要生活的世界是什么样子。经过训练的思维能力和行动中的能力感是我们给予孩子超越时空流变的永恒的法宝。在一个理想的学校里，我们给予儿童的系列学习应该抓住这样一点：不管学习什么内容，我们都应该持续地努力给学生一种思维的能力感，这种能力感产生于思维的逐渐深化。这一点，而不是其他任何形式的知识范围的扩展，才是教育中最重要的。

四、方法的性质

教育过程和教育目的是合而为一的。教育的目的是受过训练的思维能力或理解力，自然教育过程也是这样。

我们应该认识到，思维能力或理解力的对立面不是无知，也不是简单的不知道。理解某一事物，首先意味着放弃用另一种方式来探讨。困惑总是存在于一种理解方式和另一种（更好的）理解方式之间。困惑产生紧急性的焦虑，这也是我们人类生物遗传的特性之一。紧随焦虑之后而来的便是防御性的措施——逃避、恐惧或冷漠——而这些都是与自由、积极地运用大脑格格不入的。对于儿童和我们成年人的精神生活，一个必须注意的事实是，我们处理信息的能力有限，我们每次同时只能知觉六个或七个不相联系的项目。超过这个范围就会超载，并引起困惑。正如乔治·米勒所说，最经济的原则是我们要用金子而不是渣滓来填塞我们思维的七个缝隙。学习者把什么样的学习材料纳入知识结构之中以及纳入的程度，决定了他是用金子学习还是用渣滓学习。

考虑到这个原因和上文已经提到的原因，在把众多的关于某一主题的材料呈现给学生之前，学生对把要考察的对象放置在知识结构何处以及如何放置首先应该有个总体的观念，这一点非常重要。通常的情况是，概括性观念产生于对体现了一定观念的具体事物的初始经验，这些事物又与儿童生活密切相关。学习的征途应该始于具体，并应立即朝着抽象行进。当我们能够用抽象可能达到的更深刻的方式来理解和认识新的具体事物时，暂时性的学习目标就达到了。

教学方法的目标就是尽可能地引导儿童去发现。用讲授法教学然后又去检测学生对所讲授内容的掌握情况，必然产生死坐板凳的学习者，其学习的动机很可能是外在于学习任务本身的，为了讨教师欢心，为了进大学，怕没面子。鼓励发现学习有两个方面的优点。首先，儿童所学的内容由他自己创造，并将他的发现内化到他自己为自己创造的内在的文化世界之中。同样重要的是，发现和由发现所带来的信心感是学习的固有奖赏，而这种奖赏又进一步加强在教育中处于核心位置的学科化的探求。

要鼓励学生从其所学中获得最大的益处。这并不是要求学生把其所学运用到自己当下的日常生活之中，当然学生有机会这么做，也不无裨益。更重要的是，鼓励学生获得建立知识间联系的方法。两个事实和一种把它们联系起来的关系，这也应该是一种召唤，召唤学生去归纳、去推断、去进行一种尝试性的知觉跳跃，甚至去建立一种尝试性的理论。从单纯的学习到在思维中运用所学的跳跃，是智力运用基本的一步。的确，明智的猜测，运用启发性的直觉，最佳地运用尚不充分的证据在所有这些活动中学生都需要练习和指导。它们都是消极性学习的最好解毒剂。

最为重要的是，教育过程必须从智力上的不诚实中解放出来，并摆脱只解释而不提供思维能力的各种形式的欺骗。我在其他地方曾表达过这样的信念，即任何学科都能以某种智力上诚实可靠的方式传授给任何年龄阶段的任何儿童。在一堂五年级的社会学习课上提出“市政府”的概念，就是这种意义上的不诚实，即使是“市政府”这个概念碰巧与学生的直接的社会经验相符合，这种不诚实就好像是一个家长式的人物正在主持一帮初出茅庐的童子军探讨豁免权问题或宪章问题。谎言终究是谎言，即使它看起来像是人们熟悉的真理。同样，在一堂六年级的科学课上向学生提出混乱不清却是具体的原子形象同样是不诚实的，是个美丽的错误，正如一年前向学生提出乏味的“市政府”概念一样。提出一个不诚实的形象只能打击学生自发产生的对于智力探究的信心，阻碍了学生真正的思维能力的发展。

五、学校和社会进步

我认为教育是社会变革的基本方式。革命自身不会好于它所宣扬的理想和为了实现这种理想而采取的手段，而事实上，革命常常与其所崇尚的理想和其落实的手段之间存在一定的差距。我们时代的变革速度超过了人类历史上的其他任何时期，新事物似乎总是随时出现。如果我们真的持这样的信条：学校即生活，而不仅仅是生活的准备，那么学校就必须反映我们所生活的时代的变革。

这个信条的首要意义就是，我们必须寻求各种途径，把在知识前沿中那些具有更深洞察力的发展成果反馈到我们的学校中来，这在科学和数学领域比较明显。通过人们的持续努力，现在采取了一种制度化的方式，确保最新的、更富效力的，往往也是更为简洁的思维方式进入我们的中小学中。不过，不仅仅是科学的前沿发展，比如大学或研究试验室的研究成果能进入中小学校，而且还应确保其他的知识领域包括政治生活、社会生活、艺术、文学上的尝试和迅速变化的商业界和工业界的最新发展，也能进入中小学校，这同样重要。哪里有变化，哪里就有学习。

我们需要新型的机构，需要新型的课程观。我们已经意识到，我们至今所缺乏的但却是必需的，是一种也许可以被称为“课程研究”的机构，我们需要的不是一个，而是许多个。在这种机构中学者、科学家、活动家、艺术家和优秀的教师一起工作，不断地改编和修订我们的课程。这样我们就超越了任何一个大学系科的限制，强调教育系、艺术系、科学系、医学系和工程系共同合作。我们忽视并漠视了我们时代逐渐加快的变革步伐及其对教育过程的意义。我们没有和我们的教师去分享最新的发现、最新的洞见和最新的艺术成就。我们不仅提倡独立自主的班级，我们还提倡独立自主的学校，甚至是独立自主的教育体系。

获诺贝尔奖的诗人或联合国的大使，杰出的大提琴手或有洞察力的剧作家，利用过去的历史学家或在目前时代寻求突破的社会学家，所有这些人和学生一样，都在致力于理解和把握新的问题。他们在各种奋斗的前沿表现出了优异和卓越。如果以一种朝向更为优异的进步感和变革感来发展我们的学校，那么就必须确保这些人员的智慧和奋斗结果不断地流入学校，激励和涤荡我们的教师和学生。那些在知识前沿工作的专家和在自身的前沿学习的青年人，他们在本质上是没有区别的，因为他们都在致力于理解和思考。让教育过程尽可能完全地成为（变化着的）生活本身！

科学家的创造性

汤川秀树

汤川秀树是日本物理学家，他因提出核力的介子理论，并预言介子的存在，于1949年获得诺贝尔物理学奖，也是第一个荣获此奖的东方人。作为科学家，汤川秀树认为科学活动是一种创造性的活动，科学发展需要发挥创造精神和创造激情，作为培养人的教育，何尝不是如此！

像我们这些从事科学研究和教育的人，每年总想做点独创性的工作。不但我们自己，而且还希望青年人都能发挥具有独创性的创造精神。怎样才能达到这个目的呢？这是我经常考虑的一个问题。然而，科学家要想发挥独创性，干点出色的工作，确实是一件相当困难的事情。在长期的研究生活中，能够做到这点的人也是屈指可数的，机会也是难得的。同样都认为是在发挥创造性，但其大小程度实际上也是不同的。假若能发挥一点点创造性，那么也算是取得了一些成绩；如果稍微大一点，一生一次……当然，这一次也是难得的。若能做出两次，也已经是相当了不起了。但一次也无建树，莫如说是常见的。

如果说运气好，一次就成功了，或者说特别走运，两次都成功了，即使这样的话，那么，在那些其他漫长的岁月里，到底干了些什么呢？用功了？玩了？还是休息了？……不管是怎样度过的，但在这段时间里并没有发挥什么创造性。不仅搞学术是这样，就是从事艺术或技术工作的，不管想怎样拼命地干，想发挥独创性，但顺利地发挥出来也是少有的。这样说是否就意味着其余的时间就完全是虚度了呢？当然不是那个意思。5次，10次，即使都失败了，也决不能泄气，失败100次还是要继续干，只能在那种反复失败的过程里寻求某些成功的机会。

是否可以这样说，一个研究人员的经历，一般也是30到40年，在这30到40年里，能有一次或两次成功就是很不错的。即使一次也未见效，只要努力，也一定会从中得到教益。不能说没有成功就丝毫没有意义。关于这类问题，我想只限于与自己专业有关的科学家的创造性讲些个人的看法。

一、坚持己见是个必要条件

像方才所说的那样，所谓研究工作，只要自己有能力，即使已经发现有失败的可能时，也应该继续下去。有时虽也认为停止研究工作就好了，但又舍不得放弃，自己觉得还是应该干下去。幸运的是，对于我们这样在大学里工作的人有个退休的规定。如京都大学，曾把退休年龄规定为60岁，战后改为63岁。究竟是60岁合适还是63岁合适，其说法也因人而异。不管怎样，反正有个退休问题，所以总想一定努力坚持到退休。如以失败告终的话，那也只好死心塌地！虽然这样想，但是不死心的人们仍然认为，即使不在大学，只要自己努力干，还是有希望的。

若从我们学者的经历来考虑，在这个问题上我是很主观的，主要原因是从事学术工作本身就需要坚持己见，也就是依靠“己见”来干工作。恐怕从事学术工作的人们一定都是怀有这种“己见”的。但是“己见”强烈到什么程度？坚持到什么程度？这是因人而异的。但决不能说因为坚持己见就能做出贡献。不管怎样坚持己见仍旧未能做出贡献的人也的确是有的。如果用数学上常用的话来说，就是要使某一个问题成立，应该有必要的充分的条件。我认为，坚持己见确实是必要的条件，但它也确实不是充分的条件。

为什么持有“己见”？这个问题不大容易说清楚。如果进一步考虑的话，我认为这和人本身存在的非常深刻的内部矛盾有着密切的关系。世界上有普通的人，有杰出的人，也有无所作为的人，古怪的人或超群的人……他们也具有各式各样的类型。

大体划分的话，一类圣者，也就是像所谓圣人那样的人，这已经是属于“大彻大悟”的类型了。我自己远未达到这种程度，所以对圣者或圣人的情况不太了解。但我认为这种类型的人是没有“己见”的。他们在过去可能有，但后来克服了。

与此相对应的另一种类型——天才，或者虽未达到天才水平，但却已具有相当优秀才能而勤奋从事自己工作的人。这类人或许有那样的觉悟也未必可知，但仍然还是带有一些“己见”的。用一点不大好听的话来说，也就是“固执己见”吧。人，过于出类拔萃的话，我看就不能从事学术或艺术工作了。和圣者、圣人不同类型的天才或接近天才的人，自己头脑里总是残存着深刻的矛盾。对某一种观点持有“己见”时，对相反的观点也并不容易从自己的头脑中清除出去。不是这样吧？也许不是这样？换个别的办法是否会好一些呢？科学家就是这样在相信与怀疑之中日夜不倦地工作着。

当然不能一概而论，我们从事的理论物理、基础物理研究工作就属此类。某位科学家坚信某一学说，看来好像百分之百的相信，但料想不到的是，自己头脑里也在考虑着相反的观点。这样的事也不少吧？善于工作的人就是这样。也正因为这样，才有惊人的力量。自己完全觉悟了的话，就不必再写论文了。写论文这件事，好像为的是给别人看的，其实首先是读给自己听的。

二、天才和怪才

不管怎样，只要内心有了那样的矛盾，就会以某种形式表现出来。表现形式可能各种各样，尤其叫人看着有点奇怪时，那就成为圣人了。能够做出点奇怪事情的人，才被认为是天才。但是天才和怪才并不完全一致，虽然是天才，但有时可能干出怪人的行为来。但干出怪人的行为，并不一定是天才。人们的性格是很奇怪的，总是喜欢说别人如何非凡如何出奇，所以很愿意把怪人说成是天才，不像怪才的人，说成天才总觉得不够意思。对于自己熟悉的人，能够进行正确的评价，也不至于评价过高。若是遇到不熟悉的人时，稍微有点古怪就认为杰出人才也未可知。相反，没有古怪脾气的就不认为是天才。实际上是容易产生这种判断的。但是，独创性真正发挥出来没有？莫如说是自己的灵魂深处还隐藏着内部矛盾，并且很激烈，这就涉及怎么解决的问题。我认为这里有两种情况：一是在其外部表现为怪才时；二是外部没有表现出来，从外部看来没有什么出奇的。

不管哪种情况，所谓矛盾和固执己见，两者具有密切联系。但究竟是包含着矛盾，还是在一个问题上坚持己见？简单讲，坚持己见也有各种不同的情况。如有非常远大的理想，尽管是不容易达到的，也许是十分遥远的，但想要完成这样任务的人，他的工作视野和规模就会逐渐扩大，取得巨大工作成果的可能性就会随之而来。与此相反，一生之中，始终庸庸碌碌的可能性会是很大的，我认为这是一个根本点。

三、记忆力、理解力、演绎逻辑能力

所谓创造性，是一时很难说清楚的问题。从表面看，它也是有着重要的历史或社会意义的。若不从问题的性质上，不深入到内部或不从内部来观察的话，我认为那是难以抓住其本质的。

前面曾说过坚持己见和自己头脑里有矛盾的重要性。当然，只有这些还是不够的。一提到创造能力，就容易联想到一种好像与其相反的能力，如记忆力等。实际上，记忆力非常好，在学校学习时成绩优秀的人，出了校门之后，一向无所建树，就是成为专家也未能搞出什么独创成果的也大有人在。另外还有一个所谓理解能力的问题。理解事物的能力很强，但自己提不出独创性观点，这种类型的人也是司空见惯的。但是，记忆力和理解力是发挥创造性的必要基础，这是人所共知的。

所谓理解力，说来简单，但是其中包含着各种因素。如合理的思考能力就可以认为是其中的一种。如果把它想得更狭窄一些，就成为逻辑的，特别是演绎逻辑的思考力了。从某一前提出发，经过理论上的推导则可得出结论。也就是因为这样而得出这个结论。这样反复推论下去，就能成为发挥创造性的基础，或者作为工具，这些都是十分重要的。但只有这些还是不够的。如果只说演绎逻辑能力的话，恐怕电子计算机更为优越，速度也更快，在操作中劳累、搞错或者中断等现象都是很少出现的。现在的电子计算机也有记忆能力，但跟人相比时，在记忆数量这一点上，计算机还是远远落后的。不管怎样说，计算机是具有记忆力和逻辑思考力的，但是我们不能说计算机有创造力。若是那样的话，除此之外，人还有什么能力呢？

四、类推

人的各种智能，都是大脑活动的结果。任何人都在某种程度上具有这种能力，但跟创造性工作有着最密切联系的是类推的作用。关于类推的作用很早以前就曾有过论述，各位听了我的说明以后，就比较容易理解了。

我们想使别人理解一个难懂的问题时，常用的办法是列举众人皆知的事例进行比喻。因为跟已知的事物相类比，即使是很难理解的问题也好像容易使人接受，这就会使说者和听者双方都能明白。但关键是要找到跟疑难问题相似而易懂的事例。某人若能用易懂而相似的事例，使任何人都认为难懂的问题得到解决的话，就可以说是开始发挥了真正的创造性。实际上，在古代的哲学书籍中，例如在希腊和中国的古书中，有很多“例如”的字样。古代的思想家，实际上用这种所谓“例如”的办法，不只向人们传授了很难懂的思想方法，而且恐怕他们之中自己依靠这种类推而达到独创性思想水平的人也是很多的。

即使是现在，如果能正确地运用这种“例如”，也会使人感到满意和高兴。为了使别人承认“确实是这样”时，“例如”是起着巨大作用的。如果在事后能够细致地思考一下的话，确实是被那种“例如”所吸引，自己也深感找到了意料不到的结论。当自己考虑什么新的问题或想弄清什么疑难问题的时候，“类推”在今天也还是相当起作用的。

关于创造性这个问题涉及各个方面。正好我是研究理论物理的，所以只讲跟我有着密切联系的方面。从现今开始，正在进入比过去的机器文明更为高度发展的世界，在这个世界里，创造性就不那么重要了吧？大家可能都在同样地考虑着这个问题。持有这样消极悲观看法的，我想可能大有人在。但是机器文明越是向前高度地发展，在那个世界里，人类得怎样才能更进一步地发挥创造性呢？这是每个人都必须要加以认真考虑的问题。笛卡尔已经在三百年前就研究过自我培养理智的问题了。处在现代的我们，不但不能自我培养，而且由于客观上的原因，成年累月到处奔波，连这样的事情都不太知道的话，那不是将要处于十分狼狈落后的状态吗？为了摆脱那样的处境，请回忆一下笛卡尔，研究他的一些观点，我认为是有帮助的。

我思故我在

笛卡尔

近代哲学之父笛卡尔致力寻找一个“唯有它绝对确实可靠”的原理。“这世界可能本就是一场梦”，如果无法证明这一点是错误的话，那么发现再多的理论都是毫无益处的，但怀疑“这世界可能本就是一场梦”的意识本身是存在的。意识存在本身无法怀疑，这也让自我意识主体成为近代哲学的开端。他的哲学分析方法和做人的伦理原则是非常值得我们借鉴的。

一、要认识真理必须运用正确的方法

良知是世界上分配得最均匀的东西，因为每一个人都认为自己在这一方面有非常充分的禀赋，即便是那些在别的一切方面都极难满足的人，也不大会对自己在这一方面的禀赋不满足，做额外的要求。在这一点上，大概并不是人人都弄错了。这一点倒可以证明，那种正确地做判断和辨别真假的能力实际上也就是我们称之为良知或理性的那种东西，是人人天然的均等的，因此我们的意见之所以不同，并不是由于一些人所具有的理性比另一些人更多，而只是由

于我们通过不同的途径来运用我们的思想，以及考察的不是同样的东西。因为单有良好的心智是不够的，主要在于正确地应用它。那些最伟大的心灵既可以做出最伟大的德行，也同样可以做出最重大的罪恶；那些只是极慢地前进的人，如果总是遵循着正确的道路，可以比那些奔跑着然而离开正确道路的人走在前面很多。

至于我，我从来没有自负自己的心智有丝毫比一般人的心智更加完善的地方，甚至于我还常常希望自己具有同某些别的人一样敏捷的思想，或者一样清楚明晰的想象力，或者一样广阔或一样生动的记忆力。除了这些性质以外，我不知道还有什么别的性质可以用来使心智完善；因为说到理性或者良知，既然它是唯一使我们成为人并且使我们与禽兽有区别的东西，所以我很愿意认为它在每一个人身上都是完整的，并且愿意在这一方面遵从哲学家们的共同意见，他们说：同一个种类的各个个体，只是在所具有的偶然性方面可以有多一些或少一些的差别，它们所具有的形式或本性则并无多少差别。

不过我可以毫不踌躇地说我觉得我有很大的幸运，从青年时代以来就发现了某些途径，引导我做了一些思考，获得一些公理，我从这些思考和公理中形成了一种方法，凭借这种方法，我觉得自己有了依靠，可以逐步增进我的知识并且一点一点把它提高到我的平庸的才智和短促的生命所能允许达到的最高点。因为我已经从这种方法得到了这样一些收获，所以虽然我对自己所做的判断总是努力倾向于不相信的方面而不倾向于自负的方面，虽然我用哲学家的眼光去看一切人的各种活动和事业时觉得几乎没有一样不是空虚无用的，然而我对于自己认为在追求真理方面所做出的进展，不禁感到一种极度的满意，以至于对将来抱着这样大的希望：如果在纯粹的职业中间，有一种职业着着实实是良好而且重要的，我敢相信就是我所选择的那一种。

然而可能是我弄错了，也许我拿来当作黄金和钻石的，只不过是一点黄铜和玻璃。我知道，我们在与自己有关的事情上是多么容易弄错，我也知道，我们的朋友们的判断，在使我们高兴的时候，是多么值得我们怀疑。可是我很愿意在这篇谈话中说出我所遵循的是些什么途径，并且把我的生活精雕细琢地描述出来，使每一个人都能加以评判，以便从大家的声音里听取对我的意见；这可以说是在我惯常采用的方法以外所增加的一种教育自己的新方法。

二、我的方法论原则和行为守则

我在比较年轻的时候，在哲学的各个部门中学过一点逻辑，在数学的各个部门中学过一点几何学家们的分析和代数，这三种艺术或科学似乎应当对我的计划有所贡献。但是对它们一加考究，我便注意到，在逻辑方面，三段论以及大部分其他的逻辑规则都只能用来向别人说明已知的事物，即便像鲁勒的法则，也只能用来不加判断地讲不知道的东西，而不能用来求知这些东西；虽然在逻辑中事实上也包含着许多非常真并且非常好的规则，然而其中却也混杂着很多别的或者有害或者多余的东西，要想把它们分开来，简直和从一块未经雕琢的大理石里取出一尊狄雅娜或雅典娜的神像一样不易。至于古代人的分析和近代人的代数，除了都只研究一些非常抽象而且看来毫无用处的问题以外，前者始终局限于考察各种图形，因而在运用理智时不能不使想象力过于疲劳；在后者中又是这样使人受某些规则和某些数字的约束，以致人们由它造成了一种混乱、晦涩、淆乱心智的科学，而不是一种培养心智的科学。由于这个原因，我想应当去寻求另外一种包含这两门科学的好处而没有它们的缺点的方法。既然法律条文过多常常会使犯罪的人有所推托，因而一个国家如果法令很少而得到严格遵守，就可以治理得很好，所以我相信，不要那些数目很多的构成逻辑的规则，单有以下四条，只要我立下坚定持久的决心，决不要在任何时刻不去遵守它们，那就已经足够了。

第一条是决不把任何我没有明确地认识其为真的东西当作真的加以接受，也就是说，小心避免仓促的判断和偏见，只把那些十分清楚明白地呈现在我的心智之前，使我根本无法怀疑的东西放进我的判断之中。

第二条是把我所考察的每一个难题，都尽可能地分成细小的部分，直到可以而且适于加以圆满解决的程度为止。

第三条是按照次序引导我的思想，以便从最简单、最容易认识的对象开始，一点一点上升到对复杂的对象的认识，即便是那些彼此间并没有自然先后次序的对象，我也给他们设定一个次序。

最后一条是把一切情形尽量完全地列举出来，尽量普遍地加以审视，使我确信毫无遗漏。

既然在动手重建住所之前，仅仅把旧房屋拆倒，预备好材料，请好建筑师，或者亲自来从事建筑设计，再仔细画好新房屋的图样，仍然是不够的，还必须准备下另外一所房屋，可以在施工期间舒舒服服地住在里面，因此，为了使我在受理性的驱使对我的那些意见保持怀疑态度的时候，不要在行动方面犹疑不决，为了使我此后仍然能够尽可能地过最幸福的生活，我曾经给自己订立了一个暂行的行为守则，这个守则只包括三项条款，我很愿意把它们报告给各位。

第一项是服从我国的法律和习惯，笃守上帝恩赐我从小就领受的宗教信仰，并且在其他一切事情上，遵照那些最合乎中道、离开极端最远、为一般最明哲的、我应当在一起相处的人在实践上共同接受的意见，来规范自己。

我的第二项规则是在行动上要尽可能做到最坚决、最果断，当我一旦决定采取某些意见之后，即便这些意见极为可疑，我也始终加以遵守，就像它们是非常可靠的意见一样。

我的第三项规则是始终只求克服自己，不求克服命运，只求改变自己的欲望，不求改变世界的秩序，一般地说，就是养成一种习惯，相信除了我们的思想之外，没有一件东西完全在我的能力范围之内，这样，我对在我们以外的事物尽力而为之后，凡是我们不能做到的事，对于我们来说，就是绝对不可能的了。

三、必须破除旧有的意见

我在好多年以前就已经觉察到，我从早年以来，曾经把大量错误的意见当作真的加以接受，而我以后建立在一些这样不可靠的原则上的东西，也只能是极其可疑、极不确实的；从那时起，我就已经断定，如果我要想在科学上建立一些牢固的、经久的东西，就必须在我的一生中有一次严肃地把我从前接受到心中的一切意见一齐去掉，重新开始从根本做起。然而，为了这个目的，我并没有必要把这些意见一律指为虚妄，这一点也许是我永远办不到的，可是因为基础一毁整个建筑物的其余部分就必然跟着垮台，所以我将首先打击我的一切旧意见所依据的那些原则。

我一向当作最真实可靠的东西加以接受的一切事物，都或者是由感官得知的，或者是通过感官而得知的。可是，我有时候发觉这些感官是骗人的，所以对那些骗过我们一次的东西不要完全相信乃是谨慎的行为。

不过也许可以说，虽然感官有时候在很不显著、离得很远的东西上欺骗我们，却仍旧有许多别的东西，我们虽是凭借感官认识它们的，却并没有理由去怀疑它们，例如我在这个地方，坐在火炉边上，穿着冬袍，手里拿着这张纸，以及其他这一类的事情便是。我怎样能够否认这一双手、这个身体是我的呢？

虽然这样，我在这里总应当考虑到我是一个人，因而有睡觉的习惯，并且惯常在梦中见到一些东西，和那些疯子醒的时候见到的一模一样，有时候还要更加匪夷所思。我夜里曾经不知多少次梦见自己在这个地方，穿着衣服，靠在火炉旁边，虽然我是光着身子睡在床上！

现在我们就假定自己是睡着了，就假定这一些特殊的动作，即我们睁着眼睛，我们摇头，我们伸手以及诸如此类的事情，都只是虚假的幻觉。我们就想着我们的双手、我们的身体也许都不是我们所看见的这个样子。可是尽管这样，至少总应当承认，我们梦中所见到的那些东西是像图画一样的，只有模仿某个实在的、真实的东西，才能够形成，因此至少像两只眼睛、一个头、两只手、一个身体这些一般的东西，都不是幻想的东西，而是实在的、存在的东西。因为事实上画家们即使在用尽心机以各种稀奇古怪的形象来表现美人鱼和半羊仙人的时候，也仍然不能给予它们任何完全新的形式和性质，而只是把各种不同的动物的肢体混合起来，凑在一起。就算他们的想象力非常大胆，可以捏造出一种东西来，新奇到从来没有见过有任何东西与它相像，因此他们的作品表现着一件纯粹杜撰、绝对虚妄的东西，可是至少他们用来构成这种东西的那些颜色总应该是真实的。

同样理由，纵然像一个身体、两只眼睛、一个头、两只手之类的这些一般的东西可以是想象的，却一定要承认至少有一些别的更简单、更普遍的东西是真实的、存在的，我们思想中的那些事物的形象，不管是真实的、实在的，还是捏造的、虚构的，都是由这些简单、普遍的东西混合而成的，就同由一些真实的颜色混合而成一样。

属于这一类东西的，就是一般有形体的事物及其外延，以及有外延的东西的形状、分量、数目和它们所处的地方，它们继续存在的时间之类。因为这个缘故，如果我们因此就说，物理学、天文学、医学以及其他一切依靠考察组合物的科学，都是极其可疑、极不确定的，而算术、几何以及其他从本性上说只讨论极简单、极一般的东西而不大考虑自然中有没有这些东西的科学，则包含着某种确实的、无可怀疑的成分，那么，我们的推论也许是不错的：因为不管我醒着也好，睡着也好，二加三总是等于五，正方形总不会有四条以上的边。这样明白、这样明显的真理，看来是绝不会有任何虚假或不确实的嫌疑的。

然而，我既然有时候认为别人在自己以为知道得最清楚的事情上是在骗自己，又怎么知道我每一次加二和三，数正方形的边，或者判断更加容易的事情的时候（如果可以想象出更加容易的事情的话），不也是在骗自己呢？最后我不得不承认，凡是我从前信以为真的东西，没有一件我不能加几分怀疑；我的怀疑并不是由于漫不经心或轻率，而是有很强的、考虑成熟的理由的：所以我今后如果要想在科学上发现某种确实可靠的东西，就应当小心翼翼地避免相信那些东西，同避免相信显然虚妄的东西一样小心。

四、我思想，所以我存在

我早就指出过，在行为方面，有时候需要遵从一些明知不可靠的意见，把它们当作无可怀疑的意见看待，就像上面所说的那样。

但是由于我现在只要求专门研究真理，我想我的做法应当完全相反，我应当把凡是我能想出其中稍有疑虑的意见都一律加以排斥，认为绝对虚假，以便看一看这样以后在我心里是不是还剩下一点东西完全无可怀疑。所以，由于我们的感官有时候欺骗我们，我就很愿意假定，没有一件东西是像感官使我们想象出的那个样子，因为有些人连在对一些最简单的几何问题进行推断时也会弄错，并且做出一些谬论来，而我断定自己也和任何一个别的人一样容易弄错，所以我就把我以前用来进行证明的那些理由都一律摈弃，认为是虚假的。最后，我觉察到我们醒着的时候所有的那些思想，也同样能够在我们睡着的时候跑到我们心里来，虽然那时没有一样是真实的，因此，我就决定把一切曾经进入我的心智的事物都认为并不比我梦中的幻觉更为真实。可是等我一旦注意到，当我愿意像这样想着一切都是假的的时候，这个在想这件事的“我”必然应当是某种东西，并且觉察到“我思想，所以我存在”这条真理是这样确实，这样可靠，连怀疑派的任何一种最狂妄的假定都不能使它发生动摇，于是我就立刻断定，我可以毫无疑虑地接受这条真理，把它当作我所研求的哲学的第一条原理。

然后，我就小心地考察我究竟是什么，发现我可以设想我没有身体，可以设想没有我所在的世界，也没有我所在的地点，但是我不能就此设想我不存在，相反地，正是从我想到怀疑一切其他事物的真实性这一点，可以非常明白、非常确定地推出：我是存在的；而另一方面，如果我一旦停止思想，则纵然我所想象的其余事物都真实地存在，我也没有任何理由相信我存在，由此我就认识到，我是一个实体，这个实体的全部本质或本性只是思想，它并不需要任何地点以便存在，也不依赖任何物质性的东西；因此这个“我”，亦即我赖以成为我的那个心灵，是与身体完全不同的，甚至比身体更容易认识，纵然身体并不存在，心灵也仍然不失其为心灵。

以后我就一般地来考察一个命题之所以真实确定的必要条件，因为我既然已经发现了一个命题，知道它是真实确定的，我想我也应当知道这种确定性究竟是在于哪一点。我发觉在“我思想，所以我存在”这个命题里面，并没有任何别的东西使我确信我说的是真理，而只是我非常清楚地见到：必须存在，才能思想；于是我就断定：凡是我们十分明白、十分清楚地设想到的东西，都是真的。我可以把这条规则当作一般的规则，不过要确切地看出哪些东西是我们清楚地想到的，却有点困难。

答复这个问题：“什么是启蒙运动？”

康德

康德是德国古典哲学创始人，被认为是启蒙运动最后一位主要哲学家。他一生深居简出，终身未娶，直到1804年去世，从未离开过出生地。康德哲学充分肯定了人的主体性，被称作哲学上的“哥白尼革命”。

启蒙仍要继续。康德认为启蒙运动就是人类脱离自己所加之于自己的不成熟状态，不成熟状态就是不经别人的引导，就对运用自己的理智无能为力，而人要从几乎已经成为自己天性的那种不成熟状态之中奋斗出来是很艰难的，要有勇气去运用理智。只要在一切事情上都有公开运用自己理性的自由，公众就可能启蒙自己。康德相信，只有当人们不再有意地想方设法要把人类保持在野蛮状态的时候，人类才会由于自己的努力而使自己从其中慢慢地走出来。

启蒙运动就是人类脱离自己所加之于自己的不成熟状态。不成熟状态就是不经别人的引导，就对运用自己的理智无能为力。当其原因不在于缺乏理智，而在于不经别人的引导就缺乏勇气与决心去加以运用时，那么这种不成熟状态就是自己所加之于自己的了。要敢于认识！要有勇气运用你自己的理智！这就是启蒙运动的口号。

懒惰和怯懦的人如此之多，当大自然早已把他们从外界的引导之下释放出来以后，即由于自然方式而成熟，却仍然愿意终身处于不成熟状态之中，这也是别人何以那么轻而易举地就俨然以他们的保护人自居的原因所在。处于不成熟状态是那么安逸。如果我有一部书能替我去理解，有一位牧师能替我有良心，有一位医生能替我规定食谱等，那么我自己就用不着操心了。只要能对我合算，我就无须去思考，自有别人会替我去做这类伤脑筋的事。

绝大部分的人都把步入成熟状态认为除了是非常之艰辛以外并且还是非常危险的事，这一点老早就被每一个一片好心在从事监护他们的保护人关注到了。保护人首先是使他们的牲口愚蠢，并且小心提防着这些温驯的畜生不要竟敢冒险从锁着他们的摇车里面迈出一步，然后就向他们指出他们企图单独行走时会威胁他们的那种危险。可是这种危险实际上并不那么大，因为他们跌过几跤之后就终于能学会走路了，然而只要有过一次这类事例，就会使人心惊胆战并且往往吓得完全不敢再去尝试了。

任何一个人要从几乎已经成为自己天性的那种不成熟状态之中奋斗出来，都是很艰难的。他甚至于已经爱好它了，并且确实暂时还不能运用他自己的理智，因为人们从来都不允许他去做这种尝试。对于死板教条的遵守，或者不如说误用的机械产物，就是对终古长存的不成熟状态的一副脚镣。谁要是抛开它，也就不过是在极狭窄的沟渠上做了一次不可靠的跳跃而已，因为他并不习惯于这类自由的运动。因此就只有很少数的人才能通过自己精神的奋斗而摆脱不成熟的状态，从而迈出切实的步伐来。

然而公众要启蒙自己，却是可能的；只要允许他们自由，这还确实几乎是无可避免的。因为哪怕是在为广大人群所设立的保护者们中间，也总会发现一些有独立思想的人。他们自己在抛却了不成熟状态的羁绊之后，就会合理地估计自己的价值、传播自身的精神。这里面特别值得注意的是公众本来是被他们套上了这种羁绊的，但当他们的保护者（其本身是不可能有任何启蒙的）中竟有一些人鼓动他们的时候，此后却强迫保护者们自身也处于其中了；种下偏见是那么有害，因为他们终于报复了本来是他们的教唆者或者是他们教唆者的先行者的那些人。因而公众只能是很缓慢地获得启蒙。通过一场革命或许很可以实现推翻个人专制以及贪婪心和权势欲的压迫，但却绝不能实现思想方式的真正改革；而新的偏见也正如旧的一样，将会成为驾驭缺少思想的广大人群的圈套。

然而，这一启蒙运动除了自由以外并不需要任何别的东西，而且还确乎是一切可以称之为自由的东西之中最无害的东西，那就是在一切事情上都有公开运用自己理性的自由，即言论的自由。可是我却听到从四面八方都发出这样的叫喊：不许争辩！军官说不许争辩，只许操练！税吏说不许争辩，只许纳税。神父说不许争辩，只许信仰。（举世只有腓特烈国王说：可以争辩，随便争多少，随便争什么，但是要听话！）到处都有对自由的限制规则，哪些限制是有碍启蒙的，哪些不是，反而是足以促进它的呢？

我认为必须永远有公开运用自己理性的自由，并且唯有它才能带来人类的启蒙。私下运用自己的理性往往会被限制得很狭隘，但不致因此而特别妨碍启蒙运动的进步。而我所理解的对自己理性的公开运用，则是指任何人作为学者在全部听众面前所能做的那种运用。一个人在其所受任的一定公职岗位或者职务上所能运用的自己的理性，我就称之为私下的运用。

就涉及共同体利益的许多事物而言，我们必须有一定的机器，共同体的一些成员必须靠它来保持纯粹的消极态度，以便他们由于一种人为的一致性而由政府引向公共的目的，或者至少也是防止破坏这一目的。在这上面确实是不容许有争辩的，而是人们必须服从。但是就该机器的这一部分同时也作为整个共同体的乃至于作为世界公民社会的成员而论，从而也就是以一个学者的资格通过写作面向严格意义上的公众时，则他是绝对可以争辩的，而不致因此就有损于他作为一个消极的成员所从事的那种事业。因此，一个服役的军官在接受他的上级交代某项命令时，竟抗声争辩这项命令的目的性或者有用性，那就会非常坏事；他必须服从，但是当他作为学者而对军事业务上的错误进行评论并把它提交给公众来做判断时，就不能公开地加以禁止了。公民不能拒绝缴纳规定于他的税额，对所加给他的这类赋税惹是生非地擅行责难，甚至可以当作诽谤（这可能引起普遍的反抗）而加以惩处。然而这同一个人作为一个学者公开发表自己的见解，抗议这种课税的不适宜与不正当不一样，他的行动并没有违背公民的义务。同样地，一个牧师也有义务按照他所服务的那个教会的教义向他的教义问答班上的学生们和他的会众们做报告，因为他是根据这一条件才被批准的。但是作为一个学者，他却有充分自由，甚至于有责任把他经过深思熟虑有关那种教义的缺点的全部善意的意见以及关于更好地组织宗教团体和教会团体的建议传达给公众。这里面并没有任何可以给他的良心增添负担的东西。因为他把作为一个教会工作者由于自己职务的关系而讲授的东西，当作是某种他自己并没有自由的权力可以按照自己的心意进行讲授的东西，他是受命根据别人的指示并以别人的名义进行讲述的。他将要说我们的教会教导这些或那些，这里就是他们所引用的论据。于是，他就从他自己不会以完全的信服而赞同、虽则他很可以使自己负责进行宣讲的那些条文中——因为其中也隐藏着些真理，而且无论如何至少其中不会发现有任何与内心宗教相违背的东西，为他的听众演绎出全部的实用价值来。因为如果他相信其中可以发现任何与内心宗教相违背的东西，那么他就不能根据良心而尽自己的职务了，他就必须辞职。一个就任的宣教师向他的会众运用自己的理性，纯粹是一种私下的运用；因为那往往只是一种家庭式的聚会，不管是多大的聚会，而在这方面他作为一个牧师是并不自由的，而且也不能是自由的，因为他是在传达别人的委托。反之，作为一个学者通过自己的著作而向真正的公众亦即向全世界讲话时，则牧师在公开运用他的理性上便享有无限的自由可以使用他自己的理性，并以他自己本人的名义发言。因为人民（在精神事务上）的保护者而其本身居然也不成熟，那便可以归结为一种荒谬性，一种永世长存的荒谬性了。

然则一种牧师团体、一种教会会议或者一种可敬的教门法院

（就像他们在荷兰人中间所自称的那样），是不是有权宣誓他们自己之间对某种不变的教义负有义务，以便对其每一个成员并且由此也就是对全体人民进行永不中辍的监护，甚至于使之永恒化呢？我要说这是完全不可能的。这样一项向人类永远封锁住了任何进一步启蒙的契约乃是绝对无效的，哪怕它被最高权力、被国会和最庄严的和平条约所确认。一个时代绝不能使自己负有义务并从而发誓，要把后来的时代置于一种绝没有可能扩大自己的（尤其是十分迫切的）认识、清除错误以及一般地在启蒙中继续进步的状态之中。这会是一种违反人性的犯罪行为，人性本来的天职恰好就在于这种进步；因此后世就完全有权拒绝这种以毫无根据而且是犯罪的方式所采取的规定。

凡是一个民族可以总结为法律的任何东西，其试金石都在于这样一个问题：一个民族是不是可以把这样一种法律加之于其自身？它可能在一个有限的短时期之内就好像是在期待着另一种更好的似的，为的是好实行一种制度，使得每一个公民尤其是牧师都能有自由以学者的身份公开地，也就是通过著作对现行组织的缺点发表自己的言论。这种新实行的制度将要一直延续下去，直到对这类事情性质的洞见已经是那么公开地到来并且得到了证实，以至于通过他们联合（即使并不一致）的呼声而可以向王位提出建议，以便对这一依据他们更好的洞见的概念而结合成另一种已经改变了的宗教组织加以保护，而又不至于妨碍那些仍愿保留在旧组织之中的人们。但是统一成一个固定不变的、没有人能够（哪怕在一个人的整个一生中）公开加以怀疑的宗教体制，从而也就犹如消灭了人类朝着改善前进的整整一个时代那样，并由此给后代造成损害，使得他们毫无收获，这却是绝对不能容许的。一个人确实可以为了他本人并且也只是在一段时间之内，推迟对自己有义务加以认识的事物的启蒙，然而径行放弃它，那就无论是对他本人而更是对于后代都可以说是违反而且践踏人类的神圣权利了。

而人民对于他们本身都不能规定的事，一个君主就更加不可以对他的人民规定了；因为他的立法威望全靠他把全体人民的意志结合为他自己的意志。只要他注意使一切真正的或号称的改善都与公民秩序结合在一起，那么他就可以把他的臣民发觉对自己灵魂得救所必须做的事情留给他们自己去做；这与他无关，虽则他必须防范任何人以强力妨碍别人根据自己的全部才能去做出这种决定并促进这种得救。如果他干预这种事，要以政府的监督来评判他的臣民借以亮明他们自己的见识的那些作品，以及如果他凭自己的最高观点来这样做，而使自己受到“恺撒并不高于文法学家”的这种责难，那就会有损于他的威严。如果他把自己的最高权力降低到去支持自己国内的一些暴君对他其余的臣民实行精神专制主义的时候，那就更加每况愈下了。

如果现在有人问：“我们目前是不是生活在一个启蒙了的时代?”那么回答就是：“并不是，但确实是在一个启蒙运动的时代。”目前的情形是，要说人类总的说来已经处于，或者是仅仅说已经被置于一种不需别人引导就能够在宗教的事情上确切地而又很好地使用自己的理智的状态了，则那里面还缺乏许多东西。可是现在领域已经对他们开放了，他们可以自由地在这上面工作了，而且对普遍启蒙的或者说对摆脱自己所加给自己的不成熟状态的障碍也逐渐地减少了，关于这些我们都有着明确的信号。就这方面考虑，这个时代乃是启蒙的时代。

一个不以如下说法为不妥的国君：他认为自己的义务就是要在宗教事务方面决不对人们加以任何规定，而是让他们有充分的自由，但他又甚至谢绝宽容这个高傲的名称，那么这位国君本人就是开明君主，并且配得上被天下后世满怀感激之忱尊之为率，因为他先使得人类至少从政权方面而言脱离了不成熟状态，并使每个人在任何有关良心的事务上都能自由地运用自身所固有的理性。在他的治下，可敬的牧师们可以以学者的身份自由地并且公开地把自己在这里或那里偏离了既定教义的各种判断和见解都提供给全世界来检验，而又无损于自己的职责；至于另外那些不受任何职责约束的人，那就更是如此了。这种自由精神也要向外扩展，甚至于扩展到必然会和误解了其自身的那种政权这一外部阻碍发生冲突的地步。因为它对这种政权树立了一个范例，即自由并不是一点也不关怀公共的安宁和共同体的团结一致的。只有当人们不再有意地想方设法要把人类保持在野蛮状态的时候，人类才会由于自己的努力而使自己从其中慢慢地走出来。

我把启蒙运动的重点，亦即人类摆脱他们所加之于其自身的不成熟状态，主要是放在宗教事务方面，因为我们的统治者在艺术和科学方面并没有向他们的臣民尽监护之责的兴趣。何况这一不成熟状态既是一切之中最有害的而又是最可耻的一种。但是，一个庇护艺术与科学的国家首领，他的思想方式就要更进一步了，他洞察到：即使是在他的立法方面，容许他的臣民公开运用他们自身的理性，公开向世上提出他们对于更好地编纂法律甚至是直言不讳地批评现行法律的各种见解那也不会有危险的。在这方面，我们有着一个光辉的典范，我们所尊敬的腓特烈国王就是没有别的君主能够超越的。

但是只有那位其本身是启蒙了的、不怕幽灵的而同时手中又掌握着训练精良的大量军队可以保障公共安宁的君主，才能够说出一个自由国家所不敢说的这种话：可以争辩，随便争多少，随便争什么，但是必须听话。这就标志着人间事务的一种可惊异的、不能意料的进程。正犹如当我们对它从整体上加以观察时，其中就几乎一切都是悖论那样。程度更大的公民自由仿佛是有利于人民精神的自由似的，然而它却设下了不可逾越的限度，反之程度较小的公民自由却为每个人发挥自己的才能开辟了余地。因为当大自然在这种坚硬的外壳之下打开了为它所极为精心照料着的幼芽时，也就是要求思想自由的倾向与任务时，它也就要逐步地反作用于人民的心灵面貌，从而他们慢慢地就能掌握自由，并且终于还会反作用于政权原则，使之发现按照人的尊严——人并不仅仅是机器而已——去看待人，也是有利于政权本身的。

1784年9月30日于普鲁士哥尼斯堡

接受歌德奖

史怀哲

史怀哲是能与甘地相媲美的具有国际性道德影响力的人物，是最能代表西方文化的知识和道德传统成就的人。他首次提出了敬畏生命的伦理观念，生命的权利包括人类生命的权利，也包括对自然生命的广泛责任。在他看来，受制于盲目的利己主义的世界如同一条漆黑的峡谷，光明仅仅停留在山峰上，所有生命都必然生活在黑暗之中，只有心怀敬畏，认识到无穷的远方、无数的人们都与我们休戚相关的时候，才能摆脱无知的伤害。本文从一个侧面反映了史怀哲的心灵探索之旅。

本人以一个参加歌德奖典礼的第一个得奖者身份，谨向法兰克福市致诚挚的谢意。贵市以崇高的想法，为了表扬同时代人们的思考与活动，并且又是采取公认为是依据歌德精神的方法，来办理这个奖项。

敬爱的管理委员会诸位委员，你们将本人选定为今年度得奖人，这项选择给了我非比寻常的惊异与喜悦。本人的感激之情，简直叫本人不知如何表达感谢之忱。并且，市长先生刚才的话，也在本人胸臆里，引起了不可言说的蓬勃力量。有了这些话，使我得到很大的鼓励，使我能在往后的日子里，继续从事我为社会而做的事情——只要我尚有力量，我一定努力做下去。请相信这一点。

诸位管理委员会的委员们，你们对一个天体现象——就是我这个小小的、暗淡的月亮，今天，正从一个巨大的太阳前面经过的现象，负有重大的责任。然而，为了稍稍减轻诸位的责任，我好像可以说：我这颗卑微的星宿，正在自动地被引进太阳——也就是歌德的引力圈内。在这里，我请求允许简单地向诸位报告我是如何接近歌德，并因他而体验到什么。我还希望借此造成一个先例，让往后在此接受表扬的人们，也各谈其因歌德而体验到什么，内心与歌德有怎样的关系。

我第一次被迫决定自己对歌德所要采取的立场，是在哲学的领域里。当我在斯特拉斯堡大学，受到敬爱的威廉·温德邦与第奥巴特·迪格雷引导而进入近世哲学，为伟大的思辨哲学诸体系而燃起感激之际，觉得不可思议的是歌德明明熟悉同时代的康德、费希特、黑格尔等人的强有力的活动情形，却置身局外，采取旁观的态度，并独自逗留于透过斯多葛哲学与斯宾诺莎而亲近的一种自然哲学圈内。他是想使这自然哲学有进一步的发展。他留在这乍看并无任何可观的领域内，旁观眼前的有力思考，使我一直惊奇不止。我可以这么说，这件事成为我最初而且持续的刺激，使我检讨近世哲学，反省自己。于是随着岁月流逝，我领悟到哲学有两个流派，它们并存不悖。

一切哲学的目标，都在使思考的我们人类理解我们应与宇宙保持怎样的知性的或者内心的关系，并因而一面受到刺激，一面如何活动。

上述两个流派之中，一方的哲学是为了使人类与宇宙结合，对自然与世界施压力，让屈服于人类思考力的世界与人类结合在一起。

另一方的自然哲学，承认世界与自然的本来面目，使人类顺应世界与自然，让人类获得精神胜利者、向世界与自然产生作用者的立场。

第一种哲学是独创的，第二种哲学是原初的。第一种可以说是思考的喷火，发而为诸如德意志哲学的伟大的思辨哲学诸体系，恒常使我们感动。这种哲学有如过眼云烟，而另一种朴素而单纯的自然哲学则是持续的。它是一种原初的哲学态度，反复地主张其权利。首先的尝试就是斯多葛学派的形成，但因未能达成世界与人生的肯定，因而趋于灭亡。于是自然哲学以未完成的样子传给我们。斯宾诺莎与18世纪的合理主义，再次试着使思考发展到世界与人生的肯定。而当它失败时，思考的暴力出现而取代之。伟大的思辨哲学，树立了它强压性的诸体系。

就在每个人都受到屈膝于思考世界的眩惑时，只有一个人不受到眩惑，留在原初的、朴素的自然哲学上面。他虽然知道这哲学在他所活着的18世纪里没法发展成肯定的思想，然而他自觉非这么做不可，并用他独特的朴素方式，继续他的努力。

当我从上述的眩惑中醒过来，回到这自然哲学，领悟到推进这哲学使它发展到肯定世界与人生便是我们的使命，而且其方法非单纯到世界上所有从事思考的人都来思考它并由此思考而发现与造物者的融合及形成活动乃是不可或缺时，我便想到歌德才是守护那失落的战斗地点到最后的人物，并悟及我们一定要承其衣钵，努力于同样的守护。

这期间，我又体验了一次与歌德的另一次相逢。学生时代快告终结的时候，我几乎偶然地重读了《一七七七年多的哈尔兹之旅》。我们心目中的这位奥林帕斯的居民，在十一月的雨雾中旅行，往访一位牧师的青年儿子，想在精神上向他伸出援手，这使我深为感动。蓦然间，在我的面前，奥林帕斯的神以一个有着深深的朴素之心的人出现。我开始爱上了歌德。

其后，在我生命的航程上，当我不得不为需要援助的某些人而负起服务的责任时，我便每次都告诉自己：这就是你的哈尔兹之旅。

当我注意到歌德如下的活动情形时，我与他有了另一次的相逢。即不管他从事怎样的精神方面的工作，从不以为不从事与此平行的实践性的工作，便能做它，而且这两者，在他绝非被统括为同样使命、同样种类的事物，它们是互为乖离的，它们之所以被统一，专靠他的人格使然。敲动我心弦的是：他是从事精神方面创造者之中的伟人，这样的他，不管是怎样的工作，从不以为对他的品格来说是太卑微的；不管是怎样的实务，从不说他以外的人，由于禀赋与职责，可以比他做得更好，他是在实践性的工作与精神性的形成这两者的平行之中，寻求使自己的人格统一。

在我来说，当我为完成我的最早的研究而努力时，我是一名牧师。当我想到因这职务——是因我内心的要求而一直保持着的这项职位——而发生的需要与义务，会抢去我从事精神上的劳作时间，而为之叹息时，我便想起歌德的事而安慰自己。事实上，歌德是有精神上创造的大计划的，可是仍然为了整顿一个小公国的财政而努力，检讨工程计划，使道路与桥梁能够有个合理的建设，并为了重开早已成为废坑的矿山而不惜辛劳数年之久。就这样，平淡无奇的实务与精神方面的创造这两者的平行，成为我本身生活上的慰藉。而当我为了服务别人而不得不远远地离开已经证实过的我的才华，以及我一直努力过来，已积了些造诣的工作之时，歌德成了一个安慰者，给了我帮助、激励的话。

当周围的人们，连对我最熟悉的人们都一起来责难我改学医学，反对我，告诉我那不适合于我，太冒险，而使我感到烦恼的时候，我想这样的冒险行动，如果是那位伟人，便不以为是多大的冒险吧。因为歌德尽管此前似乎没有医学方面的造诣与准备，仍让他笔下的人物威廉·迈斯特最后成为外科医师，为人们而服务。还有，更吸引我注意的是——这一点对我们有很深的意义——歌德在探究人类的终极使命之际，将他自己用文学表现出来的两个人物——浮士德与威廉·迈斯特最后都归到极不显眼的活动，使他们成为在歌德想法下最完整的人物。

然后，当我为了从事新的活动而开始学习必需的技术时，我又与歌德迎面相逢。因为我选了行医之路，所以必须从事自然科学。当然，我只是个学习者，而不是像歌德那样的研究者，而这自然科学，与我想在完全进入实践活动以前完成的精神形成方面的工作，相距何其遥远啊。这时我想起了歌德也是一面从事精神方面的劳作，一面进入了自然科学。在他应当把翻腾活跃于他内心里的许多事物，结成最后的艺术形式之际，他竟然没入于自然科学，这几乎使我为之焦灼不安。在我这边，此前是专门从事精神方面的工作的，如今非以自然科学为对手不可。我就在那儿体验到深刻化，领悟到歌德为什么没入于自然科学，不想离之而去。易言之，下面的事，对于所有从事精神之形成的人，都带来很大的利益与纯化。那是此前制造事实的人，如今则出到客观事实的面前。这客观事实之所以有意义，乃因它不是被想出来的，而是原本就存在的。一切思考，在某一个特定的瞬间内，不许以被想出的事物为对手，而靠进入现实之中并克服它，而受到促进。当我体验到这种克服现实的时候，我仰望到给我们大家垂范的人。

学习时期好不容易告终，我以一个医生的身份，前往我从事事业之地，这时我又一次与歌德相逢。好比可以说，我是在丛林里与他畅谈。我一直都认为，如果我成了一名医师，便要到遥远的地方去。可是开始的几年间，每逢有建筑工程等物质方面的工作，我便希望找到更适合的人，把工作推给他。可是不久，我发现这是不行的。不是找不到这样的人，便是找到了也不是能够使工作顺利推进的人。因此，我不得不承担与医师工作风马牛不相及的活儿。

还不止这些哩。紧接着，最严重的事态来到了。1925年的最后几个月，大饥荒使我的医院陷入危机。我被迫开辟医院用的农地，以备饥荒再来时，能够稍稍地克服困难，于是我不得不领先从事丛林的开垦。由病患们的陪伴者组成的劳动队，除了“老先生”——在那里我被如此称呼——的威权之外，他们谁也不服。我就这样，有好几个礼拜，好几个月之间，站在丛林里，为不听话的劳动者而苦恼着，试着从丛林里赢取一片可带来收获的土地。每当我陷入绝望时，我便想起歌德为了作为他最后的事业而想到的，也是从海赢取陆地，以使人们在那儿定居，并获得粮食。歌德就这样，成了阴湿原始林里微笑的安慰者、伟大的理解者，站在我身边。

让我再说一桩我因歌德而体验到的事，那便是不管在怎样的情形之下，他都不忘考虑到正义。世纪替换之际，一个新的理论得势，即应当实现的事可不必顾虑正义，也不必顾虑因这新的事而将受到损害的人们的命运，促其实现。当我自己不知如何面对这把我们俘获住的这些理论时，使我深受铭感的就是发现歌德恒常都抱着一个愿望：应当实现的事，绝不可借牺牲正义而使其实现。我不管在欧洲也好，或者在非洲也好，每逢复活节都要重读《浮士德》，而每次我都因它的最后几页而受到深切感动。

在那儿，歌德作为浮士德的最后体验——那也是浮士德最后的犯罪机会——来描写的，浮士德是想借发自善意的小小强压手段，来将他属地里的成为他阻碍的小屋——用他的话就是“因为正义使人无聊”——毁弃。而当这件事被付诸实行时，这善意的强制手段一变而成为可怕的暴力行为，使人们失去生命，使小屋付之一炬。歌德在《浮士德》的末尾插进了这使全剧情节进行受到阻碍的插话，使我们深深地洞察到他的心中多么强烈地对正义的考虑以及不致造成损伤而实现非做不可的事情的渴望。

最后的永续性的相逢，是歌德与时代的精神、时代的事件一起，那么活生生地活过了他的一生。时代的巨涛怒浪，在他的心中沸腾。这一点，不管是青年时代的，壮年时代的，乃至老年时代的歌德，都是令人感动的事。驿马车还在公路上缓步如牛，如果是我们，工业时代的来临还只是个模糊的影子时代，在歌德，工业时代已经映照在眼前了。伴随机器取代劳动的人们而引起的问题，使他深感烦恼。他之所以在《威廉·迈斯特》里再也无法充分地统御他的题材，不仅仅是由于他曾经挥洒自如的构成力已告灭退，实乃因题材膨胀到不再能测度、不再能构成那么大；亦因他将一己的一切体验，以及对即将来临的时代之忧虑，带进题材之中；而且亦因他与同时代的人们一起，努力于想理解新时代、适应新时代之故。这就是晚年的歌德之所以紧紧抓住人心之处。

以上就是本人对歌德的接近与相逢。他不是使人狂热的存在。他没有在他的作品中，呈示足可引起狂热的理论。他所提供给我们的一切，是思考与在实际事件中所体验到的，他将它们构成而为高度现实。唯靠体验，我们才能接近他。只有当我们体验到与他的体验相对应的体验之时，他才能从一个陌生人成为可亲近的人，使我们感到我们能以敬爱之忱与他联结成一体。

由于我个人的命运，我深切地体验到对我们时代的命运以及人类的忧虑。明明希望这么多的人们能自由，可是置身在被狭隘的职业上的工作封闭住的时代里，而仍能以一个自由人来体验对时代的命运以及为人类而忧虑，并且与歌德一样，靠境遇上的侥幸而以一个自由人来为时代而服务，我觉得这正是恩宠，而它正好也缓和了我生活的困难。我所能做的一切劳作与事业，我以为只是对命运所赐给我的恩惠的谢礼而已。

为时代而忧虑、努力，歌德已给我们率先垂范。情势已发展成比他用他那炯炯眼光所预见的，更为混沌复杂。在这种情势之下，若想成为理解时代、适应时代的人，那么我们的力量便非比这情势更大不可。

从歌德的精神，我们可发现三件事是我们责无旁贷的。我们必须与境遇搏斗，并且还必须使因境遇而被闭锁在狭隘劳动之中消耗劳力的人们，犹能保持其精神性而努力。我们必须与人们搏斗，并且还必须让人们纵使身处于经常有被外面世界所发生的事吸引进去的危险，依然能发现内面化的途径，而且不致失去此途径。我们必须与我们自己以及其他一切搏斗，并且在失去人性理想的这个时代，依然能够忠诚地保持18世纪的伟大人性之理想，并将此理想移入，务使能实现。

这些，我们应当在各自的生活里，一面从事各自的职业，一面实行，继承并发扬我们今天在其诞生之地庆祝其诞生之日的伟大法兰克福之子的精神。我想：这位法兰克福之子，并非随着今后时光的推移而远离我们，而是越发与我们接近。我还想，我们越是前进，便越能理解歌德实在是又深又广地体验时代，同时为时代而处心积虑，为时代而尽力的人，并且努力于想理解时代、做一个时代所需要的人。

他借他那丰密的才华，实行了这一点。当他诞生在这里的时候，命运的手把那丰裕的才华送到他的摇篮里。我们虽然只不过得到了些微的天分，但我们应该冀求忠诚地运用这些稀少的天分，追随他之后。我只求这一点能够实现。

1928年8月28日于法兰克福市

发挥女教师的全部才能

蒂德博尔

蒂德博尔是美国女心理学家，拥有哲学、文学和科学三个博士学位，自20世纪50年代起，先后在威斯康星大学、乔治·华盛顿大学担任教授。

工业革命以后，女教师一直是教师群体中占比最大也最重要的一个群体，是教育的中坚力量。蒂德博尔女士在全美南部女子学院联合会上的发言中阐述了女性教育的重要作用并且着重强调了身为女教师要在内心激励下，在服务于同代人的伟大工作中彻底发挥自己的才能。

不久以前，无论是个人还是组织机构都经历了一个充分鼓励变革和发展的时代，然而现在时代完全不同了。我们的组织机构由于通货膨胀、能源过度消耗、18至20岁年龄群人数减少、联邦和州法令的紊乱而遇到了困难，但这一切不应令人灰心和绝望！因为我们正是从这样的时代开始进入发展周期的另一个阶段——目前是保持现状多于发展，更新多于变革。

从理论上来看，随着过去十年整个思想认识水平的提高，随着较以往更多的院校吸收女生，人们可能会理所当然地断定女性受高等教育的情况发生了变化，并将继续取得实质性的进展：为女性提供更多机遇，鼓励女性发挥才能，建立多种无偏见的组织机构，以使女性在学术机构内参与各个层次的领导工作。人们如此期盼原是合理的，但这种想法将是错误的。女性受教育的情况或许已经有了不小的进展，不过我们还只是刚刚认识到她们实际上是处于一种什么样的落后状态。女子学院的结构、方针和教学大纲向我们展示了极为悬殊的差别，使我们加深了这一认识。

首先简单看一下数据，光教师名册即反映出十分明显的差异。几年前，我得到了一份美国教育委员会关于1973年全国教师情况的调查报告。其中第一个引人注目的发现是男女教师的人数分布情况：女教师在传统上全部由男生组成的学院——近年来其中大多数已经接受女生中占8%，在大学中占18%，在男女同校的学院中占26%，在女子学院中占46%。为什么说女教师人数或所占的比例对女性来说如此重要呢？这里有几个理由，其中大部分你们已经意识到，但我认为有必要加以重申。

第一，我发觉不管学校本身的隶属关系如何，所有的女教师对一些重要的妇女问题都表现出高度关注并坚信女生的学术能力。相比之下，男教师对女性的态度则明显缺乏支持，而且往往持反对意见。在大多数院校中，男教师的人数一般居压倒多数，而女教师却为数寥寥，因此尽管女教师对女生抱较为支持的态度，女生也只能最低限度地从中获益。然而女子学院的情况就截然不同了。在那里，女教师所占的比例很大，她们对女生相当关注，而那里的男教师对女性的态度也是所有男性中最具肯定性的。

第二，我早年的一项研究也有力地证明了成年女性对女生的重要意义。通过研究我发现，女性师生的比例同后来因事业有成而被载入《美国妇女名人录》的女生比例有着强烈的、无可置疑的联系。在一个长达50年的时期内，女子学院的女性师生比率是男女同校学院的两倍，它所培养出的学而有成的毕业生也为男女同校学院的两倍，应该说这两者之间不无关系。

另外还有一些发现进一步表明女教师数量充足的重要性。在美国教育委员会的调查中，有些问题是要求教师们对照那些背景相似、经历相似的其他男女教师来评价自己的业务成就。其中，女子学院的女教师所做出的回答最为公正，她们对自身进行了很好的思考，不仅与其他女教师做了对比，而且也与男教师做了对比。据她们自己所言，她们喜爱自己正在从事的那一切，并且认为自己做得不错。在男女同校的环境中，女教师所占的部分如此之小，而男教师又不太关心那些对女性来说很重要的问题，因此那里的女教师不仅在与男性相比时对自己的成功持否定态度，而且在与其他女性相比时对自己的评价往往也比较低。我们可能会希望，执教于男女同校环境之中的女教师会生成强烈的自尊心，从而至少部分地抵消因女教师人数少而对女生造成的不利影响，但是情况并非如此。我们从这些研究中可以推断，在女子学院内，女性占了多数，无论是从数量上还是从认识上来看，女教师都是主流的构成部分，因而她们更有可能认为自己在事业上是成功的。所以，众多女教师的存在不单对女生取得成就很重要，而且对于女教师自身取得成就也很重要。此外，人们有充分理由认为，在人数几乎对等的环境中，男女教师的相互关系将更加和谐、更加密切，他们共同关心他们的学生，并自认正在为高等教育做着重要的奉献。反过来，成年男女之间的这种积极关系又为学生未来的工作和家庭生活提供了相互依赖的成年行为的典范。对于女性来说，最重要的问题始终是并将永远是作为一个多才多艺的人和作为女人之间的关系，亦即事业与家庭之间的关系。无论你想如何表述这一关系，两种压力始终在起作用。这两种压力即使不贯穿于一个女人的一生，那么至少表现于她15岁至50岁这段时期，此时，她的精力和创造力最为旺盛也最能发挥出来。那些自称为女性教育者的人们，那些以对女性生活这个重要问题的理解来认识社会需要的人们，必须以体现事业与家庭的相互联系，而不是相互矛盾的态度与行为、计划与政策、人员与结构的关系来做出回答。这项任务异常复杂，部分是由于这一任务非常困难却不知如何开始，甚至没有人想去开一个头。

当然，我们谈论的这一切与女性的教育有关，而不管这些女性生活在哪里。或许，如果我们试图使我们的学院在知识准备和能力发掘方面来满足女性生活的双重性，那么我们将能够找到实现必要开端的途径。

再来看看我一直在研究的美国教育委员会对教师的调查。其中一组问题涉及教师16项教学目标或目的的意义。女子学院、男子学院和男女同校学院50%至90%的男女教师都认为有4个最基本的目标是一致的。然而按照修辞学，又可区分出不同的类型：从事男子教育的教师比较强调为学生毕业后的工作做好准备；而从事女子教育的教师则更为强调培养学生认识自己的能力。我不打算对两者进行评述，但我以为，那些从事女子教育的人必须强调社会对高水平人才的需要，从而也强调为女生做好就业和进一步深造准备的必要性。目前的形势是，女学生面临着两种教育环境的选择。要么这里只有少数女性角色典范和良师益友，而多数人的地位较低，收入较少，缺乏自尊心。这个环境由男性所支配，他们对女性缺乏公正的态度，但这种环境比较注重为学生的就业和深造做准备。要么那里的教师队伍中有很多女性角色典范和良师益友，女性成为学校工作的重要对象，她们的工资收入也很恰当。在这种环境下，男教师肯定女性的能力，但并不特别关心学生毕业后的打算。

在我看来很明显，女子学院对于培养女性的才能并帮助她们在社会上广泛施展其才能来说，有效地提供了表述和实现的途径与方式。

然而，我们只是考察了事关女性生活的重要问题的一个方面，我们一直在谈论的只是为女性的工作角色做准备和女性才能的培养，而对于女性双重性的另一方面我们又知道些什么呢？我们怎样才能使事业与家庭这两种角色相互联系而不是相互冲突呢？

如果说近年来我们的国民生活基础确实发生了变化，那家庭生活模式的变化则当然是其中意义最普遍、影响最广泛的一种。目前以及或许将来的某些时期，这些模式变化的负担会不公平地落在妇女——传统上始终是家庭激情的维持者的肩上。变化的负担应当共同分担，这一点我肯定，家庭生活中所发现的更新和维持的潜力既有利于男人又有利于女人，这一点我同样肯定。女子学院有特殊的义务处理这些问题并促使其他的教育工作者也这样做，这一点我更加肯定。

无论我们从哪个角度来界定家庭，家庭生活均是大多数男女的一项主要活动，但学者们至今仍很少考察这一活动，教师们也极少讨论这一活动，而处于这一活动之中的人对之也不甚了了。如果我们的教育机构不承认社会对于稳定家庭关系的需要，那么也就不能认识社会对于多种多样高层次人才的需要。在当今世界上，无论是男是女，都不能从生理上、精神上与情感上将工作和家庭划分为两个相互排斥的部分，这两个部分是不可分割的。当我们尝试对丰富的女性人力资源进行开发的时候，我们便已经开始认识到这一点。既然承认社会和女性的这种新的需要，专门从事女性教育的女子学院又将如何履行其独特的职责，使之无愧于社会的形成和确保我们民族的生存呢？

当然，女子学院并没有什么可以依赖的老本！为了适应目前和所设想的未来的时代和环境，人们还得进行大量的适应、调整工作，使女子学院通过示范来继续领导那些愿意借助自己对有助于女性高等教育发展的认识和行动来服务于社会的人们。对于我们而言，作为女性教育工作者，理应在当代发扬光大蒙特霍利女子学院的创建者玛丽·劳茵的杰出思想："我们相信，在这里我们将会看到一个愉快的氛围，它属于那些在内心激励下，在服务于同代人的伟大工作中彻底发挥自己才能的人们。"

孩子
是另外一个物种

第三章

儿童的教育和教师的精神准备

蒙台梭利

蒙台梭利在学前儿童研究方面做了很多工作，也在教育实践过程中不断完善幼儿教育的原则和明晰身为教师的职责。1907年在罗马为3至6岁儿童开设“儿童之家”从事教育实验。他提出儿童“心理胚胎期”与“吸收心理”的概念，把教育看作是促使儿童内在力量自我发展的过程，强调让儿童自由活动。认为让儿童进行各种感官练习是儿童获得知识的基础，并创制了一套进行各种感官练习的教具。她认为儿童并不是一个只可以从外表观察的陌生人，童年构成了人一生中最重要的一部分，因为一个人是在他的早期就形成的。教师为儿童利益所做的孜孜不倦的努力将使我们能够发现人类的秘密，找到更好的自己、更好的教育。

一、“儿童之家”的三条准则

我们必须承认一个重要的事实：儿童拥有心理生活。由于他们的心理活动是以一种难以觉察的形式展示出来的，所以并没有引起成人的注意，而且成人也会在无意识的情况下干扰儿童的活动方式。

成人的环境对儿童来说并不适宜，其中潜藏着一些儿童不得不多加小心的障碍。这样的环境会使儿童变得别扭，容易受成人的暗示。儿童心理学和儿童教育学都是从成人的角度而不是从儿童的角度对儿童进行研究的，因此我们也必须重新审查其结论。正如我们所看到的，儿童每个不同寻常的反应都为我们提出了一个亟待解决的问题。他们每次发脾气都是某种顽固矛盾的外部表现。我们不应仅坚定地将这种矛盾解释为儿童对有害环境的自我防卫，而应将其理解为一种寻求自我表现的更惊人的示威活动。发脾气就像一场暴风雨，它会使儿童的内心无法真实展现出来，而深深掩藏了起来。

很明显，所有这些伪装都把儿童的真实内心掩藏起来了。固执、抗争和扭曲的表现掩盖了儿童为了寻求自我实现所做的努力。这些令人担心的内心外部表现使儿童无法展示自己的真实个性，掩盖了儿童早期的心理发展进程。儿童早期心理发展进程有着明确的发展计划。在这些外在表现的背后，还隐藏着未被发掘的“儿童的秘密”。因此，儿童必须获得解放。教育所面临的最紧迫的任务就是去真正地认识儿童，并把他们从所有的束缚中解救出来。

在对成人进行的心理分析和对尚未被认识的儿童进行心理研究之间，存在着一个根本性的差异，就是成人潜意识的秘密会成为某种约束他们的事物，而儿童的秘密则在于其所处的环境。因此，要想帮助一个成人，我们就必须解除他在漫长生活中形成的复杂的适应障碍；而要想帮助一个儿童，我们则必须为他提供一个能让他自由发展的环境。儿童正处于自我实现的阶段，我们为儿童打开这扇“门”是很容易的。实际上，儿童正处于自我创造的阶段，也就是正在经历由不存在到存在、由潜能到实现这一过程。处于这一时期的儿童并不复杂，因为他们拥有与日俱增的能力，他们在展示自我时是不会遇到过于严重的困难的。

儿童只有生活在一个不受约束的环境中，即在一个与他们的年龄相适应的环境中，才能使他们的心理生活自然而然地获得发展，并展现他们内心的秘密。如果不坚持这条准则，未来的教育就只会使儿童陷入更深的混乱中。

我们所倡导的新教育的根本目标就是认识并解放儿童。而与之相关的首要问题则是如何让儿童幸福地生活。其次，随着儿童日趋成熟，为他们提供必要的帮助。这意味着我们必须为儿童提供适宜的环境，将环境中不利于儿童成长的障碍减到最低限度，为发展儿童的能力提供锻炼、活动的场所。

由于成人也是儿童环境的一部分，他们也应该让自己适应儿童的需要。他们不应是儿童独立活动的阻碍，也不应代替儿童完成那些能促进儿童迈向成熟的事情。我们教育系统的最大特点就是强调环境对儿童的重要性。

在我们的“儿童之家”中，教师的作用值得关注和探讨，我们要求教师必须清除那些由于他们的活动和权威带给儿童的“障碍”。这样，儿童自己就会变得积极、充满活力起来。这样，教师也能高兴地看到儿童可以自由活动和他们取得的进步。对教师来说，这样做本身并没有增加什么工作，他们可能是受了《圣经》中施洗约翰的引导："他必兴旺，我必衰微。"

我们的教育体系还有一个特征就是对儿童人格个性的尊重，并把这个重要性提到前所未有的高度。

这三条准则最早在我们的"儿童之家"中得到了充分应用。"儿童之家"这个名字本身就带有家的含义。人们广泛地讨论这种新教育体系，特别关注到儿童与成人的角色倒置——教师没有讲台，没有权威，也几乎不组织教学活动；而儿童是活动的主体，他们可以自由地到处走动，去做他们感兴趣的事情。有人认为这是一种"乌托邦"，还有人认为这不过是夸夸其谈。

但另一方面，我们的另一些改革措施也得到了支持和接受：一些适合儿童的事物，如窗明几净的教室、用花朵布置的小窗户、模仿正常家具做成的缩小版家具，如小桌子、小扶手椅子、美丽的小窗帘、儿童随手可拉开的小橱柜以及小橱柜里可以随意拿取的各种物品……所有这些东西都可以被视为具有实际意义的改善，而且对儿童的发展起到了促进作用。我相信，有更多的"儿童之家"会努力保持给儿童带来快乐和便利的这些特色，并将其视为"儿童之家"的一个主要特征。

如今，经过深入研究和大量实验，我们再次对这些事物进行考察，尤其对其起源进行考察是很有必要的。

有人认为观察儿童会使我们得出一些令人震惊的结论，即儿童拥有一种神秘的本性。这种直觉会使我们构想出一个不同寻常的学校和教育体系。其实这种想法是错误的。我们是无法对某种仍然未知的东西进行观察的。一个人只通过简单的直观感觉就认为儿童拥有两种本性，并企图用实验来加以验证，这也是不可能的。尚未被认识的东西应该通过某种方法让它自己表现出来。当它表现出来时最早发现它的人也应比其他任何人抱有更多的怀疑态度。

这个过程就如同认识世上其他事物一样。一个人会拒绝新的事物，但他不得不持续地面对这个未被认知的新事物，直到他最终认识、承认并充满热情地接纳它。那些被新事物所震撼并最终接纳它的人，会深深为之着迷，甚至愿意为此奉献终身。巨大的激情可能会使这位“发现者”认为自己就是这个新事物的“创造者”，尽管实际上他只不过对这个事物的表现比其他人更为敏感罢了。

对我们来说，发现新事物是困难的，而接受这个新事物则更为困难，因为我们“感觉的大门”对新事物是关闭的。然而，当我们发现了新事物，并接受了它的真实性后，就会变得像《福音书》中那个寻宝的商人那样，当我们发现一件无价之宝时，我们为了得到它，愿以自己拥有的一切为代价。

我们可以将自己的智慧之门比作一个贵族的画室之门。这个房间从不对陌生人开放。如果一个人想进去，只能由熟悉的人引路。如果没有人引路，他只能砸开大门或偷溜进去。当他进入这个房间后，他会由此变成一位轰动社会的“新闻人物”。一件小事有时能够打开一个无止境的新领域。人从本质上讲，其实就是一个探索者。我们只有通过发掘那些看似毫无意义的细节，才能不断获得发展。

物理学和医学对于新发现的界定有着严格的标准。他们认为新发现就是要证明一个从未被认识的现象，而以前从没有人对此表示过怀疑。这种现象是客观的、不依赖于他人意志的。验证这一现象需要两个步骤：

第一步，必须把它从其他现象中剥离出来，并在不同的条件下进行实验研究。

第二步，它必须能够再现，并能对其从不同角度进行研究，以确定它不是种幻觉，而是一种具有真实价值的、有形的“资产”。

二、教师的精神准备

如果教师想仅仅通过掌握基本知识和研究就可以做好当教师的准备，那他可能是错的。应该首先从精神层面给教师提出准确的要求。

问题的关键是应该如何观察儿童，而不应该仅仅局限在涉及教育方法和儿童教育理论知识等问题的外在分析上。

我们强调，教师应该做好内在的心理准备，经常和系统性地研究自己，最终克服自身最顽固的缺点，因为这些缺点妨碍了教师与儿童之间的关系。为了发现这些隐藏在思想意识中的缺点，我们需要外部的帮助，得到某种“指导”，必须有人为我们说明我们应该看到哪些内在的东西。

基于这种考虑，我们要说，教师应该是这方面的“专家”。教师太过分计较“儿童的偏执”“纠正儿童的错误”“秉承原罪的法”，相反教师应该着手研究自身的缺点和坏习气。

“你首先要改掉自己一叶障目的缺点，才知道如何拭去儿童身上的瑕疵。”

教师内在心理的准备只不过是常规意义上的，它与宗教人士追求“达之人于无疵”的理解截然不同。作为一个教育者，不必要求“完美无瑕”。一个始终追求提高灵魂修养的人可能会忽视某些缺点，阻碍他去理解儿童。因此，需要有人教导我们，我们也要让他人指导。如果我们想去教育他人，我们首先应该被他人教育。

我们给教师的指导是向他们说明什么是教师工作中最适宜的精神状态，就像医生告诉病人是什么病在折磨着他的身体。在此一个行之有效的告诫就是：“发怒是妨碍我们理解儿童的致命错误。”

一种错误往往不是孤立的，它肯定还附带着其他错误，发怒的同时就掺杂着另一种错误：傲慢，它表面看上去似乎是洁身自好，但实际上却像恶魔一般。

改正我们的坏习气有两种办法：一个是内在的，即与自身明显可见的错误进行斗争；另一个是外在的，即抑制我们坏习气的外在表现。外在形式的反应非常重要，因为一旦发现心理上的缺点，便可以引发我们思考。听取旁人的意见可以战胜自傲自大；随遇而安可以抑制贪婪；意志坚强可以克制愤怒；需要为生存而工作可以打消成见；社会规范可以约束淫欲；获取多余之物的困难可以遏制挥霍；追求个人尊严可以消除嫉妒心理。所有这些外界环境都在持续不断地给我们提出有益的忠告，社会关系的形态有助于我们保持心理的平衡。

尽管如此，我们却不会像完全服从上帝那样，屈从于社会的压力。我们在心理上比较容易接受并自愿改正我们所认识到的错误，但我们却很难接受来自他人的教训，会觉得是一种耻辱。听从别人教训比自己犯错误更让我们感到羞耻。当我们不得不纠正我们的行为时，我们却总在试图维护自己世俗的尊严，把自己伪装成为别无选择。一种最常见的小小伪装就是，当我们不能得到时，会说“我不喜欢”。我们在斗争，但却用这种小小的伪装进行抵制，而不是完善自我。由于在斗争中人们需要组织起来，因此个人的事业在集体的斗争中得到加强。那些有同样缺点的人本能地在相互支持，寻求联合的力量。

我们往往用责任高尚和不容推辞作为借口来掩饰我们的缺点，就好像在战争期间，杀伤性的机器和武器在战场上被伪装起来。促使我们纠正缺点的外界力量越是薄弱，我们就越容易用伪装来保护自己。

当我们由于自身的缺点遭到批评时，显然消极的东西很容易蒙蔽我们的视线。我们实际上并不是保护我们自己，而是在保护我们的错误，随时准备用所谓“需要”“义务”等伪装来保护错误。渐渐地，我们相信并把过去意识思想中的谬误当作一种真理，而且越来越难以纠正。

教师以及所有希望从事儿童教育的人必须改正他们对儿童的各种错误立场。最根本的缺点由傲慢和发怒组成，它总是要占据教师的意识思想而教师却完全没有思想准备。两者之中，发怒是最主要的缺点，傲慢则给发怒配上了一个迷人的面具，一件自尊的外衣，甚至要求得到他人的尊重。

发怒是最容易受到旁人抵触的缺点之一。因此，需要克制怒火，而且谁能够心怀谦卑地压制怒火，就会最终为自己的怒火感到羞愧。

这样做实际上并不难，是非常简单清楚的事，因为我们所面对的是儿童，他们不能自我保护，难以理解我们，他们接受人们所说的任何事情。儿童不仅承受了伤害，甚至感到我们在指责他们时，他们都是错的。

教育者应该深刻地思考一下，这种情况在儿童生活中所造成的后果。儿童不可能靠理性明白这种不公正，但是他们在精神上能够感觉到因而变得压抑和扭曲。儿童的反应，诸如羞怯、说谎、任性、无理的哭闹、失眠、过度的恐惧，都代表着儿童自我保护的一种潜意识状态，因为儿童的理智无法让他们判断其产生的真正的原因。

发怒并不意味着有形的粗暴行为。最初粗放式的冲动派生了许多其他形式，人们受微妙的心理作用，在伪装和掩饰自己的状态。

发怒是对儿童抗拒所做出的一种形式最简单的反应，面对儿童内在心灵的表现，发怒又与傲慢的心理融合在一起，共同形成一种复杂的状态，演化为一种明确可以用专制一词来界定的形式。

专制不容置疑，公认的专制统治者置身于坚不可摧的城堡中。

成人凭借公认和他们拥有的自然权力统治着儿童。质疑这种权力意味着攻击历来明确而且是合法的主权。如果说在早期的社会群体中，专制者是上帝的代表，那么对于儿童来说，成人就是神圣的，而神圣是不容置疑的。谁如果不服从，也就是说，如果儿童不服从，那他必须保持沉默，并且要适应一切。

如果儿童表现出某种反抗，很难说这是对成人行为直接和有意识的回答。儿童的反抗更多的是一种能动性的整体心理防卫或是一种被压抑心理的潜意识反应。

随着年龄的增长，儿童将学会对专制者如何直接反应，而成人将会用更复杂和迂回的方式与儿童算账，征服儿童并让儿童信服专制是为了他们好。

成人一方面要求得到尊敬，另一方面又拥有“侵犯”的合法权利。成人有权评判和“侵犯”儿童。成人可以按照好恶引导或压制儿童的需求，儿童的反抗可以被成人评判为不听话、危险和不能容忍的。早期社会一种统治的模式是臣民缴纳赋税，却没有任何申辩的权利，有些民族甚至相信所有的东西都是君主恩赐的。儿童的心理世界也是如此，他们认为一切都要归功于成人。这难道不是成人发端的信条吗？成人担当了造物主的角色，令人敬畏的傲慢使他们自认为他们为儿童创造了一切，是他们让儿童变得聪明、乖顺和善良，是他们给儿童提供了接触环境、人和上帝的可能。多么难的事业啊！成人为了整体形象否认专制。是啊，难道会有哪个专制者承认自己伤害了子民吗？

我们的教育方法要求教师在做准备时自检自查，放弃专制。教师要发自内心地摒弃发怒和傲慢的心理，应该知道谦卑和心怀仁爱。这些就是教师在精神上应该做到的准备，它是衡量自己的重要基础和心理平衡不可缺少的支点。同时它也是教师内心准备的起点和终点。

但是在另一方面，这些并不意味着教师应该放纵儿童的所有举动，完全放弃对儿童的评判，并且忽视儿童智力和情感的发展。相反，他们应该始终牢记自己是教师，他们的使命就是教育。

尽管如此，我们作为教师仍然需要保持谦卑，需要消除隐藏在我们心中的先入为主的成见。

对于我们能够做到的，能够为我们从事教育提供帮助的东西，我们不应该压抑自己的心理。另一方面，我们应该清除妨碍我们理解儿童的心理观念和自己作为成人的局限性。

论全面教育

约翰·洛克

约翰·洛克（1632—1704），英国哲学家，深谙人性的一位自由主义者，他的思想对于后代政治哲学的发展产生巨大影响，并且被广泛视为是启蒙时代最具影响力的思想家和自由主义者，洛克的理论激励了后来的美国革命与法国大革命，在美国的《独立宣言》上也有所体现。约翰·洛克的教育思想主要体现在他和好友的通信集中。他在近代教育史上首次提出德、智、体全面发展的教育理念，让孩子成为具备有理性、德行、才智与进取精神的人。

健康之精神寓于健康之身体，这是对于人世间幸福的一种简短而充分的描绘。

礼仪不良有两种：第一种是忸怩羞怯，第二种是行为不检点和轻慢。要避免这两种情形，就只有好好地遵守下面这条规则，就是：不要轻视自己，也不要轻视别人。

在缺乏教养的人身上，勇敢就会成为粗暴，学识就会成为迂腐，机智就会成为逗趣，质朴就会成为粗鲁，温厚就会成为谄媚。

学到很多东西的诀窍，就是不要一下子学很多的东西。

儿童的心理是狭窄而脆弱的，通常一次只能容纳一种思想。所以儿童学习任何事物的时候，做教员的人应该施展他的技巧，去为他们排除一切杂念，最好使他们腾出空间来接受他们所应接受的思想，使他们能够专心勤勉地来接受，否则心里不会留下痕迹。儿童的天性使得他们的心理是见异思迁的，只要有了新奇的事情就可以打动他们，要使儿童把注意力长久放在一件事情上是很难的。所以教师教学的一个巨大技巧应当在于集中学生的注意并保持他的注意力，一旦办到了这一点，他就可以在学生力所能及的范围内尽可能地教授他认为有用的知识。

人生的磨难是很多的，所以我们不可对每一件轻微的伤害都过于敏感。在生活磨难面前，精神上的坚强和无动于衷是我们抵抗罪恶和人生意外的最好武器。我主张儿童表现好的时候，不妨有机会让他受点痛苦作为磨炼，理由也是一样的，就是要使他习惯于痛苦和磨难，不要把痛苦看成是最大的灾难。

一个不尊重个人私有财产的民族，居然会看重主权，这只能用精神分裂来解释。

建立和巩固友谊的最好的方法，莫过于互相信赖地闲谈心事与家常。

权力不能私有，财产不能公有，否则人类就进入灾难之门。

巨大的财富背后，往往隐藏着罪恶。

即使是最深刻的言论，如果一个人说的时候态度粗暴、傲慢或者吵吵嚷嚷，即便是在辩论上面获得了胜利，在别人心目中也是难以留下好印象的。

我们不应该把自己想得太好，以致把自己的价值估计得过高；我们也不可因为自己具有某些长处，别人没有，便以为应在别人面前占优势；我们只应该在我们的本分以内谦逊地接受别人对于我们的给予。

无论给孩子什么教训，无论每天给他什么样的聪明而文雅的训练，对他的行为能产生最大影响的依然是他周围的同伴，是他监护人的行动榜样。

极严酷的惩罚好处不少，不，它在教育上的害处还很大；并且我也相信，受罚最重的孩子，长大了很少有成为最好的成人的。

你要用尽一切方法使你的孩子成为一个善良的人。你要使他知道，有许多过失他犯了都比较容易得到原谅，唯有曲解事实、用遁词去遮掩任何过失就不然了。一切不公道的事情通常都是因为我们太爱自己，太不知道爱人之故。

我对于智慧的解释和一般流行的解释是一样的，它使得一个人有能力和远见，能去处理他的事务。这是一种善良的天性、心灵的努力和经验结合而成的产物，所以不是儿童所可企及的。

儿童对于智慧最能做到的一件大事就是要尽力阻止他们变得狡猾。狡猾模仿智慧，但是它与智慧相较甚远。狡猾只是因为缺乏悟性，不能直接达到目的，于是就用计谋与欺骗去达到。它的弊害在于狡猾的计谋只能使你占一次便宜，但是以后永远要吃亏。无论什么掩饰决不能巨大或者精细到不被人发觉。世上决没有一个狡猾的人，能够狡猾得使人家不知道他们狡猾；他们一旦狡猾被人发觉以后，人人都会讨厌，人人都不喜欢狡猾的人；全世界都会联合起来反对他们，但坦白、公正、聪敏的人则人人都会为他让路，他可以直接去做他的事。

应使一个儿童习惯于获得关于事物的真实观念，不获得就不满足；应使儿童把精神用在伟大的有价值的思想上面，不要接近虚假与具有大量虚假成分的狡猾，这才是儿童对于智慧的最合适的准备。

良好的礼仪的功用或目的只在使得那些与我们交谈的人感到安适与满足，没有别的。要能做到通过恰如其分的普通的礼节与尊重，表明你对他人的尊敬、重视与善意。这是一种很高的境界，要能做到这种境界，而又不被人家疑心你谄媚、伪善或卑鄙，是一种很大的技巧。

随着年龄的增长，父母应当逐渐给孩子更多的自由，许多事情都应该靠他自己去解决，他不能永远受人监护，最好最可靠的监护是你在他心中树立起的那些良好原则和习惯，所以这也是孩子最应当注重培养的。因为一切告诫与规则，无论怎样反复叮嘱，除非养成习惯，否则全部白费，这一真理在其他情况下也适用。

真正的人才的养成，是基于大量的正直和严肃的品质以及不断观察自己的缺点并努力修正的结果。所以，教育最难达到同时又最有价值的那部分核心目标是人的内在品德。人的品德越高，越容易取得其他成就。

我们教育孩子的主要技巧，就是要把孩子应该去做的事都变得像游戏一样轻松有趣。

爱的教育

亚米契斯

平凡人的平凡故事，却因其故事中平凡人处处闪现的善良、勇敢、真实等优良品质，把我们带入一个爱的世界，感受着爱的教育。意大利文学家亚米契斯《爱的教育》是一部用日记体撰写的小说，全书行文情感丰富、文笔晓畅，共分为100篇文章，主要由三部分构成：意大利四年级小学生安利柯的十个月日记，他的父母在他日记本上写的劝诫启发性的文章以及十则老师在课堂上宣读的小故事，是享誉世界的文学名著。

一、海波

安利柯熟览桑·德连寨的世间，看到了各种各样的人。而在近来，却常看见默然沉思着的人。有的茫然坐在崖上，看了海在默想；有的靠了崖坡，死也似的卧着在思忖什么；有的躺在沙滩上兀自沉想，不知日影的移动。

安利柯在默然沉思的人们的脸上，感到奇异的悲哀味。如果他们是诗人或是画家，也许可以说他们在追求什么无限的东西吧。可是他们都是肮脏的劳动者与老人，那当然是因为有着什么烦恼的缘故。于是，安利柯有一日问舅父：

“舅父，我常在崖上、坡上、沙滩上见到蹲卧了半日不响的默然沉思的人。他们大概是因为没有糊口的地方，才把光阴这样地消磨吧。”

舅父现出深思的神情这样说：

“不，不是因为没有糊口的地方。人这东西，只劳动是不够的。有时非无目的地思考，或茫然地望着海不可。

“我屡次航行外洋，到过许多国土，见到处都有沉思默想着的人，无论在非洲，在欧洲，在澳洲，在亚洲。有的坐在崖上目视着海，有的伫立在湖边树下。其中有年老的，有年轻的，有无学问的，也有诗人。

“无论是什么人，心里都不能无所思虑。不，与其说在思虑，倒不如说忘了自己在追求无限的东西。这在东洋叫作冥想。在牧场上，葡萄园中，森林中，常有冥想的人，可是海更是把人诱入于无限的东西。”

“舅父，为什么单调的海对于人有如此的引诱力呢?”安利柯问。

“这是有理由的。”舅父加以说明，“海渺渺无边，始终摇动着，这就够引诱人了。只要熟视着海，那手不能触目不能见的无限之感，就会把我们捉住。这心情是人所憧憬的。因为人有着超越斯世、追恋永远无限的世界的心……”

安利柯觉得不可思议，被舅父的话所吸引了。

舅父又继续说：

“人有着一个大要求。人不能满足于现在，对于无限，有着憧憬与畏惧敬虔之念。换句话说，人不能满足于一生，想求人以上的价值。这价值就成了理想，成了宗教，使人心皈依。”

“舅父，什么叫宗教？我虽曾受过洗礼，但于宗教并未明白。宗教的种类很多哩，为什么人要造出这许多宗教？”安利柯不禁问起这样的事来。

“唔，宗教有种种的种类，这恰和世界上有种种的语言一样啰。人的语言，因国土而不同。但人却用了不同的语言，述说着同一的真理，追求着同一的理想呢。不论是基督教，或是佛教，或是伊斯兰教，形式虽尽不同，其实，在教会或寺院所持行的赞美歌、祈祷或念佛，都是以到同一的天上为目的的。

“海也是一个寺院。在海的面前，谁也不禁要抛去了矜夸之念，感到空寂而虔服的。因为海的彼岸似乎有万物之母住着的缘故，又似乎海是人的最后的故乡的缘故。

“如果把全世界咏海的诗搜集起来，就会成一册丰富的诗集吧。其中有杰出的伟大的诗，也有无知小孩在敬畏赞美之余所叫出的感伤的东西。因为在海的面前，人都成了诗人了。

“啊，这样的话不想再说了。说了不禁觉得寂寞起来。你还非做生活上的实际学问不可呢。

“从这窗口望去，见到的不但是海波。俯视那空地上，还可见到熙来攘往的人波。你看，这人的波一日到晚不曾停止。以后，就以

‘人生之波’为题，再来谈谈吧。”

二、人生之波

舅父就“人生之波”的话题，说出这样的话来：

“由这窗口望去，从那空地一直到街上，一日中往来着几千几万的人波。其中有各样的人，有秃头，有鬈发，有长汉，有矮子……有喜乐的、笑着的、怒着的、悲哀着的。这许多人的喧声，随着风像森林的涛声似的阵阵吹来。

“他们之中一个一个都不相同。你看，蓬了头的母亲拉着头发卷曲得如鸟巢的女儿才走过，接着旁边就现出白头老人与秃发者了。他们各有各的思想，各有各的希望，各有各的悲欢。仔细看去，不觉得像千波万波汇合杂流吗？在这人海之中，各个分子真可谓千差万别；但在日光之下，却都是同等俦伴哩。

“但是，看哪，在那边走着的可爱的小姑娘，到成为像在她旁边的满面皱纹的老媪，其间要经过许多的故事，演许多的悲剧与喜剧咧。我虽说着这话，现在到了七十岁的年龄，摇篮时代的旧梦即使要回忆也回忆不来。七十年！我已在人生之波里游泳了七十年了。

“在街上走着的人，也都是在人生之波中游泳着的。其中有游泳得乏力了在半途溺死的人，也有一生尽力游泳已筋疲力尽的人，又有为不曾意料到的怒涛所袭、冤枉丧了生命的人。

“这样，人人都一边泳着人生之波，一边各自制造其自己的价值。有的受了悲哀的打击，不能复抬起头来；有的却能从怒涛下冲出，巧捷地继续游泳。由此看来，人竟好似为了制造自己的价值，投入人生之波去游泳的。

“怎样的人才最有价值呢？读破了千万卷书的人最有价值吗？不是，仅只读书是不能冲破人生之波的。由书卷得来的知识好比是行李一类的东西。如果头脑中塞满了这类东西，反不能轻捷地在活的人生之波里游泳了。

“要在活的人生之波里游泳，第一要紧的是健康的身体。把自己的身体弄壮健，是一生的活学问。第二要紧的是用自己的意志过活。世间尽有不用自己的意志，奴隶似的过其一生的人呢。第三要紧的是道德的价值。如果没有道德，到底不能排除人生的凶浪一直向前游泳的。在人的力中，最强的就是道德之力。身体的健康是一种力，意志的生活也是一种力，但是最伟大的是道德的力。无论身体怎样好，意志怎样强，如果这人无道德的力，他一遇到世间的凶浪就会手足痉挛，不能左右游泳的。世上像这样的人很多。真可怜啊！此外，还有一件可以产生人的价值的事，这就是思考。不能思考的是白痴，白痴就是大大的不道德啊。白痴者自己无正确的意志，是一味做着错误的行动的。人遇到非做不可的时候，要思考，想打胜袭来的人世的困难，也要思考。自己思考了，自己再把思考所得的用意志来坚持。人不如此，决不能得到活的知识。由道听途说或书本上得来的知识，在人世真正的实际竞争上绝不是活的力。知道了吗？外来的智慧是不能生出人的价值的啊。”

三、知人

“但是，安利柯，还有更紧要的事。我刚才说过关于人的价值的话了，可是我们应该像普通说的这人了不得、这人有些痴、这人是卑怯的家伙、这人是天才……把人的价值来一一判断吗？”舅父说。

“是呢，世间尽有似小愚而实大智的人，也有似小智而实大愚的人咧。”安利柯回答。

“对呀，对呀。”舅父高兴地再把话说下去，“对呀，对呀。人是不能用一句话来断定其价值的。哪，如果说那人受过洗礼，是真实的基督教信徒，那人招呼很谦恭，是个好人。这样轻率地判断，就会陷于大错。所以，对于人，能知道其价值是一种活学问。没有这活学问，结果就会被世间所欺，或竟至连累他人吃亏。要使一家店铺发展，做主人的非知道伙计不可。做裁判官的要行正当的裁判，非知道被告不可。做教师的要善导学生，非知道学生不可。做将军的要指挥军队，非知道士兵不可。做政治家的要治国，非知道国民的心不可。亚历山大大帝深知其部下，故不曾被部下背叛，成了大功业。奇利亚斯·希柴因为不知道其臣下的性质，故终于陷入悲运。拿破仑所以能一时支配欧洲，不仅因为他善战，实因为他能知道人。可是，世上常有因为不知人的缘故，引起种种的不幸与大问题，不能现出自己的真正的价值。英国的商人以金钱来定人的价值如何。人的价值能视其所有的金钱之多寡而评定吗？”

舅父提出了质问，暂时停止谈话。

“金钱与财富不能评定人的价值。”安利柯答。

“为什么?”舅父反问。

“虽没有钱，高尚的人尽多，格里勃尔第贫穷得以至于拿不出搭救自己的船夫的谢礼，却不愧是救援意大利的大人物。无论怎样有钱，如果徒行不义不能救助一人，这种家伙是没有人的资格的。”安利柯答说。

“啊，你说得不错。但因此就说金钱可以不要，那是大错。如果不能以劳动取得金钱，营独立的生活，就成了卑屈的人。生活不能独立的人一定有着某种缺点：或是不竭力劳动，或是用钱太浪费，或是没有信用……到底什么原因不能一定，总之一定有着某种缺点。

“话虽如此，却不能用金钱来定人的价值。那么人的价值应该用什么来评定呢?”

“舅父方才不是教过我了吗?”安利柯说。

“嗯，我曾教过你什么?”

“你说，人的价值在于用了健康的身体，自己的意志、道德及思考去生活。”

“嗯，我曾这样说过。要知道人的价值，非看透其健康、精神与才能不可。可是对于人，无论是谁，都容易犯一次见面就决定爱憎的毛病。最初的瞥见所产生的印象有时原很准确，有时却会意外地错误，非留心不可啊。

“像我这样容易动感情的人，对于他人往往有时一见面就以为可爱，有时一见面就以为可憎。我曾因此遭到大大的失败。一见面就以为这是个好人，马上判断其价值，于是并其道德才能也另眼看待。结果大遭失败，向来的亲切转为仇恨，友爱变成绝交了。反之，一见以为可憎的人，就只觉得他可憎，无论他有任何优点都不复看见了。我也常有这样的事，哪知过了若干时候，发现最初认为可憎者，竟是高尚的有手腕有才能的人物哩。但恨自己误认，把好人失之交臂而已。

“所以，当评判人的时候，要考虑了又考虑，静心地探索其真价值。那人乐着或是悲着，在顺境或在逆境，名誉素好或素坏，不要用这些条件轻率地判定其人的价值，应该进一步观察进一步推究。探索人的价值，可以作为研究社会研究历史的活练习。

“我们非把历史深究批评，认识其人物的真价值不可。在历史中，有把正人当作不正者而埋没的事，有把功劳者的功劳加以否认的事，也有把野心家不义者认作正人的事。完全理想的人物原是没有的。理想的人物只好树立于我们的心里。我们是把眼前的人和心内所树立的理想人物相比量，因其接近的程度来评定价值而已，所以我们又须有完全的理想。

“知道了吗？托里诺是你的先生，未曾教过你这样的事吧。所谓先生，原是只会教理论，不能切近于实际的。

“说到实际的研究，种类很多。我今日所教你的是对于人的研究。从你那样的年龄起，把自己的朋友、附近的人们，好好地注意观察，将他们的长处短处以及隐藏的善或恶的性质行为，细细探索，那么就会发生对为人的兴味与深厚的同情，而且对于人也就有所防备了。这样去做，你自会成一个精密的人心的鉴赏家。凡能够了解人生的尊贵的意味的人，能知道任何书本上所不曾载着的事。知人真是高贵的事。世间能知人的人实在太少，我对此颇觉得有些寂寞哩。你要想具有诗人、哲人及大人物的资格，非有能把人的长处善处锐敏感味的心不可。浅薄的独善者只知图自己的利益，忽略人心的尊贵的处所，把人生弄成无趣味的东西。要得人生的大喜悦，知人是非常重要的事。

“舅父所说的这话，你现在还未能切身体会吧。但等到舅父死去了，你成了大人的时候，仔细想去，必会恍然明白，觉得舅父的话紧要吧！那时请对死去的舅父的叮咛表个谢意……哪！”

四、关于职业

安利柯与舅父离别时，就从舅父那里接受了预约的原稿，因为不知写着些什么，在归途中急急阅读。果然，里面写着很好的话。安利柯不知道将怎样有益于己。这原稿本是舅父写了留给自己未来的孩子读的，现在却给了安利柯以真正的大教训。

舅父的原稿是这样写的：这是“你须知自己”的歌。亚当因为不知道自己，触动神怒，被放逐出了乐园，与其妻夏娃踯躅于棕榈树下时，和了琴凄然唱的就是此歌。

要正直！

须用了头脑想！

努力地劳动！

能正直，能好好地想，能努力地劳动，无论做什么职业，都不是可耻的。

无事不需劳力。

也无事没有利益。

但职业有好的也有坏的。所谓好的职业，就是适合于自己的职业；所谓坏的职业，就是不适合于自己的职业。

职业上有等级。

能使自己喜悦而于人有益的职业，等级最高。

拙劣的工作，不会结实。

无论任何职业中都潜藏着宝贝，执锄去掘，就能掘着。

无能与完全的劳动之间，其差无限。

能做出好鞋的鞋匠，比之于无能的律师、无智的大学教授或拙劣的医生，地位要高。

官署的好书记比之低能的上议院议员，价值不止百倍。

才能如不炼出，事业就无味，而且不能结出果来。

任何职业都有诗与理想。

低能者或坏人，无论干什么，会玷污其职业。

职业犹之林木，愈向上长，其职业愈崇高。

好的见解，要热衷于工作时才会发生。

观看他人所做的好的作品，是有益的，但须自己用功夫磨炼自己的手腕。

有益于最大多数的职业，价值最高。

勿就不喜欢的职业。

就了某种职业，如果觉得不喜欢，难以忍耐，那么不如停止了改就别种职业的好。

错误的事，如果一味任它错误下去，错误就会愈弄愈大，结果会弄到手足无措。

错误可以变成悔恨。

最不幸的，是对于自己的职业抱着不平的人。

最幸福的，是对于自己的职业有兴味的人。

自由教育论

赫胥黎

本文作者赫胥黎是汤姆斯·赫胥黎的孙子，秉持了其祖父自由教育的理念，认为自由是最好的教育。教育不是训练、宣传不是教育、听话不是好孩子等一系列观点的提出，在应试教育盛行的当下中国教育界，听起来都有振聋发聩之功。作者的教育理念能给我们带来很多不一样的思考与警醒。

一、童年后期的教育

究竟良好的教育是什么，我们如今必须探讨一下。婴儿出生后的几个月以至于两三年以内，主要的教育是生理的，讲得更浅近一些，就是关于粪便一类的排泄作用的。在以前，谁都认为这是一个很小的节目，不登大雅之堂的勾当，是犯不着讨论的。不过近代的心理学发现这并不是一件小事，而至少为婴儿着想，排泄的作用和这方面的善良习惯的养成是和前途的生活有极深刻的关系的。我在这里只需提到一位心理学家，就是不久前去世的舍蒂博士。

舍蒂博士写过一本书，叫《爱憎的由来》，中间很有趣的一章，专门讨论到此种习惯对于一个人情绪生活的影响。就以前的习惯说，这种影响大体上是坏的。书中又举了不少的理由，说明如果我们另有一套习惯，即如果我们对于清洁的训练略微放松一些，或开始得比较晚一些，我们的情绪生活便会安闲镇静得多。不知清洁为何物的儿童诚然是惹厌，但若在婴儿期内，我们稍稍任其自然，于其便溺的行为，不过分地申斥警戒，于清洁的原则，不切心于提撕警觉，这种婴儿长大以后，在性情上便会比较的温柔宽厚，遇有不如意事，也不会和别人多争闲气。舍蒂博士自认为可以保证这一点，因为这么一个人是不受他所谓“温良上的禁忌”所威胁的，而别的人既遭禁忌于前，便不克温良于后。

关于婴儿期内的生理教育，这几句话也就够了。其次要说的是童年后期的道德与理智的教育。德育与智育当然是分不开的，但为讨论方便起见，我们不妨分一个先后。究竟什么才是一个良好的道德教育呢？我们在上文已经提到过，此种教育的目的是在培养自由、公道、和平一类的美德。怎样培养呢？罗素在他近期的那本《哪一条和平之路？》里，在这题目上有过一节很有意义的话。他说：“一百年来，教育已经有很大的普遍的进步。至少在维持民主政治的各个国家里，这一点是没有问题的。不过在实行军事独裁的国家，包括俄国在内，在以往的十多年以内，教育是大大的退步了，这种退步包括四点：一是严格的纪律的恢复；二是绝对而不问情由的服从；三是对教师的唯命是听，已到了一个可笑的程度；四是在知识方面消极地接受灌输，而不是积极地自求启发。在政府的眼光看来，认为如果没有这些，便不足以养成一种军国民的头脑，而所谓军国民的头脑，就是对在上的人要服从、要怯懦，对在下的人不妨擅作威福而蛮不讲理，其对于他国的人，当然也要如此；以一人之身，而兼具这两种相反的性格，就是所谓军国民的头脑了……从专制的人或独裁的人的所作所为来看，我们知道他们是和一部分的所谓‘近代’教育不谋而合的；这一部分的‘近代’教育认为童年的纪律的训练和成年的战争的爱好有前因后果的关系，所以，我们不讲求军国主义则已，否则不能没有严格的纪律教育做准备。”

在一本近期的小册子里，蒙台梭利博士也发表过同样的一层见地。她说：“一个儿童，如果没有学会独自一个人行动，自主地控制他的作为，自动地管理他的意志，到了成人以后，他不但容易受别人指挥，并且遇事非依赖别人不可。一个学校里的儿童，如果不断地受教师干涉、禁止、呵斥，以至于诟骂，结果会变成一种性格上很复杂的可怜虫，就是一方面对自己的能力不但不认识并且不信任，一方面对环境发生恐惧。此种内疑外惧的心理，在童年与青年时代我们美其名曰羞涩，而一到成年，便可以成为颓丧，成为萎靡不振，成为逆来顺受，而一遇危机，连最低限度的一些骨气、一些道德的抵抗力，都拿不出来。家庭与学校都唯恐儿童不服从，但因为此种服从的要求往往既不讲情又不讲理，且又违公允的原则，所以早年越是服从，则一到成年，对于一切环境中的盲目的势力越是像绵羊般的驯服。近时学校里又有一种极普通的责罚的方法，就是教育过失的儿童，公开地受团体的谴责，在实施这种方法的‘教育家’以为这就是学生自治，就是团体负责，就是社会制裁，就是以一儆百而不伤于严峻的锦囊妙计，殊不知这是最不堪的一种惩罚的方法。谁都不愿意做一个明正典刑的对象。真正的一个犯人，到此境地，也许是罪有应得，可以不论。如今我们的对象却是一个寻常的学校儿童，他没有多少知识，不懂得多少是非的判断，而也让他经历此种折磨，其结果是可想而知的，就是教他从今以后，见了众人，不敢抬头，遇有公论，畏如蛇蝎，初不论众人对他的态度如何，更不问公论的是非安在。总之，这一类的设施在青年身上，第一步是养成一种永久的自卑与自馁的心理，而第二步也是最后的一步，是教他们对于在上的权威油然而生一种五体投地的精神。”

我以为蒙台梭利博士还不妨添上一句，就是此种自馁的心理倒并不是完全消极的，而是有它的积极的补偿的，而其补偿的表现就是对于另一部分人的作威作福，予取予求。消受过上峰的威福的人不免用同样的威福来取偿于在下的人，这是理有固然，势所必至的。西方传统的教育本来教人如何在一个阶级的社会里取得安放，即教人对上则阿谀奉承，而对下则欺凌剥削，如今自独裁政治上台以后，此种教育，表面上是花样翻新，实质上却是旧调重弹，变本加厉，这在明眼人是不会不觉察的。

读了上面的两段引文，我们就不难了解，为什么近代的历史会走上它确乎已经走着的路，特别是最近几年的那一段。黩武主义和国家主义的变本加厉，独裁与极权政治的勃兴，民主政治的趋于削弱——这些正像历史上其他事件一样，自有其种种复杂的因缘。其中最彰明显著的是一些政治与经济的因缘。不过仅仅政治与经济的因缘是不足以解释的。教育与心理的因缘也正复有它们的地位。

在教育与心理的因缘里，有一个是不能不算进去的，就是在以往的六七十年中，在国家设立的学校里，所有的儿童都是在强大的权威之下长大的，在严格的纪律之下讨过生活的。在六七十年以前的欧洲史里，这种情形是没有的。在有的时期里，在有的社会阶级里，不错，家庭以内的纪律是够严厉的了。例如，17世纪清教徒的家庭是以纪律著称的，其峻酷与不近人情的程度不亚于罗马农民的家庭和日本武士的家庭；罗马人和日本武士的家庭、罗马人和日本的武士，有的是同样的目的，就是以武德训诫子弟，教子弟成为良好的士兵。清教徒的目标是宗教的：他拿耶和华（犹太教的上帝）做生活的榜样，他要子弟以上帝的意志为意志，完全不用自己的意志，因为圣奥古斯丁和加尔文的教训，都说人的意志是充满着罪恶的。不过目的虽然不同，其所得的结果在精神上却和罗马人与日本武士的一般无二，所谓殊途同归的便是。清教徒的子弟也终于成为第一流的军人，而当其无须加入战争的和平时代，在工商企业里，他们一样可以把军事性格表现出来，成为第一流而几乎是最毫无忌惮的资本家。[①]我再说一句，在家庭以内，清教徒是一些极严格的纪律家，不过大部分的人口并不是清教徒，也幸而不是。大部分的子弟还是从普通家庭里出来的，所以多少都有过一些慈爱和体贴的经

① 详见德国经济社会学家韦伯的《宗教社会学》和英国经济学家托尼的《宗教与资本主义的兴起》二书。

验，知道慈爱和体贴是什么东西；子弟所受到的待遇，是时而嘘寒问暖、无微不至，时而挨打受骂、不问情由。这两种待遇在影响上多少可以相抵。另有一些家庭的父母，未尝不想学一些希伯来人和罗马人的治家方法，但幸而是疏懒的多、认真的少，不能按部就班地学，所以子弟们居然可以幸免。

因为家庭教育里有这些区别，所以我们发现一个很有意义的事实，就是在中古时代与近代的初期，上流阶级出身的人，即童年时期请得起家庭教师或进得起学校的人，一定是一些充满着斗争的意志的人。而一般的平民则相反，至少他们的斗争的情绪非有特殊的刺激是激发不起来的。因此，战争和帝国主义的强盗行为在当时是贵族阶级与上流人士的专业。这些所谓上流的人士，在儿童时代既然有过挨父母的臭骂与老师毒打的经历，一旦成人，他不免找寻一些地位比他低微的人作为臭骂与毒打的对象。

二、非愚即妄的知识教育

在以前的讨论里，我说到的健全的品格教育好像只有单单的一种，这似乎是有问题的。我在别处（《目的与手段》一书的另一章）讨论过，人类是不平等的，即人类可以分为许多不同的心理派别。既然如此，单单认定一套的品格训练的方法岂不是一个错误？我们是不是应当有好几套？

我认为一套的说法并不错误，因为差等的现象尽管存在，此派与彼派之间也尽管有一道鸿沟，一个寻常的人总有一些能力，教他可以在派别之间来往，教他在共同生活里找到一些又宽敞又坚实的桥梁，把最不相干的派别沟通过来。平时许多人不去找这些桥梁，那是不为，不是不能。自治的生活、负责任的合作的生活、由团体游戏自动得来的纪律化的生活，全都是共同生活的一部分，无论一个人所隶属的心理派别是什么，总有机会参加，总有能力从事，也唯有在这一类的生活之中，各种不同的心理的派别才找得到汇集与交相感应的场合。如此，则借了这一类生活的场合，来训练一般人的品格，即所谓一套之说，岂不是不能算为一个错误？不过，套数尽管单一，内容却不宜呆板，应当视对象所属的心理派别而斟酌损益，总以因人制宜为第一个原则。如此一套也就成为多套，而多套之说也不能说没有理由了。至于如何因人制宜如何视派别的不同而分别变换其训练方法的内容，说来就不免太占篇幅并且和本文其他的部分轻重也不相称，只好姑且搁置。我们对于品格教育的讨论，到此就算结束。我们如今要进一步讨论知识教育，即寻常学校里的教读的教育。

在西方大多数的文明国家里，初等教育成为国策的一部分，成为一种普遍而强迫的东西，至少有六十年的历史了。在这时期以内，中等与高等教育也发展得很快，但就普及的程度论，英国不及美国，法意两国也不如德国，不过无论在哪国，取得这种教育机会的青年人与成年人，在数量上都不能算少。当初主张普及教育的人是诚意极高的，希望极奢的，不过六十年来，经过两个世代的实验以后，我们不能不表示我们的失望，特别是因为这实验是有过广大的范围与深刻的程度的。不知几千百万的儿童，在学校教室里，经过了不知几千百万的钟点，读不尽的圣经，听不完的老师的唠叨，结果是这一班教出来的人一天比一天忙碌地准备着互相屠杀，并且唯恐屠杀得不彻底，唯恐对方还有噍类留存下去。人道主义显然是一天比一天削弱了，对于强权、暴力以及能运用此种权力的人的偶像崇拜一天比一天发达了。国际政治，表面上尽管是雍容揖让，底子里却一天比一天阴鸷狠毒，不择手段，而恬然不以为耻，实开教皇亚历山大第六[①]和鲍奇亚[②]以来所未有的一种局面。

道德教育一方面的收获如此，而理智教育一方面也未见得高明。有史以来，人类所想到的与说到的许多上好的东西，曾经从不知几千百万的老学究嘴巴里掉出来，从不知几千百万的小学生耳朵里钻进去，一出一入之间也不知有过几千百万次，而一出一入之间，完全变作老生常谈，变作胡僧念咒。不过这还算好的，更不堪的是，黄色的新闻纸、雨后春笋似的小报、秽气触鼻的报尾巴，一年之中，每一个早晨夜晚，不知要流行到几千百万份。而每一周、每一月，臭味相同的定期刊物又不知要推销到几千百万册，名为增加"知识"，促进"兴趣"，而实际的内容，总不外一些闻人的自白、影星的"韵事"、侦探的奇案、男女的秘密，越是中冓可丑之言，越是帷薄不修之事，越要绘声绘色，刺刺不休。而一日之中，在宫殿式的电影院里，在众目睽睽之下，又不知要转动过几千百万

① 教皇亚历山大第六：生于1431年，卒于1503年。
② 鲍奇亚（1476—1507）：意大利历史上专注于权术与武力的政略家与军事家。

尺的片子，名义上据说也是社会教育的一种，而究其实际，则就道德言之，十有八九是臭不可当；就艺术言之，是俗不可耐；就知识言之，是蠢不可及。成百上千个广播电台也高明不到哪里去，以言音乐，则泰半是下里巴人，以言宣传，则泰半是无事生风、任情诬蔑，而这一类肮脏的东西，化成长波短波以后，一日二十四小时之间，总有十八小时要把轻清上浮的大千世界弄得乌烟瘴气。

我承认，单单就工具而论，就手段而论，这些哪件不是好东西？哪一件不表示绝顶的聪明？哪一件不发挥翻天动地的权力？但是就用途而论，又有哪一件没有落在愚人与妄人的手里，而成为虚伪欺诈以至于毁灭人性的利器呢？这便是我们教育制度在德智两大方面的伟大的成果，丰富的收获。不问收获，但问耕耘，目前该是我们问问耕耘的时候了吧？什么样的树结什么样的果，当务之急，也无疑应当是把这株树的性质脱一下胎，换一下骨。

在《目的与手段》一书的先前几章里，我已一再提示过我们必须做些什么，才能养成一批新的男女大众出来，一方面就个人论，足以自立自尊，不为物役；另一方面就团体论，又能爱好和平，通力合作。这当然不能不有赖于知识的一部分的教育。到底什么是一些最好的方法，一方面可以推广智能，一方面可以增进理解、提高见识，这便是我们在下文要从长考虑的。

道德与教育

涂尔干

涂尔干是杰出的社会学家、教育家，最先明确提出以社会事实作为社会学研究对象，制订社会学研究的实证规则，教育学说是其社会学的重要组成部分。他认为教育是社会结构和秩序再生产的手段，是系统地、有目标地促使年轻一代“社会化”的过程。他把社会学的研究方法推广到教育领域，又用教育的理解与实践丰富了社会学的理论。他将道德划分为纪律精神、对社会群体的依恋和第三位的知性精神。当儿童进入学校、融入群体当中，道德与纪律就自然地发生了，在此过程当中尤其要发挥好教师的权威作用、建设良好育人环境。

一、纪律与儿童心理学

我们知道了有待实现的目的，也就是我们必须将儿童引向何处的目标。但是，合适的引导儿童的方法，即我们应该遵循的路径，必然取决于它的出发点。教育的影响并不适用于一块白板。儿童有他自己的本性，为了从理智上对这种本性构成影响，我们首先必须努力理解它。这样，我们首先应该问的问题是，儿童能够以何种方式在何种程度上接近我们希望从他们身上激发出来的心态。为了得到所求的结果，在他的各种自然习性中，我们可以依靠哪一种习性呢？于是，考察儿童心理学的时机已经到来了，单是这种心理学，就能够为我们提供这方面的必要信息。

在第一章里，我们说过，教育必须在儿童身上焕发出来的心态，仅仅是一种极其一般的条件，距离它们应有的特殊形式还非常远。这一命题将依照纪律精神而具体地加以论证。事实上人们可以说，在包含纪律在内的诸要素中，没有哪一种要素能够完整地在儿童的意识中形成。

纪律精神有两个要素。首先，是对生存的常规性的偏好。因为在相同的环境中义务总归是一样的，而且最主要的生活环境已经一并为我们的性别、公民身份、职业以及社会地位决定好了，所以，一个人不可能既乐于履行义务，又抵拒常规性和习惯性的东西。整个道德秩序都取决于这种常规。如果所有担负社会功能——无论是家庭功能、公民功能抑或职业功能的人都不能在规定的时间内、以规定的方式执行他的工作，那么集体生活就不能和谐地运转。

相反，儿童行为却完全不具备常规性的特点。儿童能够以异乎寻常的速度从一种印象转向另一种印象，从一种活动转向另一种活动，从一种情感转向另一种情感。他的性情绝对不是稳定的。他会突然间大发脾气，或突然间平静下来。眼泪紧接着笑声，善意和憎恨交替出现，没有什么明显的理由，最多是受到了环境的细微影响。对那些他沉溺其中的游戏来说，他的兴趣并不很长久；他很快就会感到厌烦，并转移到其他事情上去。人们看到，儿童的那种追随父母和老师的不知疲倦的好奇心，也同样是变化不定的。有人偶尔地从这种好奇心中看到了某种科学本能的最初表现。我们并不能毫无保留地接受这样的对比。毫无疑问，当儿童提问题时，他就表明了一种需要：用有限的、处于形成过程中的、能够构成他的心灵的观念体系，为他所看到的事物和他所体验到的印象分类；这种知识组织的需要当然是科学知识的基础所在。可是，这种需要在儿童那里有多么肤浅、多么易变啊！不管能够吸引这个小观察家的对象是什么，他的注意力只能有几秒钟集中在这个对象上。无论什么事情，在他做过之前，或者在有人给他一个让他满意的观念之前，他都不会抓住不放。你刚刚回答他的问题，他的心思就溜到别处去了。

正是这种不稳定性，这种转瞬即逝的品质，支配着儿童的好奇心。

居约最先注意到，在儿童的心理状态与被催眠的受试者的心理状态之间，自然有一种很强的类同性。那么，催眠暗示的条件是什么呢？有两个主要条件：首先，被催眠的受试者要尽可能地完全处于被动状态。他的意志是麻痹的，他的心灵是空白的。除了实施催眠的人，他什么也看不见，什么也听不到。他周围正在发生的一切，没有给他造成任何影响。在这些条件下，被暗示的意念就会强有力地固着于心灵之中，因为它没有遇到任何的抵抗。没有任何其他与之竞争的意念，因为心灵是一片完全的空白。结果，这种意念往往就能转化成为行动。意念不是一种纯粹思辨的和理智的东西，它总会导致行为的开始，并在行为中得到实现，如果没有任何相反的状态介入进来，去阻止如此产生的行为，这种行为就会继续进行下去。然而，如果被暗示的行为肯定会发生，这一首要条件就不是普遍充分的了。催眠者必须说：我一定要这样。他必须使受试者感觉到，拒绝是不可想象的，受试者必须服从。如果他含糊其词，如果他争辩不休，他的权力就消失了。

儿童与父母和老师的关系，都可以满足上述两个条件。首先，他很自然会感到自己处于一种被动状态，而这恰恰是催眠程序为受试者安置的状态。即便他的心灵不是完全空白的，但他在符号生活中也依然是贫乏的，没有什么固定的倾向。因此，任何被引入这种贫瘠的精神氛围的新观念，都很少遇到抵抗，往往也会轻易地变成行动。这就是儿童如此易于受到模范感染、如此喜欢模仿的原因。当他看到某种行为时，他对该行为所拥有的意象往往会在同样的行为中实现。对第二个条件来说，它很自然会在老师用来发号施令的绝对语气中得到实现。老师要把他的意志强加于人，就必须坚决，必须毅然决然地发话。无疑，恰恰在开始的时候，老师的暗示发挥了全部强有力的影响，以及对外在行为的支配作用。如果儿童起初便明白他在道德上对父母和老师的依赖性，他们的需要、他们的智力比他本人更有优势，以及这种优势的价值，那么此后他们将继续被赋予这种优越性，并传递给各种规矩，强化这些规矩。不过，各种暗示的律令性质依然是它的效力的根源；而且，在相当长的时间里，这种性质都依然会是一种比较重要的因素。

通过有趣的试验，比内[①]和亨利先生已经证明了儿童这种天生的易受暗示的特征。他们要求学童们留心观察长度不等的线段。一旦这些线段的意象恰好凝固在记忆中，就要求学生们从另一幅图中把它们找出来。当儿童认为他已经找到了相配的线段并指出来时，研究者会不加特别强调地问他：你肯定这就是那条正确的线段吗？这个问题足以诱使89%的小学儿童改变他们的最初反应。在初中组和高中组中，百分比分别为80%和54%。即便在孩子们做出了正确反应时，他们也在相当大的程度上改变了最先的反应，百分比高达56%。在这里，这种转变完全是暗示的结果。此外，你也会注意到，孩子们受暗示影响的可能性随着他们的年龄而有所不同。随着儿童的心灵被装备起来，他会发展出更多的抵抗暗示的能力。

于是，事实就确立下来了，老师也不再提问了。在年幼孩子们的许多特性中表现出来的令人吃惊的轻信、温顺、善意、服从、易变和任性，使人想起了在被催眠的成年人身上所看到的种种现象。例如，如果我无条件地对一个刚要拿起第一块饼干开始吃的两岁半儿童说“孩子已经吃够了，吃饱了”，我这么说时既不给出任何理由，又明确地指出不容许任何反驳，声音虽说不吓人，却非常响亮，那么，这个孩子还没有吃到饼干，就会把饼干从嘴边拿开，放

① 比内（1857—1911）：法国心理学家，曾制定《判断孤儿院和小学中的正常儿童和非正常儿童智力水平》这一新办法，后来演变成“智力量表”，即“比内—西蒙测量表”。主要著作有《推理心理学》《实验心理学研究》和《有关儿童的现代思想》等。

到桌子上，不再会吃了。即便对三四岁的孩子来说，我们也很容易让孩子相信，打一巴掌的痛苦已经消失了；他们不再渴了；他们不再疲倦了；这里的条件是，我们必须先发制人地说出这种抵消他们抱怨的断语。

于是，这里就有了一种能够与儿童的欲望与激情作对的外在制约；因而，我们很早就能使他习惯于自控和节制；使他感觉到，他不应该毫无收敛地任着自己的性子，相反，总有一种他不该逾越的限度。在这种情况下，儿童将清楚地感觉到，他正在服从一种力的作用，这种力并不像物质力那样对他起作用，而是具有一些全然特别的性质。事实上，他清楚地意识到，在这种意义上，这种力是外在于他的，如果行动的主动权已经完全掌握在他手上，他就不会以同样的方式行动了，因为他已经服从于一种公认的秩序。另一方面，他也会考虑到这样的事实：他还没有屈服于物质上的约束。他的行为的决定性原因，不像是有人用武力把某种态度强加给他的那种物质上的压力，而是一种完全内在的状态，也就是说，是一种受到暗示的意念；这种意念有一些固有的属性，决定着它的效力。在人们当中，关于我们所说的道德力或道德权威的最初观念，大概就是从这样一些要素发展出来的，同时也是与儿童一并发展起来的，因为道德权威恰好就具有这种特征：它以一种内在状态为中介从外部对我们产生作用，从来不加物质上的强制，既没有实际的强制，也没有威胁性的强制。无疑，许多其他要素很快就会逐步聚拢在这个原初核心的周围。

儿童几次三番地服从某个特定的人，单凭这一事实，就足以使他从同一个人那里获得某些属性，这些属性与这个人对他施加的影响是有联系的。他认为这个人拥有一种自成一类的权力，这种权力可以把他提升到儿童能够想象出来的最高地位上。然而，此时此刻，我们无须追踪这种观念的来龙去脉，它已经足以说明能够与儿童本性发生联系的那个关键点了。

所以，我们必须消除我们的疑虑。正因为习惯能够很轻易地支配儿童的心灵，所以我们才能使他习惯于这种常规，培养他对常规的偏好；正因为儿童容易受到暗示的影响，所以才能同时向他提供对各种道德力的最初的感受，这些力围绕在他的周围，他也有赖于这些力。这样，我们手里就有了两种强有力的工具，但我们也必须小心谨慎地使用这些工具。如果人们想到儿童的心灵多么容易受到影响，多么容易保留最轻浅、最游移不定的印象，那么这个时候，他对滥用这种权力的担忧，比他对教师作用的怀疑还要重。有许多预防措施，就是为保护儿童不受教育全知全能的权力的伤害而采取的。在这些条件下，我们又如何能够像有人不久前提出的那样，梦想着让儿童在一个指导者的掌控下度过他整个一生呢？借助环境之力，这样一种教育很容易导致俯首帖耳的情况出现。儿童不可能不消极地重复摆在他面前的单一模式。防止这种奴役状态，确保教育不把儿童塑造成教师缺陷的副本的唯一办法，是增加教师的数量，让他们相互补充，用各种各样的影响力来防止单一的影响力变得过于突出。

无论我们用来影响儿童的工具多么强有力，我们距离我们的目标依然还很遥远。一方面，是儿童普遍容易受到习惯和暗示的影响；另一方面，是有关道德法则的清晰观念，这两方面之间的距离有多么大啊！为了使这些模糊不明的萌芽或趋势发展成为明确而复杂的道德情感，教育必须培养和转化它们。

二、惩罚在学校里的运用

在考察了学校纪律的道德功能之后，也就是说，在考察了当训练儿童自我控制和自我约束时，学校纪律应该怎样灌输对抽象的、非个人的规范的尊重之后，我们又探究了实现作为纪律存在理由的目标的方式与条件。对儿童来说，要使他自己服从于规范的规定，就必须感受到规范中值得尊重的东西，也就是说，他必须感受到规范被赋予的道德权威。于是，既然儿童通过教师开始理解规范，既然把规范展示给儿童的是教师，那么规范就只能拥有教师传递给它的那种权威。规范所规定的行为也许是乏味的和有限的，它没有任何内在的能够把自身强加给人的意志的东西。它的必要优势只能来自外部，只能来自教师。因此，这里只有一个问题：这样一种权威是怎样授予教师的。我们已经看到，权威借以产生的唯一来源，是教师本身，也就是说，存在于他有关本职工作的概念中，存在于他做出承诺并努力使孩子们也做出承诺的道德理想中。

炽热的信念能够使一个人有权威地说话，他不仅坚信他所表达的观念所具有的抽象真理，也坚信这些观念的道德价值。

道德权威是各种能够把我们提升到经验自我之上、使我们超过我们同辈之平均水平的属性的复合体，它只能来源于对那个真正能够超越我们的唯一实在的最密切、最亲近的忠诚：也就是我们对道德实在的依从。外在记号可能会让人误解。如果内在感受不仅存在，而且至关重要，那么它多半会将自身显露出来，并传递出去。正因如此，我们不会毫无理由地使权威成为教师的必要条件。非但权威是外在秩序的条件，而且课堂上的道德生活也依赖于它。当然，赋予教师的这种权威，会通过教师在孩子们身上唤起的令人敬重的信任而自然形成，这只是因为教师献身于他的工作，并认识到了它的意义。他之所以更相信他正在做的工作，是因为并非只有他才这么相信，孩子们也同他一起相信他所做的工作。孩子们的信任强化并支持着他自己的信念。就像除非人民对政治家有好的印象，否则政治家决不能统治人民一样，除非全班都相信教师，否则教师也决不能控制他的课堂。

维护教师的这种集体感受，已是赋予教师的这种权威所带来的一个结果。儿童对权威的感受就是通过这种方式来表达的。因为它就好像是一种来自他与之打交道的所有幼小心灵的回声，所以，所有这样的回音也会扩大上述感受的范围，并再次向他发出回响。这种结果会反作用于它的原因，并强化它。然而，教师所拥有的权威，依然是最初的原因，是激励其他一切的强大的驱动力，且不管这些回音可能会有多么重要，它们依然只是一些次要的现象。

难道我还要补充说，当我们谈到教师的权威时，谈到对教师权威的需要时，我们绝不想说，他必须领导一个班，就像领导一个步兵团吗？当然，用媚人的外观来伪装纪律的精神，再没有什么比这更与纪律精神背道而驰的了。如果像蒙田所希望的那样来表现它，即将其表现为某种松弛而又愉悦的东西，我们也就歪曲了它。生活中的一切并不就是吃喝玩乐，儿童需要为艰难困苦做好准备。因而，若使他相信一切都可以像玩游戏那样去做，那将是一种灾难。然而，社会生活最初也不是军事生活；如果必须使儿童熟悉生活中严肃的事情是什么，我们也决不能忽视下述事实：这不过是一个开端、一种最初的介入过程，儿童并不是成年人，我们应该按照符合他作为一个儿童的天性的方式来对待他。所以，教师的权威应该用慈爱来调和，从而使严格坚决永远不至于堕落为粗鲁或严酷。我们经常说得很多，义务有两个方面：一方面，义务似乎是严格而苛刻的；另一方面，义务也是人们想要的、有吸引力的。在家庭里，第二个因素很突出；在学校里，前者应该更重要。然而，儿童的道德构成依然显得脆弱易变，不能够充分面对义务纯粹严格的那一方面。

即便如此，我们也看到，对纪律的尊重并非起源于对制止违规行为的各种制裁的恐惧。确实，即便对学校生活没有任何体验的人也很清楚，一个纪律良好的班级，就是一个很少有惩罚的班级。一般而言，惩罚与不守规矩是一并发生的。因而，在生活和学校中使用纪律时，制裁并不会扮演某些理论家有时候指派给它的那种突出角色，尽管在规范观念与用来制止违规行为的惩罚观念之间，必然存在某种相当密切的关系。人们把制裁与细致规定儿童行为的规范联系起来，并不是没有道理的，这就像把它们与确定成年人行为的规范联系起来一样。

…………

不过，在这种理论中，还有一些能够站得住脚的东西。我们必须保留以下观念：惩罚或多或少消除了过失，或者尽可能补偿了过失。然而，能够产生这种补偿性质的并不是痛苦。痛苦是一种恶，而认为一种恶能够补偿或抵消另一种恶，这显然是荒唐的想法。然而，惩罚并不完全在于它能够引起痛苦。确实，在对各种不法行为的压制中，痛苦远非我们所认为的那样有意义。这不是刑罚与惩罚的本质。

为了理解惩罚怎么能够补偿过失，且让我们首先看一看，过失所引起的道德错误究竟是什么，以及为了减少或消除过失，必须做些什么。

对儿童来说，就像对成年人一样，道德权威是一种意见的产物，其所有力量都是从意见来的。因而，能够为学校规范赋予权威的，就是儿童对规范的一种感受，也就是他们把规范看作一种远非他们所能控制的神圣不可侵犯的存在的方式，可能会削弱这种感受的一切，可能会诱使儿童相信规范其实并不是不可侵犯的一切，都会从根本上对纪律造成打击。如果规范受到了侵犯，那么规范就不再是不可侵犯的；被亵渎了的圣物看上去已经不再是神圣的，如果没有什么新的东西发展出来，去恢复其原有属性的话。一个人不会信仰一种平民百姓举手就打而不受惩罚的神。任何违反规范的举动，都倾向于削弱儿童对规范这种不可捉摸的性质的信仰。儿童服从规范，是因为规范被赋予了一种声誉，一种道德力，这种声誉的能量与它控制行为的潜能是相应的。如果孩子们一致服从规范，那么，他们会仅仅根据规范的影响的重要程度，认为规范是强有力的。另一方面，如果他们看到的是存心的偏离规范之举，他们就会认为规范是软弱的、毫无影响力的，这便是由不端行为引起的真正的道德损害。它摧毁了儿童对学校法规之权威的信念，就像它动摇了成年人对道德法规之权威的信念，从而实际上削弱了道德权威一样。一句话，如果没有什么东西能够碰巧抵消掉这种行为的后果，那么道德上的违规就会导致道德败坏。那么，必须得有什么东西来纠正由此产生的恶呢？已经受到侵犯的法规必须通过某种方式证明，无论种种表面迹象如何，它本身都依然如故。尽管这种行为损害了它，但它所拥有的力量或权威都丝毫未损。换言之，当这种法规受到违法行为侵害的时候，必须确认自身，必须以这样的方式做出回应，从而表明它的力度与攻击它的力度是相当的。惩罚不过是这种有意义的表明而已。

只有那些长大并保持童心的人，才是真正的人

凯斯特纳

凯斯特纳（1899—1974），德国作家。生于德累斯顿。在莱比锡大学、罗斯托克大学和柏林大学学习，1925年获哲学博士学位。1927年起从事文学创作。1933年纳粹执政后，他的作品被禁止出版。1945年至1948年任《新报》编辑。1952年至1962年任西德笔会主席，后任名誉主席。作品有诗集《紧身衣上的心》、小说《法比安》等。他还是出色的儿童文学作家，著名作品有《埃米尔捕盗记》和《飞翔的教室》。

亲爱的小朋友们：

现在你们按姓名的字母顺序或按个子大小，坐在这里，第一次坐在这些坚硬的长板凳上，我希望这只是出于季节的原因，你们使我回想起那些茶褐色的、金黄色的、串起来去晾干的黄蘑菇，而不是像理所当然的那样回忆起那些幸运儿[①]。你们中有的小朋友，好似

① 德文中发音类似的字谜游戏，黄蘑菇对应幸运儿。

坐在炉盖上，滑来滑去很不安定；有的像被胶粘住了似的，坐在位置上一动也不动；还有的在暗暗地哧哧发笑；而坐在第三排座位上的那个红头发小朋友，目光战战兢兢地凝视着黑板，他好像在观察那异常朦胧的未来。

你们的心情有点不安，这不能说你们的直觉是错的，你们的某种时刻确已到来了。你们的家庭踌躇不决地把你们交了出来，把你们奉献给国家。按时刻表过生活的年代开始了，它将伴随你到生命的终结。一张由数目字、条文、等级和时刻表紧密交织在一起，并且越织越紧的网套现在缠住了你们。从你们坐到这里后，你们就被编在一个规定的班级里，并且是最低年级的班。班级竞争和经受考验的年代在等待着你们。现在你们是幼果，将来必会长成累累的硕果！到今天为止你们伶俐活泼，从明天开始要将你们像做罐头似的密封起来！是的，我们也是这样过来的。从生命之树进入文明社会的罐头厂——这就是摆在你们面前的道路。因此，你们现在的窘迫感甚至于好奇心，这都是毫不奇怪的。

在你们踏上这条路途时，奉送几句规劝之言，是否会有些意义呢？何况规劝你们的人，是一位和其他人一样，毫无办法，同样散发着“罐头”味的人呢！不妨让他试一试吧，要谅解他，因为他从未忘记，也永远不会忘记，当他自己第一次上学的时候，坐在那间用灰砖砌成的、过于宽敞的盒子里，他当时是什么样的心情，他的心是多么地受压抑呀！说到这里，我们好像已经涉及了最重要的一个忠告，对这个忠告你们要像记住古老的纪念碑上的格言那样，印入脑海，打入心坎：这就是不要忘怀你们的童年！你们看，绝大多数人，他们像脱去一顶旧帽子似的，早已把童年抛之脑后了。他们犹如忘记一个不再使用的电话号码，忘却了他们自己的童年。对他们来说，生活宛若一根可久藏而不变质的香肠，慢慢地吃完它；香肠吃尽了，也就不复存在了。学校起劲地要求你们从低班升到中班，再到高班。当你们最终到达上边并刚站稳脚跟时，人家就把你们身后成为“多余了”的阶梯锯掉了，这样你们就再也回不到原来的地方！人在他的一生中，可不可以像在房子里上下楼梯那样自由走动呢？如果最华丽的第二层楼，没有摆着散发果香的水果架的地下室，也没有一层楼嘎嘎作响的房门声和叮叮当当的门铃声，那它将是什么样子呢？可是现在多数人就是这样生活的！他们站在最高层，却无房子和阶梯，但还在那里自我得意。从前他们是孩子，后来长大成人，不过现在他们又是什么人呢？只有长大成人并保持童心的人，才是真正的人！谁知道，你们是否明白我所说的意思。简单的事情往往难以使人理解！那好吧，我们就来点稍微难一点的吧，可能这样反而会容易了解一些。譬如：

不要把教师的讲台看作是皇帝的宝座或是传道的讲坛！老师坐得高一点，不是为了让你们向他祈祷，而是为了使你们彼此看得清楚一些。老师不是教官，也不是上帝，他不是一切都知道，他也不可能一切全知道。假如他装作知晓一切的样子，那么你们宽恕他就是，但不要相信他！相反他若承认，他不是一切都知道，那你们要爱戴他！因为他是值得你们爱戴的。另外，正因为老师并不是理应受到这么大的爱戴，所以他对你们对他的仰慕将会感到由衷的高兴。还要说的一点是：老师不是魔术家，而是一个园丁。他可以并且将教育和培植你们，但成长全靠你们自己！

你们要关照对你们关照的人！这听起来本是理所当然的，但有时做起来却是非常困难的。在我的班上有个男孩，他的父亲是开鱼店的。可怜的小家伙叫伯劳厄，他的身上总散发着鱼腥味，每当他向屋角走去时，我们其他人马上感到一阵恶心。鱼腥味已粘到他的头发和衣服上，刷洗也无济于事。大家都躲开他。这并不是他本人有什么过错，但他被嘲笑，被孤立，独自坐在一角，好像得了鼠疫似的。他羞得无地自容，但这有什么用呢。45年后的今天，每当我听到伯劳厄的名字时，我还觉得不大舒服。可见，要体谅人，有时是一件很难的事，并不是总能做到的，但必须不断这样做。

不要过分用功！懒惰人不应该听到这个忠告。这是针对那些勤奋学习的人说的，这对他们是十分重要的。学校的各种作业并不是生活的唯一组成部分。人应该善于学习，不要死用功。这是我的经验之谈。我小时候曾想像牛一样地死用功。虽然我尽了很大努力也没能做到，今天我还感到奇怪。人的脑袋并不是身体的唯一器官。谁持相反意见的，就是在撒谎。谁相信这一谎言，那他通过各种考试之后，虽然成绩优异，但外表看起来身体已经累垮了，因此，必须经常跑步、做操、跳舞、唱歌，不然大脑袋填满了知识，却只是个残疾人。

不要讥笑愚蠢的人！他们不是出自本意想成为愚蠢的人，也不是生来供你们取乐的。不要殴打那些比你弱小的人！这一点无须做详细解释，如果谁对此还不明了，我是不想再跟他打什么交道的。可是我还想对他提出一点小小的警告。强中自有强中手，谁也不要以为没有比他更聪明、更强的人了。他还是小心点为好。比较起来他也是个弱者，一个真正的傻瓜。

不要完全相信你们的教科书！这些书不是在西奈山[①]上产生的，甚至常常写得不明不白，这些书是从旧的教科书里抄来的，旧的教科书又是从老的教科书抄来，老的教科书又从更老的教科书抄来的。人说这是传统，传统可是另外一回事。例如今天的战争已经不是教科书诗中描绘的那样的战争，不再挥动长剑，不再使用闪亮发光的胸甲，再也没有像在普法战争战场上那样，军帽上饰有随风飘曳的羽毛。对于这一点许多教科书里还没有足够的说明。你们也不要相信这种历史故事，在这些故事里人永远是好的，勇士一天24小时都是勇猛的！请你们不要信它，也不要学它，不然当你们今后踏上生活之路后，会觉得特别惊讶的！还想说点，复利率的计算法，虽然课程表上是有的，但你们用不着去学它。我小的时候，我们必须学会计算出我们的祖先于1525年在约翰常任政府[②]统治时，存到银行的一枚金币，到1925年可能变成多少钱。这是一种异常烦琐、复杂的演算，不过也非完全徒劳无益，人家以此证明，世界的巨额财

① 西奈山在今苏伊士运河以东，相传在此山上希伯来的大先知摩西制定了“摩西五经”，即《圣经·旧约全书》之头五卷。

② 是指格奥尔格·约翰（1468—1532），原是萨克森的侯爵。

富似乎就是从一枚金币，通过利息和利滚利得来的！但是后来出现了通货膨胀，1925年这个世界的巨额财富连同它的储蓄银行都分文不值了。可是这种复利的计算法，却在算术书里一再沿用下来。后来进行了币制改革，储蓄和储蓄银行一股脑儿化为泡影，可是这些在教科书里又没有得到反映。所以，现在可能就是你们拿起红笔，将“复利计算法”那一章完全抹去的时候了，因为它已经过时了，正像现在讲普法战争的战役一样，已经过时了，策佩林[①]也过时了，当然还有一些其他东西。

此刻你们按姓名的字母顺序或按个子大小坐在这里，你们现在想回家吧，亲爱的小朋友，那就回家去吧！假如你们还有一些东西不明白的话，请问问你们的父母！亲爱的家长们，如果你们有什么不了解的话，请问问你们的孩子！

---

① 策佩林（1838—1917）：德国著名的策佩林大汽船设计师。

自由主义和儿童的权利

斯宾塞

斯宾塞的教育理念，被称为过去一百年对欧美父母和老师影响最大，同时也是各个领域培育出最多的优秀人才的教育方法。美国著名哲学家、教育学家杜威称他为人类历史上的第二个牛顿。斯宾塞的教育学说影响了欧美教育界两百余年，他的很多观点至今依然深刻影响着现代教育的发展。比如本文中他说正确进行教育的主要障碍不在儿童而在家长，并不是儿童没有觉察比压力的影响还要大的那些影响，而是家长的德行不足以运用这些影响。父母们夸大子女不正当的举止给他们留下的烦恼，奇怪地假定一切过错是由于他们子女的不良倾向而身为父母的自身却没有丝毫的责任。

一、行动自由的权利

似乎没有可能逃避这个结论。让我们重复一下我们得出这个论断的几个步骤。上帝立志要天下人幸福。人只能通过运用他的能力才能得到幸福。于是上帝要他运用他的能力。但是，要运用能力他必须有自由做他的能力自然地驱使他做的事情。于是上帝愿他应该有这个自由。所以，他有权得到这个自由。

但是，这不是一个人的权利，而是一切人的权利。所有的人都赋有各种能力。所有的人必须通过运用它们履行神的意志。所以，一切人必须自由去做运用能力的事情，那就是，一切人必须有行动自由的权利。

因此，必然要有限制。因为，如果人们对运用他们的能力所需要的自由有同样要求，于是每个人的自由必须受一切人的同样的自由的限制。当两个人因追求各自的目的发生冲突时，一个人的行动只有在他并不干预另一人的同样行动时才能保持自由。我们被扔进这个生存领域，没有大家无限制活动的余地，但是由于他们的素质，大家都有这种无限制活动的相同的要求，除了平等地分配不可避免的限制以外没有其他道路。因此，我们得出这个一般的命题，即每个人可以要求运用其能力的最充分的自由，同时要和别人具有同样的自由相一致。

因此，我们通过几个渠道得到同样的结论。不管我们从只有能够实现神的主意——最大的幸福——的固定的条件来推论我们的道路，也不管我们从人的素质，即把他看作能力的集合体来引出我们的推论，还是听信似乎具有在这件事情上指导我们的功能的某种精神力量的告诫，同样教给我们正确的社会关系的规律，即每个人都有从事所有他想做的事情的自由，假如他并不侵犯任何别人的平等的自由。虽然这样坚持的行动自由也许需要进一步的限制条件，但是我们认为，在社会的公平的规则中，没有进一步的限制条件能被承认。这种进一步的限制条件必须永远留给私人和个人应用。所以，我们必须完整地采用这个平等自由的规律，作为正确的公平制度所根据的规律。

二、无视国家的权利

一切公共机构必须服从平等自由的规律，作为这一命题的推论，我们只得承认公民有采取自愿逍遥法外的权利。如果每个人有从事一切他想做的事情的自由，假如并不侵犯任何他人的平等的自由，于是他可以自由中断和国家的联系——放弃国家的保护，拒绝为国家的支持付出代价。他的这种举动一点也不侵犯他人的自由，因为他的态度是消极的。只要是消极的，他就不能成为侵略者，这是不言而喻的。同样不言而喻的是，不能强迫他继续成为政治社团的一分子而不违反道德法则，认为公民身份必须包括支付各种税收。违反一个人的意志而夺去他的财产是侵犯他的权利的。政治仅仅是若干个人共同使用以取得某种利益的机构，这种联系的真正性质的含义是要每个人表示他是否愿意使用这种机构。如果他们之中任何人决心无视这个共同安全同盟，除了他丧失同盟帮助的一切权利，使自己经受虐待的危险以外，没有什么好说的，如果他愿意，他完全有权这样做。不能强迫他进行政治联合而不破坏平等自由的法则；他能退出政治联合而并不犯任何破坏法则的错误，所以他有退出的权利。

三、儿童的权利

如果我们希望一个男孩成为好技工，我们便让他从小当学徒保证他获得熟练技能。未来的青年音乐家，应该每天费几小时练习他的乐器。要成为艺术家，得通过素描画和明暗法的入门课程。对未来的会计，规定要受彻底的算术练习，通过学习数学发展思维能力。所以，一切训练都根据培养必须先于熟练的原则。在“习惯是第二天性”和“熟能生巧”这类谚语中，人们已表示了普遍观察的最后结果，一切教育制度显然都根据这种观察。一位农村女教师的箴言和一位裴斯泰洛齐信仰者的思索同样渗透着这样的理论，儿童应习惯于未来生活所要求的身体和心智的使用。教育就这样解释，没有别的意思。

人作为道德的人，他最重要的品质到底是什么呢？我们需要培养什么最重要的能力呢？难道我们不可以回答是自我控制的能力吗？正是这种能力构成人类和野兽的主要区别。也正是由于这种能力，人被定义为能“瞻前顾后”的动物。文明的种族所以比未开化的人优越，就是因为他们赋有较高的自我控制能力。理想的人的造诣之一就在于具有无上的自我控制能力。不感情冲动，不为每一占上风的欲望推动得忽此忽彼，而是自我克制，自我平衡，受集会中感情的共同决定所控制，每一行动必须事先经过充分辩论，沉着地做出决定，这就是教育至少是道德教育力求产生的结果。

但是自治的能力，和所有其他能力一样，只能通过练习才能发展。谁要是在成年时控制他的感情，必须在青年时就练习控制他的感情。观察一下强迫制度的荒谬吧！这种制度，不使一个男孩习惯于像在下半生要求他那样让他自己执法，却为他执法。这种制度不是为他对必须脱离父母养护的日子做准备，劝诱他确定他行动的界限，自愿使自己限制在这些界限以内，却为他标出这些界限，并且说："越界危险，自己负责！"这里有一个人几年以后，他将成为他自己的主人，当他快要适应这一情况时，却一点儿也不让他做他自己的主人。尽管在其他一些成人将来必须做的事情上，认为儿童应该很好地练习，但是在最重要的一件事情上——控制自己，人们却认为他越少练习越好。难怪那些曾经在最严格的纪律之下培养起来的人常常成为最粗野的人。这样的结果正是所期待的。

确实，不仅在体力方面未能使青年胜任未来的职位，而是绝对倾向于使他不能胜任。假如苦役是他的命运——如果他的下半生必须在俄罗斯专制君主的统治下度过，或者在美国棉花种植园主的统治下度过，除了使他习惯于他随后必须采取的完全服从的态度的训练方法以外，没有更好的训练方法。但是，这种待遇只是到使他适合苦役的程度，一定不能使他适合在自由的人们中做一个自由的人。

但是究竟为什么需要教育呢？为什么儿童并不自发地成长为正常的人呢？为什么必须约束这个倾向，激励别的情操，从而用人为的辅助物把心智模塑成不同于它自己可能变成的东西呢？这里不是自然界有一种反常吗？所有其余天地万物，我们发现种子和胚胎没有外界帮助，也能达到完全成熟。投一橡树籽于地，在适当时候，不经修剪或栽培，就成为一棵健康的栎木。昆虫通过几次蜕变，不需帮助，便达到它最后的形态，具有一切必需的能力和本能。无须强迫使幼鸟或四足动物采用适合未来生活的习惯，它的特性像它身体一样自发地完全适应它必须在世界上扮演的角色。那么，怎么会发生只有人类心智往往错误地发展自己呢？对此不是必然有某种特殊的原因吗？显然是有的：如果是这样，那么真正的教育理论必须承认这个原因。

使人适合于他原始食肉状态的道德品质，不同于使他适合于种族繁殖所导致的社会状态所需要的道德品质，这是一个无可争辩的事实。我们前面的研究表明，适应的规律影响着一种品质从另一种品质的转变。像我们这样生活在这种转变中，我们必然渴望发现许多现象！这些现象只能根据目前人类局部地适应这两种状态，而不完全适应这两种状态的任何一种状态来解释——仅仅稍微丧失了原始生活所需要的倾向，和不完全地获得社会生活所需要的倾向。刚才所说明的反常现象就是这两种情况之一。每一个世代错误地发展自己的趋势，表明这样变化的程度还没有发生。儿童需要遏制的那些方面，正好是他像未开化的人的那些方面。托儿所里的自私争吵，操场上的迫害，撒谎和小偷，虐待下等动物，嗜好破坏——所有这些都意味着牺牲别人追求自己的满足的趋势，这种趋势使人适合野蛮生活，而不适合文明生活。

但是我们看到，在人的品质和他的环境之间的不协调，正在得到补救。我们看到，未开化的人的本能必然由于虚弱而凋谢。社会状态所唤起的情操必然通过练习而发展，同时如果生活的规律保持不变，这种变化将继续到我们的欲望和我们的环境完全一致为止。于是当德行变成有机的最后状态来到的时候，儿童性格发展中的这种反常现象将会消失。青年人将不再是自然界的例外——不会像现在这样趋于长成不适合下半生的要求，而将自发地自行展开为理想的成年期，他的每一个冲动和道德法则的命令相吻合。

因此，就教育谋求性格塑造来说，它只是服务于一个暂时的目的，同时像其他机构，由于人不适应社会状况的结果，最终必然消亡。由此我们看到，强迫训练制度是如何加倍地和道德法则不一致。这种训练制度不仅必然违反道德法则，而且它这样枉费心机地企图做的工作，当道德法则取得最高权力时，将不需要去做。家庭范围的约束力，和地方行政官的约束力一样，只是不道德的行为的补足物。我们发现不道德的行为可解释为不适应，而不适应总有一天会终止，因而这个旧时的教育理论所提出的假设最终将成为谬论。棍棒和戒尺，同警察的棍棒和手铐一样。监狱看守的钥匙，各民族相互遏制所用的剑、刺刀和大炮，都是不义行为的产物。它们只有在得到不义行为的支持时才存在，而且必然分担它们的邪恶。所以各种形式的强制教育或其他各种形式的强制来源于人的各种缺陷，它依靠那些缺陷进行统治，当公平开始统治时，强制必然让位，所以本质上都是错误的。

这里自然使我们再一次指出完善的法则和不完善的人之间必然的不一致。不管前面所讲的理论也许有什么样的乌托邦主义，并非由于这些理论有任何谬误，而是由于我们自己的过错。部分的行不通，决不能使我们困惑，相反这是预料中的事。在对待儿童和其他任何事情方面，我们和纯道德状态之间的距离，必然和我们遵照道德法则办事的困难成正相关。但是，不是由我们来夸大和考虑这种困难。我们的道路是简单的，我们只要尽我们的力量履行规则，相信我们目前的状况所必需的限制很快会表明这是不可抗拒的。

同时让我们指出，正确进行教育的主要障碍不在儿童而在家长。并不是儿童没有觉察比压力的影响还要大的那些影响，而是家长的德行不足以运用这些影响。父母们夸大子女不正当的举止给他们留下的烦恼，奇怪地假定一切过错是由于他们子女的不良倾向所致，而他们自己却毫无责任。虽然在严重的失败中，他们承认是可怜的罪人，但是听他们对不顺从的子女的控诉，你也许会想他们自己是没有缺点的。他们忘了，他们子女的腐败堕落的行为乃是他们自己的腐败堕落行为的翻版。他们对这些常受责骂和常遭殴打的孩子没有清楚的认识，他们可以从很多镜子中反映他们自己的自私。断言他们对子女和他们子女对他们的行为同样不成体统，将使他们感到惊讶。但是，稍做公正的自我分析可以表明，他们发布的命令，为他们自己图方便或满足的多，为矫正错误的少。一个被打扰的父亲对一群吵闹的少年高喊："我不喜欢那样闹！"吵闹声停止了，他自称已经为使家庭有秩序做了一些事情。也许可以做得更好，通过显示他试图制止他子女吵闹的同样不良的倾向——决心为自己的幸福而牺牲别人的幸福，也可以观察一下倔强儿童是在什么冲动之下被惩罚的。严厉的眼光和压缩的嘴唇，表示一个被冒犯的统治者的怒火，而不是对有过失者的幸福的担心，也表示内心的想法："你这个小坏蛋，我们很快会看到谁将是主人。"揭开这种思想的根子，将会发现父母权威的理论不是出于这个人对他子女的热爱，而是出于他的爱好统治。谁对此怀疑，让他听一下通常的谴责：“你怎么敢不服从我？”然后考虑这个着重点意味着什么，不，不，即使现在，道德力量的教育也是完全切实可行的，如果家长们足够文明地运用这种教育的话。

但是，障碍当然有一部分是相互的。即使像我们现在所了解的最好的儿童期的样本，靠劝告有时也是难控制的。当我们必须对待较差的性格时，不采用强制的做法，困难一定是成比例地增大的。但是，忍耐、自我克制，对青年人情绪的足够的认识以及对他们应有的同情，再加上在选择方法时稍微机灵一点，一般是能完成我们所希望的一切的。只要让家长的行动、言辞和态度表明他自己的情感是完全正确的，他也能唤醒孩子胸中相应的情感。

还有一种反对意见应该注意。也许可以说，如果儿童具有和成人同样的权利，那么儿童和成人必然同样享有公民权，并且应该同样赋有政治权利。这个推论看来使人有点惊异，容易想象做出这个推论的那些人的胜利的神态，和他们反思这个推论使人联想到的荒谬时发出的微笑。但是，这个回答是简单的，又是决定性的。在提出指责以前，需要说明在两件有矛盾的事情中，哪一件是错误的。现在这个例子，矛盾的一方是政府机构，另一方是平等自由法则的后果。两者之中哪一方该受谴责呢？上面的反对意见，不言而喻假定平等自由法则的后果应受责备，而事实恰好相反，应责备的是政府机构。假如政府机构本质上是正确的，便有理由假定我们的结论是谬误的，但是既然它是不道德的产物，就必须责备它和道德法则的冲突，而不是责备道德法则和它的冲突。假如道德法则普遍地被服从，政府便不会存在；同时如果政府不存在，道德法则就不能支配儿童的政治权利。因而，被指称的荒谬可以归因于目前社会的不良素质，而不能归因于我们的结论有缺陷。

因此，关于把平等自由的法则推广到儿童，我们必须说，公平命令这样做，权宜之计建议这样做。我们发现，可以像成人的权利那样从相同原理用相同的论据推断出儿童的权利，而否定儿童的权利使我们陷于困惑并似乎无法逃避，子女的奴性和野蛮状态的联系——子女的奴性与社会的和军事的奴役的明显的亲属关系——以及子女的奴性随着文明的进步而衰退的事实，表明这种奴性是不好的。用强迫方法对待儿童的错误还可以从以下几方面证明：强迫方法完全不能完成道德教育的主要目的——培养同情心；这种方法有引起对抗和憎恨情感的趋势；这种方法必然制止重要的自我控制能力的发展。然而另一方面，非强迫的方法由于有利于而且几乎必须不断要求高尚的情感，通过锻炼那些情感，一定能改善性格，同时一定能使儿童习惯于自由的环境，他将在这个环境中度过他的下半生。还有，有人证明，儿童道德训练的需要本身只是暂时的，因此，真正的亲子关系的理论一定不能像命令和服从的理论那样，预先假定这种需要是永久的。最后，我们有理由把这些结论和我们日常经验之间的不一致，不归因于结论本身有任何错误，而归因于完善的法则和不完善的人性之间的必然的矛盾。

萨默希尔学校

尼尔

英国教育家、儿童心理学家尼尔在1921年创办萨默希尔学校（又名夏山学校），以新教育理念及弗洛伊德精神分析理论为指导，从事自由教育实验活动。在萨默希尔学校实践的基础上，尼尔先后撰写了《夏山学校》《问题儿童》《问题父母》等著作。

尼尔认为学校应该是自由和快乐的场所。他声称，夏山学校是一所随心所欲的学校。在这所学校里，学生上课是自愿的，儿童可以来上课，也可以不来上课，学校没有考试。尼尔指出，一所好学校应该是“使学校适合儿童——而不是使儿童适合学校”。其儿童中心主义的思想极其明显。在教育活动中，尼尔突出强调儿童的兴趣。在夏山学校，儿童自由地从事他们感兴趣的活动，过他们自己的生活，“而不是按照自以为最内行的教育者的目的去生活”。尼尔主张实现民主管理。在夏山学校，每个人都有平等的权利。教师和学生是平等的、伙伴式的关系。孩子们经常得到教师的赞许，教师为儿童提供自由、快乐的成长环境，使孩子们在轻松愉快中成长。尼尔强调，没有恐惧不啻为孩子之福音。

这是一所近代学校——萨默希尔学校的故事。

萨默希尔学校创办于1921年，学校位于英格兰萨福克郡雷斯顿村，离伦敦约100英里。

先谈一下萨默希尔的学生。有些儿童5岁就来萨默希尔，有些迟至15岁才来。儿童一般在学校读到16岁。我们通常有25个男生、20个女生。儿童分成3个年龄组：低年龄组5至7岁，中年龄组8至10岁，高年龄组11至15岁。通常我们有相当数量的外国儿童。目前（1960年）我们有斯堪的纳维亚儿童5人，荷兰儿童1人，德国儿童1人，美国儿童1人。

儿童按年龄组住宿，每一年龄组设宿舍主任1人。中年龄组住在一间石筑房屋里，高年龄组住在茅屋里。只有一两个年长学生自己有房间。男孩每室2人、3人或4人，女孩也一样。学生宿舍并不需要接受检查，也没有人去唠叨他们，他们是自由的。没有人告诉他们应该穿什么衣服，任何时候他们要穿什么就穿什么。

报纸称这所学校是一所随心所欲的学校，意思是说这是一个不懂法律、没有礼貌的野蛮的原始人的集合体。

所以，我似乎必须尽可能忠实地来写萨默希尔的故事。在我写的时候带有偏见那是自然的，但是我将设法既讲萨默希尔的优点也讲它的缺点。萨默希尔的优点将是健康而自由的孩子的优点，他们的生活没有被恐惧和仇恨所损坏。显然，一所使活跃的儿童坐在课桌上学习几乎全部无用的功课的学校是一所坏学校。这样的学校，只有对那些相信这样的学校的人来说，对那些要求适合以金钱为成功标准的、文明的、听话的、没有创造性的儿童和没有创造性的公民来说，才是一所好学校。

萨默希尔开始是一所实验学校。现在它不再是一所实验学校了，现在它是一所示范学校，因为它表示自由是行得通的。当我第一个妻子和我创办这所学校时，我们有一个主要理念：使学校适合儿童而不是使儿童适合学校。

我曾在普通学校任教多年，我很懂得那一套调教学生的办法，我认为那是完全错误的。之所以是错误的，因为它是建立在成年人关于儿童应该是怎样的人和儿童应该如何学习的看法上的。那一套办法在心理学还是一门无名的科学的日子里就存在了。

好吧，我们开始创办一所学校，在这所学校里我们应该给儿童自由。为了要做到这一点，我们必须放弃一切纪律，一切指导，一切暗示，一切道德训练，一切宗教教学。人们曾说我们勇敢，但是这并不需要勇气。一切所需要的就是我们具有的信念——把孩子看作是一个好人而不是一个恶人的彻底的信念。近四十年来，这种关于孩子善良的信念从来没有动摇过，它已成为一个终极的信条。我的观点是孩子生来就是明智的和现实主义的。如果听任他自己而没有一点成人的暗示，他将尽其所能地发展起来。按逻辑来说，在萨默希尔这个地方，凡是具有天生的才能并希望成为学者的人将成为学者，那些只适合于打扫街道的将打扫街道。但是，我们到现在还不曾出过一名街道清洁工。我这样说也并不是势利，因为我认为学校与其培养一个有神经病的学者，毋宁培养一个愉快的街道清洁工。

萨默希尔是个什么样的学校？值得强调的一点是，上课是自愿的。儿童可以上课，也可以不上课，如果他们愿意，几年都可以如此。学校有一个上课时间表——但只是为教师用的。

儿童一般按年龄分班，但是有时按兴趣分班。我们并没有新的教学法，因为我们并不认为教学本身怎么重要。学校是否有一个特殊的方法来教多位数除法于我们而言并不重要。因为多位数除法除了对那些要学它的人以外并不重要。而要学多位数除法的孩子，不管用什么教法都将学它。

从上幼儿班起就来萨默希尔的孩子，一开始入学就上课，但是从其他学校来的孩子，他们发誓任何时候不再上那令人讨厌的课。他们玩耍，骑自行车，妨碍人家上课，但是他们不上课，这种情况有时持续几个月之久。恢复的时间和前一所学校给他们的仇恨成正比例。我们时间最长的一个例子是一个从修道院来的女孩子，她游荡了三年。通常来说对厌恶上课的平均恢复期是三个月。

对这种自由观念不熟悉的人们将会惊奇：这种只要儿童愿意就可以成天玩耍的地方是个什么样的疯人院。很多成年人说："要是我被送进那样的学校，我将一事无成。"另一些人说："当这些儿童不得不跟那些规定要学习的儿童竞争时，他们将感到自己处于极其不利的地位。"

我想起杰克，他在17岁时离开我们到一个机械厂工作。有一天，厂经理找他去。

“你是萨默希尔来的青年人，”他说，“我极想知道，现在你和从旧学校来的青年人混在一块，你对你在萨默希尔所受的那种教育觉得怎么样？假如你必须再做选择，你要进伊顿[1]还是进萨默希尔？”

“喔，进萨默希尔，当然。”杰克回答。

“但是别的学校不给而萨默希尔给的究竟是什么？”

杰克搔搔他的头。“我不知道，”他慢吞吞地说，“我想它给你一种完全自信的感觉。”

“是的，”经理干巴巴地说，“当你走进房间时我就注意到了。”

“天啊，”杰克笑着说，“要是我给了你那样的印象，很是抱歉。”

“我喜欢这样，”经理说，“很多人，当我叫他们来到办公室时，坐立不安，看上去不舒服。你走进屋子来就像同我地位相等的人。顺便问一下，你说过你想调到哪个部门去？”

这个故事表明，学习本身并不像人格和品德那么重要。杰克没有通过大学入学考试，因为他恨书本学习，但是缺乏关于《拉姆文选》或法语知识在他生活上并无妨碍。他现在是一个成功的工程师。

然而，在萨默希尔可以学到很多东西。我们一组12岁的孩子也许不能和同年龄的一个班比赛写字、拼法或分数计算，但若是在一次要求独创性的考试中，我们的孩子将把他们彻底击败。

我们学校没有考试，但是有时我为了好玩布置一次考试。以下是一次考试的题目：“马德里，塞斯迪岛，昨天，爱，民主，恨，我

① 英国一所著名贵族学校的名字。

的小螺丝刀。它们在什么地方？（可惜，最后那一点没有一个对我有帮助的答案）”解释以下单词：“（单词后的数字表明要求解释几种含义）Hand（3）……只有两人答对第三种含义——测量马的高度的单位。Brass（4）……金属，厚颜无耻，高级军官，管弦乐队的一部。将哈姆雷特的‘生存还是毁灭，这是一个问题’一段话译成萨默希尔的语言。”

这些题目显然本来就不是一本正经的，而孩子们却非常喜欢它们。总的来说，新生达不到习惯于学校的旧生的答案标准。并不是新生的脑力差一些，而是因为他们习惯于严肃的老一套作业，以致任何一点轻松的做法使他们茫然了。

这是我们教学的游戏性方面。在所有的班级，作业做得很多。如果由于某种原因一个教师不能在约定的日子去上课，对学生往往是很大的遗憾。

戴维，9岁，因患百日咳不得不隔离。他哭得很悲伤，他抗议说：“我上不了罗杰的地理课了。”戴维几乎一生下来就在萨默希尔，他对于给他安排的功课是否必要有他明确的、最终的意见。他现在是伦敦大学的数学讲师。

若干年以前，有人在学校全体大会（学校的一切规则都在全体大会上表决，每个学生和教师各投一票）上建议对某一犯过者应罚一周不上课。其他孩子反对，理由是这种惩罚太严厉了。

我们的教师和我从心底里恨一切考试。在我们看来，大学考试是令人讨厌的事。但是，我们不能拒绝教给孩子们大学考试所指定的科目。显然，只要考试存在，它们就是我们的主人。所以，萨默希尔的教师都称得上教到达到考试规定的标准。

并不是很多孩子要参加这些考试，只有那些要进大学的人参加考试。而这些孩子对这些考试似乎并不感到特别困难。他们通常在14岁开始严肃地准备这种考试，大约用三年时间做考试准备。当然，他们并不总是第一次考试就及格。更重要的事实是他们还要再做尝试。

萨默希尔可能是世界上最快乐的学校。我们没有人逃学，难得有人想家。我们很少有人打架——当然，只是吵嘴，但是，我很难见到像我们童年时经常搞的拳斗。我难得听到孩子哭，因为孩子自由了，他们没有像那些受压迫的孩子那样有很多愤恨要发泄。恨生恨、爱生爱，爱就是赞成儿童，而这在任何学校都是重要的。如果你惩罚儿童，向他们发怒，你就不可能站在他们一边。萨默希尔是这样的一个学校，孩子知道他是被赞许的。

请注意，我们并不是没有缺点的。有一个春天，我花了几星期时间种了些马铃薯，6月间，当我发现有8棵马铃薯苗被拔起时小题大做，闹了一场。但是，我的吵闹和权力主义者的吵闹有所不同。我的吵闹就是关于马铃薯的事，而权力主义者的吵闹就会扯到德行——对和错的问题上去了。我并不说偷我的马铃薯是错误的；我并不把偷我的马铃薯作为一个善或恶的问题——我把它作为关于我的马铃薯的问题。它们是我的马铃薯，应该让它们长在那里，我希望我把区别讲清楚了。

让我换一个方式来讲。对孩子们来说，我不是使他们恐惧的权力。我是同他们地位相等的人，我所引起的关于马铃薯的一番吵闹，对他们来说，并不比一个男孩子可能引起关于他的自行车轮胎被刺破的吵闹更为重要些，当你们是地位相等者时，和一个孩子争吵是十分安全的。

现在有些人会说："那全是空话，不可能有平等。尼尔是校长，他更高大些，更聪明些。"那当然是对的。我是校长，如果房子着火，孩子会跑到我身边来。他们知道我比他们高大，知识比他们丰富，但是，当我在他们自己场地上，比如说，在马铃薯地里遇到他们时，那就算不得什么了。

当5岁的比利由于我没有被邀请而叫我不要参加他的生日庆祝会时，我毫不犹豫立刻走开了——正如当我不要比利和我在一起时，他就离开我的房间一样。这种师生间的关系是不容易描写的，但是，当我们说这个关系是理想的，每一个到萨默希尔的来访者，都懂得我的意思是什么。人们从对教师的一般态度上可以看到。化学教师拉德，大家称呼他德里克。教师中另外一些人被称呼为哈里、厄拉和帕姆。我被称呼为尼尔，厨工被称呼为埃丝特。

在萨默希尔，每个人有平等的权利。谁都不准在我的大钢琴上走，我也不准许不经许可而借用学生的自行车。在学校全体大会上，一个6岁孩子的投票和我的投票有同等价值。

精明的人会说，但是，实际上当然成年人的意见算数。6岁的孩子不是在他举手以后等着看你怎样投票吗？我希望他有些时候这样，因为我的建议被否决的实在太多了。自由的儿童是不容易受影响的，这种现象的出现是因为没有恐惧。真的，没有恐惧是对孩子最好的事情了。

我们的孩子并不怕教师。我们校里有一条规则：晚上10时以后在楼上走廊里要安静。有一个晚上，大约11时光景，枕头战在进行，我离开我正在写文章的桌子，抗议这种吵闹。当我走到楼上时，听到急促的脚步声，走廊里已经没有人，安静了。突然我听到一个失望的声音叫着："哼！不过是尼尔。"吵闹重新开始了。当我解释说我正在楼下写书时，他们表现出关心，立刻同意不作声了。他们的急促走开是由于怀疑他们的寝室值班人（和他们同年龄）在追他们。

我强调这种不惧怕成年人的重要性。一个9岁的孩子会来告诉我用球打破了一块窗玻璃。他告诉我，是因为他不怕引起激怒或道德义愤。他可能要赔偿，但是他不必害怕受训斥或受惩罚。

几年前有一次，学校自治政府辞职了，没有人愿意竞选。我抓住这个机会出了一个布告："因为没有学校自治政府，我宣布自己是独裁者。尼尔万岁！"立刻有人嘀咕了。下午，6岁的维维恩来到我这里，说："尼尔，我打破了健身房的一块窗玻璃。"

我挥手叫他走开。我说："不要用那样的琐事来麻烦我。"他走了。

稍后，他又来了，说他打破了两块玻璃。这时我奇怪起来了，问他是打什么好主意。

他说："我不喜欢独裁者。我不愿意不带着我的食物离开。"（我后来发现，反对独裁的人企图在厨工身上泄愤，厨工立即关上厨房，回家去了。）

"好，你准备怎么办？"我问道。

"再打碎几块玻璃。"他顽强地说。

"去打吧！"我说，他继续去打了。

当他回来时，他声称已打碎了17块玻璃。"但是注意"，他认真地说，"我将赔钱。"

"怎么赔法？"

"从我的零用钱里扣。需要多少时间？"

我很快地算了出来。"大约十年。"我说。

他一下很不高兴，然后我看到他脸上容光焕发。他叫了起来："啊，我根本就用不着赔钱。"

"但是，私有财产的法规怎么办？"我问。"窗子是我的私有财产。"

"我懂，但是私有财产的法规现在不存在了。现在没有政府，政府是制定法规的。"

也许是我的表情使他又说："尽管如此，我还是要赔的。"

但是他并不需要赔。不久以后我在伦敦做报告，讲了这个故事，报告完了，一个年轻人走来，交给我一张一英镑钞票："代小鬼赔玻璃。"两年以后，维维恩还在告诉人家他打破窗子的事和那个代他赔钱的人。"他一定是一个大傻瓜，因为他甚至从来没有见到过我。”

当孩子们不懂得什么是恐惧时，他们比较容易和生人接触。英国人的缄默持重，归根结底实在是恐惧，这就是为什么态度最缄默持重的人是最有钱的人。萨默希尔的孩子对来客和生人特别友好，这个事实对我和我的同事来说是一种自豪之感的源泉。

但是，我们必须承认，我们很多来访者都是孩子们感兴趣的。最不受欢迎的来访者是教师，特别是认认真真的教师，他们要看孩子们的图画和书面作业。最受欢迎的来访者是有好的故事可讲的人——冒险故事和旅行故事，或者最好是航空故事。一个拳击家或优秀网球运动员立刻被围住了，但是滔滔不绝地讲道理的来访者却没有人去看他们。

来访者最常讲的是他们分辨不出谁是教师谁是学生。的确，当孩子们被赞成的时候，团结一致之感就那么强烈。这里没有对教师作为一位教师的恭顺。教师和学生吃同样的饭，必须服从同样的共同惯例。孩子们会对给予教师的任何特权感到不满。

当我经常给教师每周做一次心理学的讲话时，有人咕咕哝哝说这个不公平。我改变了计划，讲话对12岁以上的孩子一律公开。每星期二晚上，我的房间里坐满了热心的年轻人，他们不仅听，而且自由地发表意见。孩子们要我讲的有以下这些题目：自卑感、偷窃心理、歹徒心理、幽默心理、为什么人变成道德家、手淫、群众心理。显然，这样的孩子进入社会，对他们自己和别人都有相当清楚的认识。

萨默希尔的来访者最常问的一个问题是:“孩子不会回过头来责备学校没有安排他们学习算术或音乐吗?”回答是年轻的弗雷迪·贝多芬和年轻的托米·爱因斯坦将拒绝不让他们接近各自有关的活动领域。

儿童的职责是过他自己的生活——不是过他的担心的家长想他应该过的生活,也不是按照自以为最内行的教育者的目的去生活,所以成年人的这种干预和指导,只能培养出一代机器。

你不能使儿童学习音乐或者其他什么东西,而不在某种程度上把他们变成没有意志的成年人。你把他们形成接受现状的人——这对需要坐在沉闷的办公桌上只知道服从的人,商店里消极站柜台的售货员,机械地赶早上8点半钟郊区火车的人的社会是一件好事,总之,对胆战心惊的小人物——害怕得要死的唯命是从的人的衣衫褴褛的肩膀所背负的社会,是一件好事。

让教育摆脱现实的奴役

第四章

在此以前没有一所完善的学校

夸美纽斯

捷克教育家夸美纽斯继承了前人尤其是文艺复兴时期人文主义教育家的成果，总结了宗教改革时期丰富的教育实践经验，经过潜心探索研究，上升为理论。在他的众多著述中，特别是在他的教育代表作《大教学论》中，始终贯穿着正确的教育应该在各方面跟自然相适应的思想，即教育遵循自然的原则。除此，他对教育作用、教育目的、教育的主导原则、教学理论、学制、学校管理以及德育、教师等问题均做了比较系统的论述，被认为是独立形态的教育学的开端。他抨击中世纪的学校教育，视教育为发展个人理性、改造社会和建设国家的手段，号召“把一切事物教给一切人”，使学生具有学问、德行和虔信。提出统一学校制度，主张采用班级授课制度，普及初等教育，扩大学科的门类和内容等开创性思想。

这个自信的标题似乎显得太武断了，但是我是在向事实本身挑战，我把读者当作法官，我只拿出见证，不做别的。我之所谓完全尽职的学校是一个真正锻炼人的地方，在那里受教者的才智得到智慧的光辉的照耀，使它易于探究一切明显的和一切隐秘的事情，在那里情绪和欲望与德行得到和谐，在那里人心充满着并渗透着神爱，使一切送进基督教学校去吸取真正智慧的人都能受到教导，在世间过着一种天堂的生活；总而言之，在那里，人们都能彻底学会一切事情。

但是，有没有一个学校在这种完善的平面上存在过或是以此作为努力的目标呢？更不必去问有没有一个学校达到过这种境界了。我要提出另外的论证来指出这种学校是应当有的，可是从来没有出现过，否则我便好像是在追求一种柏拉图式的观念，梦想一种到处都不存在、此生毫无希望的完美的境界了。

路德博士在劝告帝国各城镇设立学校的时候（1525年），他在各种事项之中，要求这样两件事情。第一，要求在一切城镇村落设立学校，教育一切男女青年，希望一切农夫和工匠能每天花两个小时在有用的知识、道德与宗教方面接受教导。第二，要求采用一种比较容易的教导方法，使学生对学习不感厌恶，而能被不可抵抗的吸引力所诱导，他说希望男孩子从读书所得的快乐不会比整天玩球和整天自己作乐所得的快乐少。这就是路德的见解。

这真是一种卓越的意见，配得上这样一个人物！但是谁不知道事情并没有超过他的愿望呢？因为什么地方有那种普及的学校，什么地方有那种吸引人的方法呢？

显然，什么事情也没有做，因为在较小的村庄和村落中，并没有设立学校。

设立了学校的地方，学校也不是为整个社会设立的，而只是为富人设立的，因为进学校得花钱，穷人除了遇到某种机会，比如有人怜惜他们以外，他们是不能够进学校的。在那些被排斥的人中，也许就有极优秀的才智之士，他们这样被糟蹋，被扼杀，真是教会与国家的大损失。

教导青年的方法通常都是非常严酷的，以致学校变成了儿童恐怖的场所，变成了他们才智的屠宰场，大部分学生对学习与书本都感到厌恶，都急急离开学校，跑到手艺工人的工场，或找别种职业去了。

反之，凡是继续学下去的人（不论是出于父母或保护人的强迫，还是因为希望借他们的学识去取得某种荣誉的地位，或是自然醉心学术，是出于他们的本性），都没有获得一种认真的或广博的教育，获得的只是一种荒谬的和害人的教育。因为虔信与德行是教育的两个最重要的因素，可是最被忽视。在所有的学校里（即甚至在理应体现人类文化的最大进展的大学里面也一样），这种科目只占一个从属的地位，因而在大多数情形之下，学校培养出来的不是顺从的羔羊，而是凶狠的野驴和倔强的骡子，学校培养不出合乎德行的品性，培养出的只是一种虚伪的道德外表，一种令人生厌的、外来的文化皮毛和一些专务世俗虚荣的眼光与手脚。那些在语文与艺术方面长久受过这种陶冶的人们，有几个知道自己应该成为其他世人实行节制、仁爱、谦逊、慈悲、严肃、忍耐与克制的榜样呢！

产生这种情形的原因显然是由于学校里从来没有想到过“道德

生活”之故。这从几乎是全部学校所共有的纪律荡然的现象，从一切阶级的道德败坏，从虔诚的人们的不住埋怨、叹息和眼泪就可以看出来。难道还有人能为我们的学校的过去状况辩护吗？一种遗传的，从我们的始祖发生出来的病患渗透了一切阶级，以致我们抛弃引活生命之树，把我们的欲望过度地用在知识之树上，我们的学校也渗透了这种毫不知足的欲望，一直到现在都只在追求智力方面的进步，没有别的。

但是学校在这方面又用过什么方法或做出过什么成绩呢？说实话，唯一的结果只有下面这一点，就是只要一年工夫就可能精通的事情，它们却把心智用在那上面长达五年、十年，甚至十年以上之久。本来可以温和地输入智性中的东西，却粗暴地印上去，不，简直是塞进去，打进去。本来是可以明白地和明亮地放在心智跟前的事情，却去晦涩地、迷惑地、错杂地看待，好像它是一个复杂的谜语似的。

而且（虽然这一点我们现在打算忽略过去），智性也很少得到过实际事实的培养，它只是充满字句的皮毛，充满空虚的、鹦鹉学舌似的空话，充满无用的意见而已。

单以学习拉丁文而论（拿这门科目做一个例子吧），我的天！那是何等的错综，何等的复杂，何等的累赘呀！做点厨房工作或其他杂役的人员，他们学一种与国语不同的语言，有时学两三种，学起来比孩子们在学校里面只学拉丁文还要快，虽则孩子们有的是充足的时间，把他们的全部精力都用在拉丁文上面。进步是何等的不同啊！前者几个月之后就可乱说一气了，而孩子们却十五年或二十年之后才能借助文法书与字典，用拉丁文写几句，还不是没有错误的。这种时间与精力的不光彩的浪费当然是从错误的方法产生的。

关于这个问题，罗斯托克大学的著名教授卢比勒斯说得公道，他说："当我想到学校教导孩子所用的日常方法时，我就觉得它像是费力设计出来，故意使教员与学生都非付出巨大的劳动，感受重大的厌倦，受过无穷的麻烦，花费最多的时间便不能教会拉丁文或学会拉丁文似的。这种事情我每一想到就不能不感到战栗。"随后又说，"我把这种事情经常加以思索之后，每次得到一个结论，认为整个制度一定是由一些邪恶和富于嫉妒心的天才、人类的敌人，介绍给学校的。"这是卢比勒斯说的，他不过是我所能够引证的、对我有利的许多权威之中的一个而已。

但是何必要见证呢？在我们进过学校与大学的人中，有几个稍有一点真正学问的影子呢！我，我是一个不幸的人，我便是数以千计的人们中的一个，悲惨地丧失了一生一世中最甜美的青春，把生机勃勃的青春浪费在学校的无益的事情上面。唉，自从我的心理得到启迪以后，我一想到我浪费掉了的青春，我的胸中便常常发出叹息，我的眼睛便常常流出眼泪，我的心里便常常充满了忧愁！我的忧思常常使我叫道："啊！但愿丘比特能将我带回已成过去和业已消逝的岁月就好了！"

但这类祷告是无用的。过去了的日子是永远不能再回头了。我们上了年纪的人是没有一个能够再变年轻，再去重新开始他的事业，用更好的方法再把事业做成功的。这是一件没有疑问的事情。此外只剩下了一件事，就是我们要尽力把这种建议贡献给我们的后来者。我们能指出我们的教师是怎样把我们领向错误的，我们就能指出避免这种错误的方法。

学记[①]

乐正克

《礼记》中的一篇，中国最早的关于教育、教学活动的篇章。约成篇于战国后期，作者传为孟轲的学生乐正克。乐正克，战国末鲁国人。孟子弟子。乐正子春之子。“乐正”本为古代学官名，因以为氏。孟子称其“好善”。孔子以后，儒分为八，“乐正氏之儒”为其中一派。《学记》主要是对先秦儒家教育经验的理论总结。内容涉及教育目的、教育作用、教育制度、教育内容、教学原则、教学方法等方面。所述教学相长、循序渐进、启发诱导、长善救失等原则，至今仍有重要启示意义。

发虑宪[②]，求善良，足以谀[③]闻，不足以动众。就贤体远[④]，足以动众，未足以化民。君子如欲化民成俗，其必由学乎！

① 选自孙希旦撰，沈啸寰、王星贤点校《礼记集解》，中华书局1989年版。

② 虑宪：执政者个人的施政意图和国家的成法。

③ 谀：诱致。

④ 体远：怀柔远方的人。

玉不琢，不成器。人不学，不知道。是故古之王者建国君民，教学为先。《兑命》[1]曰："念终始典于学[2]。"其此之谓乎！

虽有嘉肴，弗食，不知其旨[3]也；虽有至道，弗学，不知其善也。是故学然后知不足，教然后知困。知不足，然后能自反也。知困，然后能自强也。故曰："教学相长也。"《兑命》曰："学学半[4]。"其此之谓乎？

古之教者，家有塾，党有庠，术有序，国有学[5]。比年[6]入学，中年[7]考校。一年，视离经辨志[8]。三年，视敬业乐群[9]。五年，视博习亲师。七年，视论学取友，谓之小成。九年，知类通达[10]，强立[11]而不反[12]，谓之大成。夫然后足以化民易俗，近者说服而远者怀之，此大学之道也。《记》曰："蛾子时术之[13]。"其此之谓乎！

---

① 《兑命》：《尚书》中的篇名。

② 念终始典于学：统治者要始终重视教育的作用。

③ 旨：美味。

④ 学学半：教与学的重要性各取其半。

⑤ 塾、庠、序、学：古代实施教育的地方。

⑥ 比年：每年。

⑦ 中年：隔一年。

⑧ 离经辨志：分析经文章句，辨别学者志向。

⑨ 敬业乐群：专心学业，朋友相亲。

⑩ 知类通达：王夫之说"知类，推广其知以辨事类也。通达，通所知以达于行也"。

⑪ 强立：临事不惑。

⑫ 不反：不违师教。

⑬ 蛾子时术之：意思是小蚁学习大蚁时时衔土而构成大蚁巢，学者也应时时学习而知道"至道"。

大学始教，皮弁[1]，祭菜[2]，示敬道也。《宵[3]雅》肄[4]三，官其始也。入学鼓箧，孙[5]其业也。夏、楚[6]二物，收[7]其威[8]也。未卜禘[9]，不视学，游其志也。时观而弗语，存其心也。幼者听而弗问，学不躐等也。此七者，教之大伦也。《记》曰："凡学，官先事，士先志。"其此之谓乎！

大学之教也，时教必有正业[10]，退息必有居学。不学操缦[11]，不能安弦；不学博依[12]，不能安诗；不学杂服[13]，不能安礼；不兴[14]其艺[15]，不能乐学。故君子之于学也，藏[16]焉修[17]焉，息[18]焉游[19]焉。夫然，故安其学而亲其师，乐其友而信其道，是以虽离师辅[20]而不反

---

① 皮弁：指祭祀的冠服。

② 祭菜：祭先圣先师用的果蔬。

③ 宵：小。

④ 肄：习。

⑤ 孙：恭顺。

⑥ 夏、楚：苦荼与荆条。

⑦ 收：敛束。

⑧ 威：威仪。

⑨ 卜禘（dì）：夏季大祭，祭前必占卜。谛，先祖。

⑩ 正业：学习先王正典为正课。

⑪ 操缦：调弦操弄杂曲。

⑫ 博依：多方譬喻。

⑬ 杂服：冕服皮弁。

⑭ 兴：喜。

⑮ 艺：诗书礼乐。

⑯ 藏：入学就业。

⑰ 修：修正业。

⑱ 息：退而私居也。

⑲ 游：游心于居。

⑳ 辅：朋友。

也。《兑命》曰：“敬孙务时敏，厥修乃来[1]。”其此之谓乎！

今之教者，呻[2]其占[3]毕，多其讯[4]言，及于数进而不顾其安，使人不由其诚，教人不尽其才。其施之也悖，其求之也佛[5]。夫然，故隐其学而疾其师，苦其难而不知其益也，虽终其业，其去之必速。教之不刑[6]，其此之由乎！

大学之法：禁于未发之谓豫[7]，当其可之谓时，不陵节[8]而施之谓孙[9]，相观而善之谓摩[10]。此四者，教之所由兴也。

发然后禁，则扞格[11]而不胜。时过然后学，则勤苦而难成。杂施而不孙[12]，则坏乱而不修。独学而无友，则孤陋而寡闻。燕朋逆其师[13]，燕辟[14]废其学。此六者，教之所由废也。

君子既知教之所由兴，又知教之所由废，然后可以为人师也。故君子之教喻[15]也，道而弗牵，强而弗抑，开而弗达。道而弗牵则

---

① 敬孙务时敏，厥修乃来：认真循序持续不断地努力学习，学业就会得到成就。
② 呻：吟诵。
③ 占：视。
④ 讯：问。
⑤ 佛：同“拂”，违逆。
⑥ 刑：成功。
⑦ 豫：同“预”，预防。
⑧ 陵节：超越限度。节，这里指年龄。
⑨ 孙：同“逊”，顺应自然规律。
⑩ 摩：观摩。
⑪ 扞（hàn）格：抵触。
⑫ 杂施而不孙：教学时杂乱无章，不顺应自然规律。
⑬ 燕朋逆其师：要是交友不慎，行为就是违背师长的教诲。
⑭ 燕辟：亲近邪恶。
⑮ 喻：诱导，启迪，教诲。

和，强而弗抑则易，开而弗达[①]则思。和易以思，可谓善喻矣。

学者有四失，教者必知之。人之学也，或失则多，或失则寡，或失则易，或失则止。此四者，心之莫同也。知其心，然后能救其失也。教也者，长善而救其失者也。善歌者使人继其声，善教者使人继其志[②]。其言也约而达，微而臧[③]，罕譬而喻，可谓继志矣。

君子知至学之难易而知其美恶，然后能博喻，能博喻然后能为师，能为师，然后能为长，能为长然后能为君。故师也者，所以学为君也，是故择师不可不慎也。《记》曰："三王四代唯其师[④]。"此之谓乎！

凡学之道，严师为难。师严，然后道尊。道尊，然后民知敬学。是故君之所不臣于其臣[⑤]者二：当其为尸[⑥]，则弗臣也；当其为师，则弗臣也。大学之礼，虽诏于天子，无北面[⑦]，所以尊师也。

善学者，师逸而功倍，又从而庸[⑧]之。不善学者，师勤而功半，又从而怨之。善问者如攻坚木，先其易者，后其节目，及其久也，相说以解。不善问者反此。善待问者如撞钟，叩之以小者则小鸣，

---

① 道而弗牵，强而弗抑，开而弗达：引导而非生拉硬拖，策励而非强行推进，启发而非代替思考。

② 继其志：跟着他的想法，意思是学生愿意跟着老师学习。

③ 臧：好，妥帖。

④ 三王四代唯其师：三王、四代（虞夏商周），学生极重视老师选择。

⑤ 不臣于其臣：不以对待臣子的态度对待臣子。

⑥ 尸：主持祭祀的人。

⑦ 虽诏于天子，无北面：虽然给天子讲书但无须行臣子之礼。北面，天子坐北朝南，臣下拜见天子面朝北。

⑧ 庸：归功。

叩之以大者则大鸣，待其从容，然后尽其声。不善答问者反此。此皆进学之道也。

记问之学[①]，不足以为人师。必也其听语[②]乎！力不能问，然后语之。语之而不知，虽舍之可也。

良冶之子，必学为裘。良弓之子，必学为箕。始驾马者反之，车在马前。君子察于此三者，可以有志于学矣。

古之学者，比物丑类[③]。鼓无当于五声，五声弗得不和。水无当于五色，五色弗得不章。学无当于五官[④]，五官弗得不治。师无当于五服，五服[⑤]弗得不亲。

君子曰："大德不官，大道不器，大信不约，大时不齐。"察于此四者，可以有志于学矣。三王之祭川也，皆先河而后海，或源也，或委也，此之谓务本。

① 记问之学：所学止于预先记诵难题以待学者之问。

② 听语：待问而语之。

③ 比物丑类：以同类事物相比较。

④ 五官：耳、目、口、鼻、心。

⑤ 五服：依生者和死者亲属关系的远近亲疏不同，分五等丧服，这里指五服内的亲属。

学校教育采用实用主义之商榷

黄炎培

1917年在上海发起创办中华职业教育社，致力于教育改良社会。在撰写此文时，黄炎培正在江苏任教育官员，他长期所倡导的手脑并用、注意实践的教育思想，也是在民国初期奠定的。这篇文章的主旨便是倡导采用“实用主义”的教育，以此来改革办学，在当时引起一场比较激烈的争论。

教育界诸君子鉴之：吾今借此短帙[①]，欲与诸君子有所商榷。间尝窃议今之学校教育，殆未尽善。教育者，教之育之使备人生处世不可少之件而已。人不能舍此家庭绝此社会也，则亦教之育之，俾处家庭间社会间，于已具有自立之能力，于人能为适宜之应付而已。析言之：即所谓德育者宜归于实践；所谓体育者求便于运用；而所谓智育，其初步一遵《小学校令》之规定，授以生活所必需之普通知识技能而已。乃观今之学子，往往受学校教育之岁月愈深，其厌苦家庭鄙薄社会之思想愈烈，扞格之情状亦愈著，而其在家庭

① 帙：书包的护套，借指不长的文章。

社会间，所谓道德身体技能知识，所得于学校教育堪以实地运用处，亦殊碌碌无以自见。即以知识论，惯作论说文字，而于通常之存同书函，意或弗能达也。能举拿破仑、华盛顿之名，而亲友间之互相称谓，弗能笔诸书也。习算术及诸等矣，权度在前弗能用也。习理科略知植物科名矣，而庭除之草不辨其为何草也，家具之材不辨其为何木也。此共通之现状，固职教育者所莫能为讳者。然则所学果何所用，而所谓生活必需者，或且在彼不在此耶？

自社会困于生计，于是实业教育问题惹起一世之研究。一般论者，谓将以教育为实业之先导，不得不以实业为教育之中心。其道维何？曰多设实业学校也；曰于普通学校加设实业科也；曰提倡实业补习教育也。潮流所趋，几不闻有歧出之论调。余亦推荡此潮流之一人也。进而思之：诚将以实业为教育中心，则一切设施必求悉与此旨相合。苟于普通诸学科不能使之活用于实地之业务，此外，管理训练亦未能陶冶之，使适于实际之生活，而徒专设学校，增设学科，譬犹习运动者，感宽袍大服之不适也，特制一种运动用衣袭于其外，乃其里衣之宽大如故，可乎哉？夫里衣苟犹是宽大也，将何从袭此特制之衣？袭矣，亦安能达其适于运动之目的？彼不从事于普通诸学科之改良，而徒专设学校增设学科，何以异是？

十年以来，吾国民思想界不可谓无开拓活动之进步，而独至物质文明则奄然无生色。识者忧之，谓殊与救国之道相背驰也。今夏美教育家孟罗[①]博士东来，既觇[②]吾国教育现状，语余曰："贵国未尝无优良小学校，弟以余所见一般学校，理化等科程度去欧美太远，殊无以为富国之本。"又曰："贵国地层以上之农产，地层以下之矿产，如此天然大富源，加以民俗习于勤俭，苟能于教育注意此点，以余辈外人观之，致富强易易耳。君其善为之。"余聆此语，未尝不感孟罗君之厚意，颇欲于小学注意输入理科知识以植其本。虽然，今小学校未尝废理科也，而若此，毋亦其所取之材与所用之法不能使之应用于实地之业务使然耶？

凡此诸念，郁勃于余胸际久矣。频年所见所闻皆若诏余以所倾向之未尝谬，而益增余之郁勃也。犹忆两年前，赴某省之某埠，参观某师范学校，以有所亲肄业，得索观各科讲义，不禁喟然感叹。所最可诧者，教育科讲义，于理论刺刺不已[③]，中间罗列教育家姓氏学说，亘数十纸未尽，至各科教授法，实习教授，全未暇及，而去毕业仅数月矣。其它学科，大率称是。余以所亲故，感愤倍至。反而思之：余辈往日执业于学校，凡所设施，果能使来学者所得确实否？适于应用否？果不见憾于生徒亲属否？此亦五十步之于百步，吾过矣，吾过矣，自忏之不暇，而敢诅人乎哉？

今岁某君贻余书，述某校教科之缺点，节其语如此，愿与诸君共读之。

---

① 孟罗（1869—1948）：美国教育家，1913年曾来华考察中国教育，其间言论编入《中国教育问题讨论集》一书，著有《教育史教科书》等。

② 觇（chān）：窥视。

③ 刺刺不已：说话没完没了，比喻讲话唠叨。

“近见师范教育有一种危机，请研究之。某师范某科三年毕业，问其课程，则修身讲伦理学，国文读极高深之古文；教育科心理学一大本，讲述时黑板上列举外国人名无数，叙沿革极详；教育理论，仅总论一篇，已印有二十页之讲义；博物则用中学校教科书之最详密者理化大讲方程式；算术外又学代数，滔滔论因子分解法二三周。而调查其成绩，则伦理学名词难记；心理学概念、观念不能区别，意志二字不能解释；教育理论但知外国人名，而学说之取义未明；理化方程式，但识外国文记号，氧气性质如何，居室通气法如何，均未能明；代数算术习题，均待教师板演而抄之。”

自读此书，使余改良学校教育之念大炽，夫此等学校，在今日已算难得，其病坐太过。以视夫校长教员相率怠废职务者，奚止加人一等？然而专事注入，不顾生徒之程度与其来学之目的，流弊所至，即诸生中容有天姿超拔、能自领会者，未必尽如某君书云云，顾欲以之应用于小学教育，难矣。设此一般师范生，即以所受不顾程度不问目的之教育，转而施诸将来之小学校生徒，教育前途，尚可问乎？

今秋，以事至南江，遇故人马君亦昂。马君前十年在乡共演说提倡设学校兴新教育者，极言今兹学校教育方法之未善，学子自入学校，起居饮食，无一不与家庭与社会相扞格，寄宿者尤甚。往往毕小学业，习农则畏勤动之多劳，习商则感起居之不适。而自实际应用上观之，其所学固一无所得也。循是不变，学校普而百业废，社会生计绝矣。言次，不胜其愤慨，谆嘱余设法改良，心为怦然。

此皆促余提出改良意见者，往者尝就小学各教科，假定以实用为目的，而设改良之方法如次。

修身：注重偶发事项及作法。

国文：读本材料，全取应用的。作文力戒以论人论事命题，多令作记事记物记言等体（记物，置实物于前为题，或令写实景），尤多作书函（正式书函，便启，通告书均备），或拟电报（书函兼授各种称谓及邮政章程。电报兼授电码翻译法、电报价目表等。旧时《宦乡要则》，今之《官商快览》，以及坊间印售之日记册，附载各种，实包有无数适于应用之好资料），习写各种契据式。书法注重行书。

历史：除近世大事择要授之外，全不取系统的，授以职业界之名人故事等。

地理：多用画图，少用文字。画图必令自习，兼与手工科联络，制为图版（如京津间所售《知方图》等），上绘山脉、河流、道路、都邑、区域，注明各种名称及物产，时就运动场划为各种地形，令之熟习。

算术：演算命题，多用实事或实物。习诸等必备各种度量衡器，使实验之。关于土地面积，则令实地量度。兼授珠算簿记（并宜略授各种新式簿记），示以钞票钱票式样及各国货币，并授验币法（或疑此类于商业学校，非普通学校，然试以验币一事论，孰不用银币，而真赝错出，随处售欺，则虽认验币为普通必要之技能，可也）。

理科：其材料一以人生普通生活所接触所需用为断，时利用事物到吾眼前之机会而教授之，绝不取顺序的（如先植物，次动物、矿物、生理、卫生，又次及理化，此法绝不取之）。教授务示实物，遇不得已时，济以模型标本。必令实验，切戒专用文字，凭空讲授，尤多行校外教授修学旅行。

图画：虽简单之形体，亦参用实物写生，如绘笔示以笔，杯示以杯，鸟示以鸟类（或用标本），尤励行联络他科方法。

手工：宜与图画联络无论矣，尤宜置实物于前，令仿造之。其材料、其方法，务求为他科策应，但仍须适合于生徒程度。

体育：采用锻炼主义，兼视地方情形，令习生活必需之特种运动，如陆则骑马，水则游泳等。

如习外国语，注重会话。

如上所述，未敢云悉当也。一言蔽之，即打破平面的教育，而为立体的教育。易言之，盖欲渐改文字的教育，而为实物的教育。此非创论也，当世教育家固有先我而研究者矣。

去今千八百年前，罗马塞南加氏①有言曰，青年之于学校，为生活而学，非为学校而学。近世博爱派之教育学者，如白善独氏②、康

---

① 塞南加（约前4—65）：罗马政治家、哲学家、戏剧家，新斯多葛主义的主要代表。

② 白善独（1724—1790）：德国著名教育改革家，注重实用科目的设置和实物教授，提倡改革教授方法，重视教科书的编辑与改良，重视体育活动，主要论著为《初等教科书》。

丕氏[1]、柴之孟氏，亦大鼓吹此实用主义。自裴斯泰洛齐氏[2]出，亦主张生活教育，务使学校教育与实际的生活渐相接近。准此而教育方法一变。盖从来一般之教授，仅恃生徒听官之感觉以为输入之梯。自直观教授行，乃进而利用生徒视官之感觉。今且更进而利用筋肉之感觉，不唯使生徒目睹此事物而已，直令其一一自行实施。由是而论知识，则观念益明确，论技能则修炼亦精熟。以是谋生处世，遂无复有扞格不入之虑。此种教育，在欧美不仅著为学说，且见诸实行矣。日本人西行考察教育者归，亦辄以是提倡，而未为政府特别注重。今观吾国教育界之现象，虽谓此主义为唯一之对病良药，可也。

余之于教育，愧未尝为系统的研究。偶服政务，盖卒卒尠读书暇。比者，宁垣[3]难作，庶政停滞，端居多暇，思夫今兹扰扰，所以酿成此好乱易动之社会，凡坐生计耳。将普养之，毋宁普教之。顾今之教果足以为养地否？观夫受教者之不能自养而前途危矣。因世变之亟，使余一缕思潮，辗转起伏以达于此实用主义之一点，誓将贡其所见于教育界同志诸君，辄复辑录关于实用主义之著述二种，附供参考，藉知吾说之非无所据。诸君子对此主义，其有乐为研究者乎？窃提出简单之问题二：

① 康丕（1746—1818）：德国泛爱派教育家，主要论著有《无知年青人的良师益友》《父亲对女儿的忠告》等。

② 裴斯泰洛齐（1746—1827）：瑞士教育家，主要论著有《林哈德与葛笃德》《葛笃德怎样教育她的子女》等。

③ 宁垣：指1913年黄兴二次革命失败，南京失陷。

一、今日吾国教育是否宜采用此实用主义?

二、对于实用主义之批评。

诸君无论赞同或反对，如有所见，唯冀惠我以书，苟后此续继有得，且将并诸君惠书，择要刊布，为第二回之商榷，以备施行。凡此嘤求[①]，聊为喤引[②]，伏候垂教。

---

① 嘤求：叫声，语出《诗经·小雅》：“嘤其鸣矣，求其友声。”比喻朋友同气相求。

② 喤引：古代高官出行，前驱的骑卒一路喝道，引申为自谦的说法。

假如你是教育部部长，你会为了什么去建一所学校？

彼得·格雷

学校教育应该如何为学生服务？这是教育者们一直探讨的话题。美国心理学家彼得·格雷在波士顿学院担任心理学教授期间，进行了以“假如你是教育部部长，你认为究竟为什么要建学校？”为题的问卷调查，结果显示：多数人仍关注孩子当下的学习需求和探索欲，而所谓面向未来的技能，或是能够更好地适应社会的能力，其实是一个顺其自然的发展过程。

现在，假如你是一国的教育部部长，负责从头开始开发、设计一套新的教育系统。如果你是一个理想主义者，那么首先你要弄明白的问题可能就是：确立学校存在的目的。

我们究竟为什么要建立学校？学校教育的本质是什么？

针对文章开头的问题，彼得·格雷在今日心理学网站上做了一次问卷调查，向他的读者们广泛征集答案。他一共得到了大约170位读者的回复，花了几天的时间来阅读所有的陈述并且还做了定性分析。

其实所谓定性分析也很简单，就是把那些回复里看起来相似的词合并同类项，统计在一起。这样，他就得到了九份不同的清单，每一份都代表了学校教育可能的目的。

最后这九份清单被分成三大类，分别代表了三个看似不同、却彼此重叠的需求集合，它们分别是：孩子即时性的、日常需求；孩子长期的、面向未来的需求；社会的长远需求。

一、孩子内心深处的学习需求我们却偏偏忽视了

不管在世界的哪个角落，大多数的教育工作者都认为学校教育是在为孩子的未来做准备。这个结论看起来是如此的正确，以至于人们往往忽略了眼前的东西。

在彼得·格雷的调研中，有很多读者都认为理想中的学校，应该关注儿童的即时需求，对此彼得·格雷也大感惊讶。但经过深思，他意识到其实这没什么好惊讶的，因为会关注这个问题的读者显然都不是典型的教育工作者，并且在很大程度上，他们是那些拒绝接受典型学校教育的人。

一位读者在回复里写道："除非学校可以提供那些家庭或社区没办法提供的支持，否则我真的不知道学校存在的意义是什么？为什么要把生活看成是你可以做好一切准备的事呢？生活就是正在发生的事情！所以，如果要使学校存在有意义，除非它能解决孩子们当下感兴趣的事情，并且这些事情是无法在家里或社区里实现的，非

去学校不可。”

另一位读者写道：“学校教育的目的本就应该满足孩子的需求。参考马斯洛的需求层次理论，传统的教育方法忽略了除去最高层次以外的所有需求。学校应该是一个安全的地方；有足够的食物、避难所和玩耍的空间；有稳定关系的人喜欢和爱孩子；保护孩子的人权。”

可能有些人会觉得，这些东西难道不是应该由家庭来提供吗？

但事实上，现实中许多家庭并不能提供上述所有条件，甚至一些家庭能为孩子提供的非常少。

当今社会，父母双方都在工作的占大多数，或者至少有一方在工作，显然孩子们需要有人在白天看护他们。

调研显示，很多人都认为：“学校应该是让孩子感到安全、受到保护和尊重的地方；学校也应该是孩子可以尽情玩耍的地方，在学校他们能够得到快乐并获得大量的身体锻炼。还有人强调了学校中互相关心的人际关系的价值。除此之外，学校还是社会的一部分，因此孩子应在其中体验到成为社会一分子的快乐，而不仅仅局限在家庭的小空间里。”

值得注意的是，在这一大类中，还有一部分读者最关心的是孩子内心的探索欲望和学习的需求。

与传统的教育观点不同，这些人并不认为，孩子必须要通过奖励和惩罚措施才能强制或诱导其学习，或者说此时此刻的学校教育是为了他们的未来做准备。

因为，探索和学习本身就发自人类内在的诉求，而学校教育理应顺应孩子的本能。

有很多读者认为，顺应孩子对学习本能的需求应该是学校的主要功能。孩子们需要具备发现和追求自己兴趣的能力，以方便他们找到自己未来在社会中的位置。而事实上，满足孩子当下的需求与我们常常说的为未来做准备并不矛盾。

因为一旦孩子的学习渴望被满足，他们自然而然地会在此过程中发展各项能力，而且还是通过他们自己的努力。他们不仅更有成就感，而且是一个主动学习的过程，并非被动填塞。

同样的道理，我们一直颇为诟病的应试教育，或许正是忽略了孩子即时性的学习需求，而硬塞给他们所谓能够适应未来的知识和技能。

二、让孩子一生带着走的能力到底有哪些？

传统的教育工作者总是非常喜欢说，“学校是为了让学生为未来做好准备”。

如果我们仔细推敲这句话，就会发现英文里的这句话是被动时态，也就是说学生们是学校教育的被动接受者，学生从来都不是主动学习者。但事实果真如此吗?

在彼得·格雷的调研中，大多数读者仍然认为自我驱动是一切教育的前提。他们把理想的学校描述为孩子们自己选择活动的环境，在那里他们可以得到成年人的帮助，引导他们学习和发展，为了未来更健康、幸福地生活。

读者们列出了一长串的技能、知识、态度和性格特征，他们认为这些都是学校应该帮助孩子获得的。

这些特质被彼得·格雷分成了六类。

第一类是人们提到最多的发现自身性格特质和自我理解。就像苏格拉底说的那样，许多读者认为教育的首要目的是了解自己。这其中包括了对自己的才能、兴趣和生活目标的认识。

在这一类别中，还有一些其他的目标：认识到个人责任、充实生活和提高生活热情、坚韧的精神、应对挫折和抉择的能力、谦逊的品质、是否值得信赖以及幽默感。

第二类则是我们通常在课堂学习中强调最多的能力：思考和推理的能力。这其中包括创造性思维、批判性思维、识别和解决问题的能力、独立思考、智商和智慧、经验反思及科学验证、决策能力以及设计和执行项目的能力。

其中，我们最熟悉的可能就是批判性思维和解决问题的能力了。人们不断地提到这些词，原因正是，它们是培养一个独立思考的人所绕不开的关卡，也是真正能够在未来帮到孩子的核心素养。

第三类是社交能力，或许我们也能把其视为情商的一种体现。这其中包括广义的社交能力、与他人合作或协作的能力、解决冲突的技能、沟通技巧、维持稳定关系和友谊的能力、寻求帮助的能力。很显然，这些软技能都是相当实用的，无论是在未来的学习生活还是职场中都十分关键。

第四类是继续学习的能力，可以引申到我们常说的终身学习的能力。这里包括热爱和渴望学习、强烈的好奇心和独立学习的能力。

有趣的是，对第五类传统学科技能，人们似乎并不买账。只有极少数读者将阅读、写作或数学视为孩子真正需要获得的技能。

对此，彼得·格雷的猜测是，这些相对较少提及的学科技能，或许更多地与读者本身的看法有关，即如今的学校教育在这些科目上花费了太多的时间，使它们普遍成为孩子思想上的负担，天然地觉得学起来很困难。

而大多数人都意识到，在一个健康的文化氛围中，孩子会很自然地成为有读写能力的人，并且以他们自己的方式在传统学科领域发展自己的兴趣。

第六类是实用生活技能和知识，它们较少被提及，这也很容易理解，毕竟这似乎也从来不是学校教育的重点。

不过也有一两个读者建议，学徒制应该作为学校教育的一部分，或许可以成为一种探索工作机会和获得工作技能的有效途径。

由此可见，真的涉及孩子的未来发展，大家的思路还是很清晰的，孩子先充分地认识自己，并获得独立思考的能力，并且能够处理好人际关系，还能始终保持一种学习的状态，这难道不是理想的学校教育成果吗？至于其他那些教育问题，不也就迎刃而解了吗？

三、我们的社会对孩子提出了哪些长远要求？

我们常常说，教育不应该脱离社会，终有一天，孩子会成为社会人。因此，学校教育不仅仅服务于个人的需求，也需要服务于社会的方方面面。

或许放在过去，人们会希望学校能培养出顺从的公民、优秀的工人和爱国者，但在21世纪的今天，人们则更多地关注公民教育：如何使自己及周围的人生活得更幸福，尊重他人的权利和观点，有同理心和道德感，以及促进世界和平和更好地维护地球生态系统这样的宏大议题。

其实我们会发现，这不正是许多被认为是走在世界前列的优质教育所倡导的吗？未来总有一天，我们的孩子要以一个世界公民的身份，去参与身边的各种议题，让他们提前开始努力，或许是学校教育可以做的事。

而在这个调查中，最应该令我们感叹的是，其实大多数人都还是会把孩子当下的学习需求和探索欲摆在第一位，而所谓面向未来的技能或是能够更好地适应社会的能力，也应该是一个顺其自然的发展过程。

就像一个读者说的那样，生活难道是你做好准备就一定能保证成功的吗？孩子正在体验的生活才是最真实的，也是最值得期待的。

中国教育之前途与教育家之自觉

梁启超

1917年1月，梁启超在文中提出当时教育界几点应该纠正的现象。“教育未脱科举余习”，实质上还是志在猎官。“学问不求实用”。他指出，中国古代的经史文学都是“纸的学问”，“所谓纸上谈兵是也”，应学习可以应用的“事的学问”，重视学以致用，培养独立工作能力。不要片面强调趣味教学，他反对有人主张“教育儿童纯用趣味引诱”的所谓新的教法，其弊端是，中上水平以上学生的求知欲不能得到满足，阻碍他们智力的发展。“言文不一致”，语言与文字分离，是科学、教育发展的阻碍。

教育部为全国教育行政最高机关，诸君又为全国教育最高机关主要之人，今日鄙人与诸君相见一堂，非常荣幸。但鄙人于教育经验甚少，亲身从事教育者不过在湖南办学校半年有余，时间既短，办法又不完备；今乃在全国教育最高机关与诸君谈论教育，岂不惭愧！查我国创办教育，在前清光宣时代，当时无论新旧中人，莫不以教育为救国之要图，其规模制度虽不完备，然办理教育之人抱有一种热忱，皆视教育为应尽之义务，此种精神实为后来所不及，以今日教育现状而论，学校数目颇有推广，学生名数颇有增多，形式上不无进步，至精神上则有远逊于昔者。昔时人人视为救国要图，今乃不为一般人所重视，地方上不独无提倡，且从而摧残之。不独此也，即社会对于教育，亦有种种怀疑之处，以为教育究竟于国家有无利益。夫教育为立国之根本，有不待言者，至今日而复发生教育有无利益问题，讵不大可骇异？然必有所以致此者，其故不可不深察也。此诚非常危险，故鄙人近日对于教育抱有非常之悲观，以为今之教育方法，非根本改革不可。夫现在教育之气象，何以至于此极，固属政府与社会方面俱有种种之原因，而教育之自身亦实有不能自存之处。今后之改良，盖一方面在乎全国政治之趋向，一方面在乎教育界之认定责任也。以教育与其他政治之关系而言，教育总长处最高机关，不能不负责任；至教育自身不能自存者，究在何处，鄙人在教育上无实在经验，言之恐不能中肯。唯个人之意见，以为有数点应当注意，试缕陈之。

第一点，现在教育未脱科举余习也。现在学校，形式上虽有采用新式教科书，而精神上仍志在猎官，是与科举尚无甚出入也。中国科举习惯，在汉朝时已有萌芽，至唐宋时始完全成立，至清室乃极端发达。汉武帝立《五经》博士弟子员，供皇帝之侍奉，有识者非之；太史公《儒林传》曰："余读功令至于广厉学官之路，未尝不废书而叹也。"夫广开学校为极善之举，何至废书而叹，可见当时之学校专为官吏而设，入学校亦唯在于求官，班固所谓利禄之途然也。太史公所为叹息者，即在于此。然则我国利禄之害，其中于学校久矣……中国初办教育，学校尚未完备，而主持教育者仍沿用科举之方法，唯知奖励学生做官，如学生毕业奖励，留学生考试分部章程，纷纷颁布，此在他人所深恶痛绝者，而吾国方竭力奖励之不暇。夫以二千年来之恶习久已深印于全国人之脑筋，极力矫正尚恐不足，而况加以奖励，其结果尚可问乎？至今日其险象已露矣，即西河沿一带客栈，求官者多至数万，遑论他处！此时教育尚未能普及，已有此现象，假使将来教育普及，全国人皆有做官思想，试问何以应付之？此非鄙人之妄言也。从来教育具若何之方针，斯造成若何之国民，教育以做官为方针，必使全国人有做官之思想而后已耳。教育不能普及，尚有农工商等人，一旦普及，则农也、工也、商也，将全变为官矣，世界宁有此等国家耶！欲去此种积习，亦非政府定一方针应可办到者，是在教育界中人通力合作以矫正之。如一时不能去净，则逐渐图之，从前错误或有矫正之一日也。社会对于教育怀疑之点，前已言之，如抱此疑问者仅属顽固之人，犹有说也，实则不独顽固者然，即不顽固者亦大都如此也。教育之坠落至于此极，尚可问乎？至于科举积习如何始可铲除，其矫正之法式，或将此弊编入教科书，或著为论说，亦不敢遽定。唯教育界人不可不时时研究之，教育最高机关中人尤不可不时时研究之，研究之结果，必有方法以矫正之。此所当注意者一也。

第二点，学问不求实用也。据鄙人之意见，学问可分为二类：

一为纸的学问，一为事的学问。所谓纸的学问者，即书面上的学问，所谓纸上谈兵是也。事的学问，乃可以应用，可以做事之学问也。中国数千年来及欧洲文明未兴以前，皆是纸的学问，读古人书，不外模仿与解释二类，所学专为印证古人，食而不化。经史文词固有然矣；即新学盛兴，乃有矿学医学，然读矿学书只能读熟，不能应用，其无用与熟读经史文学等；有如烧纸成灰而吞，无论文学之纸灰，矿学之纸灰，其为无用一也。欧洲两百年前，实用学问未能发达，亦是为纸的学问所误；如学几何，只能熟习其程式而不能应用于事物，其无用与吾国之文学等耳。自实用教育发明，欧洲教育经一次之大改革后，然后科学乃大进步，吾国始而八股，继而策论，继而各种教科书，形式上非无改革，然皆为纸的学问，不过天地玄黄变作某种教科书之天地日月耳，又何裨于实用乎？教师之教也，但使学生能读能解已尽其事，不问其他；学生之学也，亦志在能读能解，可以考取最优等，不问其他。然学而不能应用于世，无论如何勤学，终是纸的学问，其结果纸仍纸，我仍我，社会仍社会，无一毫益处也。且不独毫无益处，若细细研究，其结果，则受教育者文化反在未受教育者之下，何也？彼未受教育者尚能与社会时常接近，既受教育者反与社会全然断绝，欲再学则时不再来，又自谓地位较高，不屑与社会为伍，以致自暴自弃，一无所能，故未受教育者尚能得一技之长，为农为工为商而已；受教育者则舍做官外无他能力，因做官只需每日到署，尽人而能也。此固由今日社会他种事业全不发达，不能全责教育自身，然教育自身亦不能辞其责。如某君在外国留学商业，当其求学时，本无做官之志，乃回国后欲在商界谋一事而不可得，遂不得不求为官矣。彼本为商业学生，何以不能在商界做事，固由于中国商业太旧，而实际由于彼在学校时，除读书外，未曾研究一切商业习惯，或仅知外国商情而不知本国商情者，皆纸的学问误之也，何能全责社会乎？今使有人劝一商界中人曰：尔用人须用商业毕业之人，其人亦勉从之；然彼所用之商业毕业者，卒不能为之办一事，一经失败，则此后永远不敢再用此辈矣。故吾人须知纸的学问之害，于学生在学校时，令其研究一切社会应用之事，则学校愈多，国家愈进步；盖人之机能愈用而愈发达，如专在纸的学问上用功夫，则空耗费脑力而已。总之，学校与社会万不可以分离：在学校时，于社会应有之知识研究有素，毕业后断不患无人用之，在学校养成一种活动之能力，将来在社会上可以不必求人，亦足自立。且天下事积小以成大，一学生能为一小事，推至十百千万学生，其事业安可限量耶？现在学校与社会既不相容，顽固者以为学校无用，学校中人则自谓纸的学问已不少，社会上何以不用？因而愤世嫉俗，使学校与社会互相仇视；社会既为一般老农老工老商所据，事事不求进步。学校中人又无机会与社会相接，亦不能贡献新得于社会，大局岂能进步？非独无进步也，甚且仇视日深，终至牵动大局，而祸变未有已时。此所当注意者二也。

第三点，即趣味教育程度问题也。此为鄙人个人之一种感觉，现在尚未能自信，然不妨与诸君商榷之。教育儿童纯用趣味引诱，则不能扩张其可能性；从前教师之对于儿童过于严厉，专用体罚，致使儿童视就学为畏途，且足以妨害儿童之发育。今矫其弊，专以趣味教育引起儿童就学之兴味，如教科书之图画等之类，其法固善，然趣味教育之程度，则不能不加以研究。如近时教科书之深浅，种类之选择，课程之分配，仅足为中材以下之标准；稍聪颖者则虽倍之不为多，此在编者教者或不欲过费儿童之脑力，然失之过宽，亦实有不宜之处。盖人类之可能性非常之大，教育之目的即在扩张其可能性，愈用愈发达，愈不用亦遂退化，证之生理学中不乏其例。今有二人于此：年岁相若，体质相若，衣服之厚薄亦相若，乃一则畏寒，一则不畏寒，则皮肤中可能性发达之程度异也。盖人类皮肤中反抗外界刺激之可能性愈受强迫，愈益发达，如常以冷水浴者自能耐寒之类，故可能性者加以若何之勉强，斯发达至若何之程度者也。人之精神亦复如是。昔人谓精神愈用而愈出，实为名言；如吾侪每日做事见客，亦不觉其苦，若长日无事，身体反觉疲倦，即其证也。故教育儿童，徒以趣味教育，俾其毫无勉强，必不能扩张儿童之可能性也。回思吾侪束发受书之际，并无今日美丽之教科书，悦目之图画，成绩亦颇不恶，则以受各种逼迫之故，其可能性自然发达也。读书而令儿童自己思索，不为讲解，未免近于蛮野；然如为师长者或授一书而强使记诵，或发一义而使之思索，衡以今日教授之法固属不合，然往往因此而生记忆力与理解力焉。鄙人言此，并非主张旧日之教法，不过证明今日纯用趣味引诱，不加强迫，亦未免过犹不及耳。此所当注意者三也。

第四点，言文不一致，足以阻科学之进步也。以中国现在之文字，学现在世界之科学，欲其进步，殆绝不可能之事。非以其繁难也，以中国之字常用者不过数千，原不为难，难者其文法之组织耳。语言与文字分而为二，其结果自不得不为纸的学问。盖吾国之文字，乃古时之文字，唯宜对古人用之，不宜用以求今之科学也。欧美各国亦有古文今文两种，古文唯用于经典，研究科学绝不用之，即如德国科学之进步不过百年间事，其学问所以如此发达者，实因国语独立。故我国教育各种科学必用古之文字，是为国内之不独立，是为对古人之不独立；讲来讲去皆是古来学问，非现在之学问，无怪教育之不能发达也。此事闻贵部久已注意，可谓卓识，然不可不乘此时机造成一种国语。所谓国语者，非用一地方之俚语也，其程度必视寻常之语言稍高，视寻常之文字较低，将来通用于各学校以利教育，则于科学之进步、教育之普及均有莫大之裨益矣。从前一般教育家，深以儿童读经为诟病，诚以六七岁之儿童万不能与之讲经说古也；今虽易以教科书，而所用者犹是古来文字，真五十步笑百步耳，科学之不能进步者以此。故鄙人以为及早造成一种国语，用以编纂教科书以利教育，诚目前非常重要之事。此所当注意者四也。

以上四点，不过鄙人一己之感想，是否有当，不敢自信。此外或尚有其他意见，唯苦于时间不能详尽，他日如有机缘，当以文字或演说贡献于诸君也。

此数点外，鄙人尚有数言贡献于教育界者：大凡教育之前途，及现在之缺点，他日之改良等问题，身在教育界者自必有一种感想。唯主义政策究属空言，必得其人然后乃能有济，否则虽有善法，亦属于事无补。外国教育之进步，由于多数之教育家之力，任其难。中国果有教育家否，殊为疑问。盖凡为教育家者，必终身以教育为职志，教育之外，无论何事均非所计；又须头脑明净，识见卓越，然后能负此重任。吾国教育界中人，或一面在学校当教习，一面又兼营他事；即有不兼他事者，亦皆存一无可如何之心。夫教育之事业何等重要，专心致志尚恐不能尽善，今乃存一无可如何之心，试问何能进步？从前塾间教师，所入极微，又极劳苦，然其兴味极浓，精神贯注，学生感触其精神自能有益；今之教育中人既以担任教育为无可如何，其精神之懈怠可想，学生岂能获益乎？夫学界之力，常与政界相抗，学界与政界争人才，学界自不能胜，况现在之时局日有变迁，做官亦并不甚难，故苟非志向极坚定之人，未有不为此潮流所卷去者；教育家之难得，职此之故也。欲矫除以上之弊，卓然自立为教育家，万不可不有一哲学之理想，以与社会之恶习相抵抗。哲学之理想乃最高尚之理想，不独教育界人有此理想，可以不为外物所动，即平常人有此理想，亦可免除许多烦恼。

吾人须知人类为何生存，吾人在世界上有何责任，如仅为饮食男女等事，上天又何必生此世人乎？然则吾人生在世间，必有责任明矣。有责任斯有目的，照此目的做去，则虽苦不觉其苦，否则即一日做一无目的之事，其苦已不可名状矣。今者全国之人均陷于悲观，其悲观之所由来，亦实以无目的之故。现在不知造何因，将来不知收何果，终日忙忙碌碌，而不知究为谁忙碌。焉得不自觉其苦乎？夫人类之进化无穷者也。先哲有云：“在止于至善。”至既有限，止亦无期；唯循进化之轨道而行，一人所不能做者合全世界人为之，一时所不能为者合千万年为之，其能达到与否均不得知，然却不能不抱此目的以行。盖世界之进化轨道，乃有统系者，如一条铁链然；铁链为无数之铁环互相衔接，互相联络而成，自首至尾节节进步，不能中断也。人生于世，于社会有关，于进化有关，只要做一分事业，即有一分效果，万一不做则如铁链中断，先我之人既前功尽弃，后我之人亦无从下手，吾人之责任又岂轻哉？张子所谓乾称父，坤称母，予兹藐焉，乃混然中处者，其责任若何之重大！知此责任，无论做何事业，心常舒泰，否则虽努力为之，未有不自觉其苦者。一般之人如此，而教育家之责任尤重，然切不可因其责重而退缩不前，只需认定方针，必可达到目的，所谓求则得之是也。人生不过数十寒暑耳，社会之纷纷扰扰，吾人何必去管？名利为身外之物，贪多务得，有何用处？即人有百裘，著于身者只一裘也；明乎此理，自然不做出位之思矣。况教育家自己所做之事，较他事尤有把握，如政治家之政策有失败时，而教育则无所谓失败也；功夫一毫不妄用，何乐而不为乎？余愿身当教育之冲者，自知其事业重大，且又极有把握；将他事看轻，执定主意，不与社会上之浊空气相接触，则心君泰然，自有余乐，何必以官易我之教育乎？世界各国之教育家，莫不有此理想，故能将至苦之生涯视为至乐之境，否则世界何能有进步？如艺花者起早眠迟，非不知自逸之乐也，唯其目的在欲得好花，故虽劳而不觉其苦；教育家之成德达材，视今日之生徒即他日文明灿烂之花也。鄙人极愿我国之教育家养成此志，将来对于中国之前途固有莫大之希望，即对于自己一身亦有非常之愉快矣。

向远处看

阿兰

法国哲学家、教育学家阿兰（1868—1951）是永恒主义教育哲学的代表人物。他认为教育的目的就是人的目的，人所有努力的原动力是“超越”，教育就是将每个儿童身上的这种冲动引向成功，所以他也一直提倡古典主义教育方式。他认为应向所有儿童讲授一种共同的课程，教育的基本任务在于磨炼学生坚强的意志和克服困难的能力，培养“可信赖的公民”。而教师面对烦琐的工作容易使自己画地为牢、视野受限、思想狭隘，从而忘记教育的希望与梦想、目标和方向。别只顾低头拉车，要时时抬头看路。

对于忧郁者，我只有一句话要说：“向远处看。”忧郁者几乎都是读书太多的人。人眼的构造不适应近距离的书本，目光需要在广阔的空间得到休息。当你仰望星空或眺望海天相交处的时候，你的眼睛完全放松了。如果眼睛放松了，头脑便是自由的，而步伐就更加稳健，那么你的全身上下，包括内脏，无不变得轻松、灵活，但是你不必尝试用意志的力量达到放松全身的目的。当意志专注于自身的时候，效果适得其反，最终会使你十分紧张。不要想你自己，向远处看！

忧郁确实是一种病，医生有时能猜到病因，开出药方。但是服药以后需要注意药力在体内的作用，还要遵守饮食规定，而你在这方面花费的心思正好抵销药力的效果。所以高明的医生会叫你去请教哲学家。但是你在哲学家家里又找到了什么呢？一个读书太多，思想上患近视症，因而比你还要忧郁的人。

国家应该像开办医学院一样开办智慧学院，在这种学校里教授真知：静观万物，体会与世界一样博大的诗意。由于人眼的构造上的特点，广阔的视野能使眼睛得到休息，这就为我们启示一个重要的真理：思想应解放肉体，把肉体交还给宇宙——我们真正的故乡。我们作为人的命运与我们的身体的功能有很深的联系。只要周围的事物不去打搅它，动物就躺下来睡觉，一睡就着。同样情况下，人却在思想。他的思想使他的痛苦和需要倍增，他用恐惧和希望折磨自己。于是在想象力的作用下他的身体不断绷紧，无休止地骚动，时而冲动，时而克制。他总在怀疑，总在窥视周围的人和物。如果他想摆脱这种状态，他就去读书。书本的天地也是关闭的，而且离他的眼睛、离他的情绪太近。思想变成牢笼，身体受苦。说思想变得狭隘或者说身体自己折磨自己，其实是一回事。野心家做一千次相同的演说，情人做一千次祈祷。如果人们想使身体舒适，那么应该让思想旅行、游观。

学问能引导我们达到这个境界，只是这种学问没有野心，不饶舌，不急躁，只要它把我们从书本上领开，把我们的目光引向遥远的空间。这种学问应是感知和旅行。当你发现事物之间的真正关系时，一件事物能把你引向另一件事物，引向成千上万种别的事物，这种联系像一条湍急的河流把你的思想带向风、带向云、带向星球。真知绝不限于你眼皮底下的某一件小事；这是理解最小的事物怎样与整体相联系。任何一件东西的存在理由都不在它本身，所以正确的运动使我们离开我们自身，这对我们的身体和我们的眼睛同样有益。通过这种运动，你的思想在宇宙中得到休息，而整个宇宙才是思想的真正领域。思想同时与你身体的生命取得协调，而人体的生命也是与其他一切东西相联系的。基督徒爱说："我的故乡在天上。"他无意中道出一个重要的真理，向远处看吧。

向远处看有意义的事

第五章

阳光与黑夜

儒勒·米什莱

儒勒·米什莱（1798—1874），法国著名历史学家，少年时代因家境贫困曾一度辍学，靠勤奋读完了中学和大学，并以优异成绩获得法国最高学府——高等师范学校文学博士学位，后任该校教授。他精心研究历史、哲学，遍历祖国山川海滨，对自然现象、动植物生活观察仔细，出版了《大自然的诗》系列4本散文著作：《鸟》《虫》《海》《山》。另著有《罗马史》《法国大革命史》《法国史》等。

无论是阳光还是黑夜，人类都应该庆幸我们有感知这世界变化的能力。

鱼的世界是静静的世界。俗话说："像鱼一样沉静。"

昆虫的世界是夜的世界，它们怕光。昆虫中即使像蜜蜂那样，白天劳动，但它还是喜欢黑暗。

鸟的世界是阳光和歌唱的世界。

万物生长靠太阳，一切都在它的照射下欢腾鼓舞。南方的鸟儿翅膀浸染着阳光：我们这里的鸟儿把阳光歌唱，还有许多鸟儿追逐日头，到处翱翔。

英国博物学家圣一琼说：“瞧吧，早晨它们礼赞朝阳，夕阳西下，又虔诚地飞集在一起，看落日在苏格兰海岸缓缓下降。黄昏时分，大松鸡飞到最高的杉树枝头瞭望，不停地摇晃着身子，这样它看到太阳的时间可以更长。”

对于它们，阳光、爱和歌唱都一样。倘若你要让捕获的夜莺在它们不发情的季节里歌唱，你就用布蒙住笼子，然后蓦地还给它亮光，它准会引吭高歌。野蛮人常把倒霉的燕雀弄瞎了眼睛，催它饱含着激情，迸发出绝望而痛苦的鸣叫，它用声音为自己创造出和谐的光辉，用内心的热忱为自己创造出它的新升的太阳。

阳光对于宇宙万物都意味着平安。

无论对于人类还是动物，光都是生命的保证，就像令人安详、和平、静穆的微笑，大自然的坦诚一样。光使在黑暗中追逐着我们的恐怖却步，使梦幻的烦恼和痛苦消失，使困扰灵魂的愁绪逃遁得无影无踪。

长期以来人类群居，已经不了解生活在旷野中的艰辛、惧怕、略无防卫之苦，自然界那可怕的大公无私的律令致人死亡，就跟给予生命一样。你祈求，也是徒然。大自然告诉飞禽：“猫头鹰也有生存的权利。”大自然回答人类：“我必须喂饱我的狮子。”

请你在旅行中仔细看一看荒僻的非洲那迷了路的不幸者的恐惧吧，请看一看可怜的奴隶在逃脱了人类的凶残之后又遇上了残酷的大自然时的恐惧吧。多么焦虑和痛苦啊，日落之后，成群的豺狼，充当狮子的可怖的前哨，开始转悠起来，它们远远地陪侍着它，或是在它前面用鼻子到处乱嗅，或是跟在它后头，像搬运尸体的役夫那样！它们对着你悲号，说道："明天，让别人来收拾你的骨骸吧。"这是多么巨大的恐怖！而这一切就发生在你身边……狮子看着你，目光炯炯地凝视着你，从它那青铜铸就的喉咙里发出低沉的吼声，对面前这个活生生的猎物喑呜叱咤，要把它吃掉！马也支撑不住了，浑身颤抖，冒着冷汗，直立起来……人蹲在那儿，腹背受敌，他几乎已经无力给这个唯一能保护他生命充满了光和热的城堡添加燃料了。

夜对于飞禽也是非常可怕的，甚至在我们这里危险好像比较少的地方也如此。黑夜里隐藏着无数妖魔鬼怪，在一片漆黑之中有多少令人害怕的东西啊！夜间奇袭的敌人一般都是这样，悄悄地猛扑过来。枭用寂静无声的双翼飞翔着，像是足下垫了棉花。颀长的臭鼬巧妙地钻进鸟窝，连一片树叶都没碰到。性情暴躁的榉貂嗜血成性，它是那样迅疾，只一下子就叼住禽鸟和幼雏，扼杀了全家。

一旦有了幼雏，鸟儿似乎对于这些危险产生了一种新的看法。它必须保护这个难禁风雨的穷家。走兽要比它好得多，因为幼兽生下来就能走路，但又怎样保护呢？它几乎只能待在那里等死，它飞不起来，爱折断了它的双翼。整夜，父亲看守着狭小的鸟巢入口，不睡也不困，历尽辛苦，用它脆弱的喙和不住摇晃的脑袋去抵挡危险，如果它看到面前突然出现了蛇那张开的血盆大口，圆睁着无限巨大的吓人的眼睛，该咋办?

对于任何生物，甚至对于被保护的幼雏，夜晚都是最大的烦忧。荷兰画家很能抓住这一点，并把它从放牧在草场上的牲畜身上表现出来。马自动走近了同伴，把头贴在它身上。母牛领着小牛犊返回栅栏，一心只想着进入棚屋。这些母牛有了一所棚屋，一个居所，有了足以逃避夜的陷阱的歇息之地啦。而鸟儿，却只有一片树叶!

清晨，恐怖敛迹，暗影已经消逝，小小的灌木丛被朝晖照耀得亮堂堂的。巢边有鸟语啁啾，噪声一片！它们仿佛是在互相祝贺，喜庆重逢，大家都还活着，接着就开始歌唱。云雀从田沟里出来，又飞又唱，把地上的欢乐带上天空。

革命之教育

邹容

本文选自《革命军》，作者邹容（1885—1905），民国著名革命家，先留学日本，1903年回到上海，致力于反帝爱国宣传组织活动，旋因“苏报案”被捕，死于狱中。《革命之教育》是邹容《革命军》一书第三章的内容。该文文辞简练、立意深刻，比较系统地阐明了国家兴亡与教育的关系。作者认为，教育是立国之本，教育不但可以使人掌握三种政治大义：爱国主义、自由平等意识和政治法律观念，而且可以使人养成多种优良社会品德，诸如自尊独立的个体精神，冒险进取、乐死不避的英雄气概，爱群敬己的社会公德，等等。因此，“革命之前，须有教育；革命之后，须有教育”。

革命者，国民之天职也，其根柢源于国民，因于国民，而非一二人所得而私有也。今试问吾侪何为而革命？必有障碍吾国民天赋权利之恶魔焉，吾侪得而扫除之，以复我天赋之权利。是则革命者，除祸害而求幸福者也。为除祸害而求幸福，此吾同胞所当顶礼膜拜者也。为除祸害而求幸福，则是为文明之革命，此更吾同胞所当顶礼膜拜者也。

欲大建设、必先破坏，欲大破坏、必先建设，此千古不易之定论。吾侪今日所行之革命，为建设而破坏之革命也。虽然，欲行破坏，必先有以建设之。善乎！意大利建国豪杰玛志尼之言曰："革命与教育并行。"吾于是鸣于我同胞前曰："革命之教育。"更译之曰："革命之前，须有教育；革命之后，须有教育。"

今日之中国，实无教育之中国也。吾不忍执社会上种种可丑、可贱、可厌、可嫌之状态，以出于笔下。吾但称之曰"五官不具，四肢不全，人格不完"。吾闻法国未革命以前，其教育与邻邦等；美国未革命以前，其教育与英人等。此兴国之往迹，为中国所未梦见也。吾闻印度之亡也，其无教育与中国等；犹太之灭也，其无教育与中国等。此亡国之往迹，我中国擅其有也。不宁唯是，十三洲之独立，德意志之联邦，意大利之统一，试读其革命时代之历史，所以鼓舞民气，宣战君主，推倒母国，诛杀贵族，倡言自由，力尊自治，内修战事，外抗强邻。上自议院宪法，下至地方制度，往往于兵连祸结之时，举国糜烂之日，建立宏猷，体国经野，以为人极。一时所谓革命之健儿，建国之豪杰，流血之巨子，其道德，其知识，其学术，均有振衣昆仑顶，濯足太平洋之概焉。吾崇拜之，吾倾慕之，吾究其所以致此之原因，要不外乎教育耳。若华盛顿，若拿破仑，此地球人种所推尊为大豪杰者也。然一华盛顿，一拿破仑倡之，而无百千万亿兆华盛顿、拿破仑和之，一华盛顿何如？一拿破仑何如？其有愈于华、拿二人之才之识之学者又何如？有有名之英雄，有无名之英雄，华、拿者，不过其时抛头颅，溅热血，无量无名之华、拿之代表耳！今日之中国，固非一华盛顿、一拿破仑所克有事也，然必预制造无量无名之华盛顿、拿破仑，其庶乎有济。吾见有爱国忧时之志士，平居深念自尊为华、拿者若干人，其才识之愈于华、拿与否，吾不敢知之，吾但以有名之英雄尊之，而此无量无名之英雄，则归诸冥冥之中，甲以尊诸乙，乙又以尊诸丙，呜呼！不能得其主名者也。今专标斯义，绝大斯旨，相约数事，以与我同胞共勉之。

当知中国者，中国人之中国也。中国之一块土，为我始祖黄帝所遗传，子子孙孙，绵绵延延，生于斯，长于斯，衣食于斯，当共守其勿替。有异种贱族，染指于我中国，侵占我皇汉民族之一切权利者，吾同胞当不惜生命共逐之，以复我权利。

人人当知平等自由之大义。有生之初，无人不自由，即无人不平等，初无所谓君也，所谓臣也，若尧舜，若禹稷，其能尽义务于同胞，开莫大之利益，以孝敬于同胞，故我同胞视之为代表，尊之为君，实不过一团体之头领耳，而平等自由也自若。后世之人，不知此义，一任无数之民贼独夫，大盗巨寇，举众人所有而独有之，以为一家一姓之私产，而自尊曰君，曰皇帝，使天下之人无一平等，无一自由……故我同胞今日之革命，当共逐君临我之异种，杀尽专制我之君主，以复我天赋之人权，以立于性天智日之下，以与我同胞熙熙攘攘，游幸于平等自由城郭之中。

当有政治法律之观念。政治者，一国办事之总机关也，非一二人所得有之事也。譬如机器，各机之能运动，要在一总枢纽，倘使余机有损，则枢纽不灵。人民之于政治，亦犹是也。然人民无政治上之观念，则灭亡随之，鉴于印度，鉴于波兰，鉴于已亡之国罔不然。法律者，所以范围我同胞，使之相无过失耳。卢梭曰："野蛮人无自由。"野蛮人何以无自由？无法律之谓耳。我能杀人，人亦能杀我，是两不自由也。条顿人之自治力，驾于他种人者何？有法律之观念故耳。由斯三义，更生四种：

一曰养成上天下地，唯我自尊，独立不羁之精神。
一曰养成冒险进取，赴汤蹈火，乐死不避之气概。
一曰养成相亲相爱，爱群敬己，尽瘁义务之公德。
一曰养成个人自治，团体自治，以进人格之人群。

中庸、苟且、小智小慧，是我们的致命伤

罗曼·罗兰

这篇文章是法国作家罗曼·罗兰《名人传》的引文，傅雷译。《名人传》是《贝多芬传》《米开朗琪罗传》和《托尔斯泰传》的合称。本书的三位传主都是人类历史上极富天才的伟大人物，罗曼·罗兰紧紧把握住这三位艺术家的共通之处，着力刻画他们在忧患困惑的人生征途上历尽苦难与颠沛而不改初衷的心路历程，突显他们崇高的人格、博爱的情感和广阔的胸襟。罗曼·罗兰具有非凡的才华与洞察力，他以气象磅礴的三位艺术天才人物为线索，从独特的角度对西方人文启蒙进程的心灵历程进行素描，为我们谱写了另一阕“英雄交响曲”。

我愿作证，一切行为高贵端正的人，一定能藉此承受所有不幸——贝多芬。

我们周围的空气是多么沉重。老大的欧罗巴在浑浊与腐败的气氛中昏迷不醒。鄙俗的物质主义镇压着思想，阻挠着政府与个人的

行动。社会在乖巧卑下的自私自利中窒息而死，人类喘不过气来。打开窗子罢！让自由的空气重新进来，呼吸一下英雄们的气息！

人生是充满苦难的。对于不甘于平庸凡俗的人，那是一场无尽无休的斗争，往往是悲惨的，没有光华的，没有幸福的，在孤独与静寂中展开的斗争。贫穷，日常的烦虑，沉重与愚蠢的劳作，压在他们身上，无益地消耗着他们的精力，没有希望，没有一道欢乐之光，大多数还彼此隔离，连对患难中的弟兄们伸一援手的安慰都没有，他们不知道彼此的存在。他们只能依靠自己，可是有时连最强的人都不免在苦难中蹉跌。他们求助，求一个朋友。

为了援助他们，我才在他们周围集合一些英雄的友人，一些为了善而受苦的伟大的心灵。这些“名人传”不是为野心家的骄傲申说的，而是献给受难者的。实际上谁又不是受难者呢？让我们把神圣的苦痛的油膏，献给苦痛的人吧！我们在战斗中不是孤军。世界的黑暗，受着真理之光的烛照。即是今日，在我们近旁，我们也看到闪耀着两朵最纯洁的火焰，正义与自由：毕加大佐和蒲尔民族。即使他们不曾把浓密的黑暗一扫而空，至少他们在一闪之下已给我们指点了大路。跟着他们走吧，跟着那些散在各个国家、各个时代、孤独奋斗的人走吧。让我们来摧毁时间的阻隔，使英雄的种族再生。

我称为英雄的，并非以思想或强力称雄的人，而只是靠心灵而伟大的人。好似他们之中最伟大的一个，就是我们要叙述他的生涯的人所说的：“除了仁慈以外，我不承认还有什么优越的标记。”没有伟大的品格，就没有伟大的人，甚至也没有伟大的艺术家，伟大的行动者。所有的只是些空虚的偶像，匹配卑俗的灵魂，时间会把他们一起摧毁。成败又有什么相干？主要是成为伟大，而非显得伟大。

这些传记中人的生涯，几乎都是一种长期的受难，或是悲惨的命运，使他们的灵魂在肉体与精神的苦难中磨手，在贫穷与疾病的铁砧上锻炼，或是目击同胞受着无名的羞辱与劫难，而生活为之戕害，内心为之破裂，他们永远过着磨难的日子。他们固然由于毅力而成为伟大，可是也由于灾患而成为伟大。所以不幸的人啊！切勿过于怨叹，人类中最优秀的分子和你们同在，汲取他们的勇气做我们的养料罢！倘使我们太懦弱，就把我们的头枕在他们膝上休息一会儿罢。他们会安慰我们。在这些神圣的心灵中，有一股清明的力量和强烈的慈爱，像激流一般飞涌出来。甚至毋须探询他们的作品或倾听他们的声音，就在他们的眼里，他们的行述里，即可看到生命从没有像处于患难时的那么伟大、那么丰满、那么幸福。

在此英勇的队伍内，我把首席给予坚强与纯洁的贝多芬。他在痛苦中还曾希望他的榜样能支持别的受难者，“但愿不幸的人，看到一个与他同样不幸的遭难者，不顾自然的阻碍，竭尽所能地成为一个不愧为人的人，而能借以自慰”。经过了多少年超人的斗争与努力，克服了他的苦难，完成了他所谓“向可怜的人类吹嘘勇气”的大业之后，这位胜利的英雄，回答一个向他提及上帝的朋友时说道：“噢，人啊，你当自助！”

我们对他这句豪语应当有所感悟。依着他的先例，我们应当重新鼓起对生命对人类的信仰!

唯有真实的苦难，才能驱除罗曼蒂克的幻想的苦难；唯有看到克服苦难的壮烈的悲剧，才能帮助我们担受残酷的命运；唯有抱着“我不入地狱谁入地狱”的精神，才能挽救一个萎靡而自私的民族：这是我十五年前初次读到本书时所得的教训。

不经过战斗的舍弃是虚伪的，不经劫难磨炼的超脱是轻佻的，逃避现实的明哲是卑怯的。中庸，苟且，小智小慧，是我们的致命伤。这是我十五年来与日俱增的信念。

——《名人传》傅雷译序

我心目中的好老师

德鲁克

"现代管理学之父""大师中的大师"，现代管理学的开创者与奠基者德鲁克，因其在管理学界的卓越贡献，在2002年获得总统自由勋章。他说，不管教与学，都是热情，一种是天生就有的热情者，另一种则是陶醉于热情而不可自拔者。

一、学生总可以辨认出老师的好坏

有一件事我很小的时候就知道了，那就是学生总是可以辨认出老师的好坏。

有的只是二流老师，但是舌灿莲花，机智幽默，因此留给学生至为深刻的印象；有些则是颇负盛名的学者，但是不算是特别好的老师。

但学生总可以识别出一流老师。

第一流的老师并不经常广受欢迎，事实上大受学生欢迎的老师并不一定能对学生造成冲击力，但是如果学生谈到上某位老师的课"我们会学到很多"，这样的话是可以信赖的，因为他们知道什么样的老师才是好老师。

我还发现，“老师”实在是不易定义。或者说“教学得力的因素何在”这样的问题是没有答案的。我从未看过做法完全相同的两个老师，每个老师都有其独特的表现方式。使一个老师成为第一流的方法，似乎对另一个老师来说完全没用，而另一个老师或许也不会采用这种方式。这种现象真令人困惑，至今我仍大惑不解。

二、教学是一种天赋，也是一种引导方法

有些老师是不用语言的，就像苏菲老师，施纳贝尔亦然。然而，同一时代还有两位卓越的音乐老师却很爱说话：过去50年来，在美国最厉害的钢琴老师就是列维涅，她上课老是说个不停，很少做示范；在年老之后成为美国首屈一指的声乐老师的奥地利女高音演唱家勒曼也是。

我还见过两位外科手术专家，他们也是难得的好老师，其中的一位不出声。他就站在总医师身后，看他做手术，从头到尾都不吐一个字。总医师每做完一个动作，就回头看，那位外科专家或点头，或摇头，或是轻轻地举起一只手，或者是扬起眉毛。在场的每一个学生自然而然地都了解每一个手势、动作的代表意义。另一位名医则在病人被推进手术室后，事无巨细地把手术的每一个过程都讲解一次。在手术中，他希望学生问他问题，他也会一一作答。这两位都教出了很多成功的外科医师。有一天，我跟一个朋友谈起这件事，他本人也是外科手术的好老师。

他笑着说："你说的一定是德巴基医师和库利医师，休斯敦的心脏外科医师。一位不爱说话，另一位又老是说个没完。我猜，这就是他们俩处不好的原因。"接着他又说，"你知道吗，真遗憾，我出生得晚，未能受教于哈佛的库兴医师。我在哈佛医学院接受训练时，大家对他记忆犹新。听说，他也是不发一言的老师。我自己碰巧是爱用语言表达的老师——有时候，我真希望不用说话就可以教会学生。"

有的老师比较会教高深的课程，有的老师则较适合教初学者。20世纪两位卓越的物理学家也是伟大的老师，他们是哥本哈根的玻尔和费米。费米晚年时就在芝加哥教书，但是玻尔只教天才学生。我听物理系的学生说，即使是最有天分的学生，也发现玻尔几乎让人无法理解。玻尔在上课前亦下了很多的功夫准备，然而学生却不能从他的授课和主持的学术研讨会得到什么。现代物理学的第二代大师，从海森伯到薛定谔，乃至奥本海默，在研究所深造时都接受过玻尔的指导，他们都把自己能成为科学家归功于玻尔。相形之下，费米比较会教大学部的学生，特别是新生，不准备踏入物理这个领域的，或是从来没有修过物理的学生。现代舞大师玛莎·格雷厄姆也是一位很厉害的老师，不管是初学者或是卓然有成的舞者，她都教得很好，而且用的是同一套教学法。

有些老师比较会上大班课，即在众多学生的面前讲课。富勒的课堂上足足有2000个学生，大家可以连续7个小时目瞪口呆地听他讲课。有的老师则在教小班课时，比较得心应手，女高音勒曼就是最好的例子。还有些老师像马克·霍普金斯则在一对一教学时，教得最好。有一句老话说，最好的学校就是要“霍普金斯站一头，一个学生在另一头”。然而，我本人还未见识过这样的老师。好老师就像是节目主持人，他们需要观众。还有的老师是用书写的方式教学，而不是用口语。第二次世界大战期间的美国将领马歇尔就是一例，通用汽车总裁斯隆也是。斯隆的书信也汇集在他出版的书《我在通用汽车的岁月》当中，此书也是有关教学的大师之作。当然，教给我们基督教传统的老师圣保罗也是最伟大的老师，他是以书信教导后人的。

表演者的能力和教师的才能似乎没有什么相关性，研究学问与教学或是技巧与教学之间也没有关联。

在欧洲传统的大画家中只有丁托列多的学生很多，但是没有一个学生可以达到二流画家的水准。格列柯例外，所有大画家几乎都是名不见经传的平庸画家教出来的。尽管奥本海默是卓越的管理人才，却未能跻身于相对论、量子物理和原子物理的伟人之列，但他却是个天才老师，激发年青一代美国物理学家的创造力，使他们发光发热。像我这样对物理一无所知的人，聆听他在普林斯顿的讲座，也觉得眼前像是浮现出了壮丽的高山、大海。海顿、莫扎特和贝多芬在维也纳时，也受教于一位伟大的老师——迪亚贝利，而他留给后世的不过是些枯燥无味的手指练习曲。再下一代的名师并不是舒曼、勃拉姆斯、瓦格纳，也非李斯特、柏辽兹，这些只能算是不错的老师，真正的名师是舒曼的遗孀克拉拉，她才是有史以来最伟大的钢琴教师。

通过“教学观摩”，我很早就下结论道：老师没有一定的类型，也没有完全正确的教学法——教学就像一种天赋，像贝多芬、卢本斯和爱因斯坦等那些与生俱来的奇才般，教学是个人特质，与技巧和练习无关。

多年后，我又发现另一类老师。更准确的说法是，他们会激发学生去学习。他们之所以能做到这一点，并非因为他们有特殊的天赋，而是凭借着一种方法来引导学生学习，正如我小学四年级的老师埃尔莎小姐。他们发掘每个学生的长处，并为他们立下近期与远程的目标，让他们更上一层楼。然后，再针对每个学生的弱点下对策，使他们在发挥自己长处时不至于受到弱处的牵制。这些老师还使学生从自己的表现中得到相当的回馈，进而培养自律、自我引导的能力。这样的老师多半会鼓励学生，而不是一味地批评，但是他们也不会滥用赞美的言辞，以免失去刺激的效果。他们认为该给学生的主要奖励就是满足感和成就感。

他们并没有“教”学生，而是为学生设计出学习的方法。因为总是采取一对一的方式，这种教学法几乎适用于每一个学生。因此，教学并不是指某个学科的知识，或是所谓“沟通技巧”，而是一种特质。对苏菲小姐那样的老师而言，教书和人格特质有关；至于埃尔莎小姐，教学则是一种方法。

天生的老师和利用教学法的老师又有一个相同点：他们都非常负责。就成果而论，这两种方式实在是差不多。教学最后的产物不是老师得到什么，而是学生到底学到什么。埃尔莎和苏菲小姐都会激发学生去学习。

关于这一点，是在我观察了几年别的老师教学之后才觉察的。我开始注意别人教学，是在1942年，也就是我开始在本宁顿学院任教时。当年，那所学校只是新英格兰的一家小型女子文理学院，1932年才创立，极具实验色彩。它们的目标不在于大，而在于精。这个理想在20世纪40年代，琼斯校长上任后短短几年间就几乎实现了。他原本在该校教经济学，1941年荣任校长（他在1946年时，转任为阿肯色大学校长，后来又成为新泽西拉特格斯大学的校长）。

琼斯先生在本宁顿学院校长任内，把一时俊彦都延揽到该校——现代舞的玛莎·格雷厄姆、心理学家弗罗姆、建筑师诺伊特拉等。然而他最在意的并不是这些人的声誉，而是他们是不是会教以及学生是否能学到东西。在短短的几年中，他就为学校募集了一流的师资，虽然人数不多，只有四十五个左右，但是几乎每一个都是相当有能力的老师。教得较差的，是无法在琼斯校长任内得到续聘的。其中有十几个老师都是大师级的水准，表现得叫人叹为观止，并具有相当的影响力。优秀老师的比例之高可说是前所未有的。而且，这些老师对学生的冲击力之大，远超过学生所能吸收的。

世上的老师何其多，个个都不同。以弗罗姆为例，他在小组教学方面，实在是其中的佼佼者，他的个别教学，却只是马马虎虎，若在大讲堂上课，效果就更差。建筑系的诺伊特拉后来也被换掉了——要是教学的对象是建筑师，他可说是最好的老师，然而就文理学院的建筑入门课程而言，他说的实在让人不知所云。过了几年，他饱受挫折地离开本宁顿学院，回去做建筑师。

还有一些虽不是“大师级的老师”，却能调教出“大师级的学生”。在学校的同人中，我知道有好几位就颇能运用教学法，引导学生学习。最典型的，就是另一个“玛莎”，一样教现代舞的玛莎·希尔。和玛莎·格雷厄姆不同的是，她本身并非伟大的舞蹈家，没有特别吸引人的特质，也不像玛莎·格雷厄姆上起课来，全班学生为之震慑。她是那么不起眼，站在人群中没有人能认出她，然而她的学生从她身上可以学到的，不会少于从玛莎·格雷厄姆那儿学来的，或许还更多呢。而且学生一致认为她作为老师的能力，比起“大师”玛莎·格雷厄姆毫不逊色。

玛莎·希尔所运用的教学法，也就是四年级教我的埃尔莎小姐所使用的。她花几天或几星期去观察学生的表现，思考每个学生的能力，他们该怎么做。她为每一个学生设计出一套课程，然后让学生各自发展，自己只在一旁观看。她还不断地催促学生在原来做得不错的地方力求突破。她总是和颜悦色，但不常称赞学生，当然学生若表现得不错，她还是会让他们知道。

还有一个人是本宁顿学院里学生公认的最杰出的老师，他就是研究但丁的名家弗格森，然而他也不能算是“教师”，而是学习课程的设计者。但是，学生一走出他的课堂，眼中无不闪烁着兴奋的光芒——不是为弗格森说的或做的，而是为他引导他们说出来或做出来的。另一位在教学法上卓然有成的陶艺家穆瑟西欧也采用同样的方式。她是个高大的德国女人，坚持无懈可击的技艺，并要求学生不可因现在的成就而自满，一定要力图突破。

因此，有两种截然不同的老师：一种是天赋型的，另一种则为学生设计学习课程，以方法为主。教书是一种天赋才能，天生的老师可自我改进并成为更好的老师；以方法为主的老师则有一套几乎人人适用的学习法。事实上，天生的老师再运用一点教学法，就可以成为伟大的老师，也可成为无所不能的名师，不管是在大讲堂上课、小组教学、教初学者或是指点已相当精进的学生都能愉快胜任。

苏菲小姐就有天生老师的魅力，而埃尔莎小姐则有自己的一套方法；苏菲小姐让学生豁然开悟，埃尔莎小姐则教给我们技能；苏菲小姐把梦想传达给我们，而埃尔莎小姐引导我们学习——苏菲小姐是教师，而埃尔莎小姐则是利用教学法的人。

这种区分并不会使古希腊的先哲，如苏格拉底大为意外。传统上，苏格拉底亦被称为伟大的老师。对此称呼，他本人应该没什么意见。但是，他从来就没有说过自己是个老师，事实上他也是一个利用教学法、引导学生学习的人。

三、教学即激发学生去学习

苏格拉底的方法并不是“教的方法”，而是“学的方式”，一种特别设计的学习法。苏格拉底对诡辩学派的批评就是因为他们太强调教的一方，并认为老师教的是“学科”。苏格拉底则觉得这种看法没有意义，他以为老师教的不是“学科”，而是“学习方法”，学生从而学到该学科的知识。“学”是有成果的，“教”则是虚假的。这种看法使他成为阿波罗神话中“希腊最有智慧的人”。

然而，过去两千年来，主张教学是可教的诡辩学派一直是主流。他们最后的大胜利就是美国高等教育盲目的信条，认为博士学位或是对某一学科的深究就是教学的先决条件。还好，诡辩学派所能主导的，也只有西方，其他文化中的老师并不像西方诡辩学派所说的那样。印度文里的老师就是“宗师”，亦即灵性的导师，这些“宗师”是天生的，而不是后天学成的。他的权威不是出自对某一个大学学科的研究，而是由精神而来。同样地，日本人所称的“先生”就有“大师”的意思，也不是单指老师。但在西方传统观念中，我们却把教书视为一种技巧而忘却苏格拉底的话：“教书”是天赋，“学习”则为一种技巧。

直到20世纪，我们才重新发现苏格拉底对“教”与“学”的定义。过去一百年来，由于我们比以前更认真地研究“学习”这个课题，所以才能重新体悟苏格拉底的话。我们发现，学习是深植于每一个人身上的，人类以及所有的生物都是照着一定方法学习的“学习体”。研究了一整个世纪后，我们对学习的认识，还是比不上埃尔莎小姐，但是我们很清楚，她的所知所行都是对的，而且适用于每一个人。

从苏格拉底的时代至今，两千年来，我们一直在辩论“教”与“学”到底是属于“认知的”还是“行为的”范畴。这真是一场无谓的战争。其实，两者皆是，也是另一种东西，那就是热情。

天生的老师一开始便满怀热情，而善于利用教学法的老师在学生有所领悟时而获得热情。

学生脸上那心领神会的微笑比起任何药物或麻醉品更令人上瘾。老师自己都教得烦闷无趣的话，教室有如被瘟疫肆虐一般，不管是教书或学习都会受到相当大的阻碍，这种病症只有“热情”能够解救。教与学好比是柏拉图式的爱，也就是柏拉图《会饮篇》中谈到的爱。每个人心中都有一匹尊贵的柏拉图飞马，从教或学当中才能找到伴侣。对天生的教师而言，热情就在他们身上；对利用教学法的老师来说，则可在学生的身上看到热情。

但是，不管教与学，都是热情，一种是天生就有的热情者，另一种则是陶醉于热情而不可自拔者。

我所瞩望的好教育

蒋梦麟

蒋梦麟先生（1886—1964），哥伦比亚大学博士，中国近代史上著名的教育家，中国第一位现代意义上的教育部长，也是北京大学历史上任职时间最长的校长。蒋老师认为教育是一门科学但不属于纯粹的理论科学，需要实践和应用，无法独立存在。尊重个人的价值，发展个人天赋之特性，进一步增长个人价值是蒋氏教育的核心思想。

一

我们以前听了俾斯麦说，德国的强盛，是小学教育的成功，所以我们也来办小学，以为小学堂办了几千个，中国就强了。后来听说日本强盛，也从小学教育得来，所以我们大家都信小学教育，好像一瓶万应如意油，一粒百病消散丸，灵验无比，吃了就百病消除。小学学生现在有千万了，哪知道社会腐败，比以前一样，国势衰弱，比以前一样，这是什么缘故呢？

是因为教育根本思想的谬误。

我常常听见人说，学生是中国的主人翁，若是学生是中国的主人翁，那谁是中国的奴隶呢？教育不是养成主人翁的。又有人说，教育是救国的方法，所以要小学生知道中国的危险，激发他们的爱国心。痛哭流涕地对小学生说，中国要亡了，这般天真烂漫的小学生，也不知道中国是什么东西，只听得大人说“不好了”“要亡了”这些话，也就悲哀起来了，弄得正在萌芽、生气勃勃的小孩子，变成枯落的秋草！

“主人翁”“枯落的秋草”两件东西，可算是我国办教育的出产品。

我们向来的教育宗旨，本来是养成主人翁的。俗话说“秀才，宰相之根苗”。向来最普通的小学教科书《神童诗》说：“朝为田舍郎，暮登天子堂。”我们又常常说，“范文正为秀才时，即以天下为己任”。个个秀才都要做宰相，个个田舍郎都想登天子堂，你看哪里有这许多位置呢？

我们向来读书的宗旨，却是要把活泼泼的人，做成枯落的秋草。科举的功效，读书的结果，把有用的人都变成了书呆子。这不像枯落的秋草吗？

《大学》讲修身、齐家、治国、平天下是中国教育的宗旨。到了后来，“规行矩步”“束身自好”算修身；“父为子纲”“夫为妇纲”“三从四德”等算齐家；愚民的“仁政”算治国。你看身哪里能修，家哪里能齐，国哪里能治呢？

现在要讲修身，要养成活泼泼的个人。要讲齐家，要夫妇平等，爸爸不要把儿子视作附属品，儿子不要把爸爸做子孙的牛马。要讲治国，先要打破牧民政策，采用民治主义，并要把个人和家的关系改变过来，创造一个进化的社会来，个人是社会的分子。不是单在家庭之中，做父亲的儿子，儿子的父亲，母亲的女儿，女儿的母亲，老婆的丈夫，丈夫的妻子，把家庭、国家，认作社会的两个机关来发展个人和社会的幸福，不要用家庭、国家来吞没个人，毁坏社会。

我们讲教育的，要把教育的出产品，明明白白定个标准。预定要产什么物品，然后来造一个一个制造厂。不要拿一架机器，就随随便便地造物品。据我个人的观念，我们以前所产的"主人翁""枯草"和所产的宰相圣贤，都是不对的。我们所要的物品，是须具有三个条件的人。

二

首先，我们要造就活泼的个人。

一个小孩子，本来就是活泼泼的，他会笑，会跳，会跑，会玩耍。近山就会上山采花捕蝶；近水就会去捞水草，拾贝壳，捕小鱼；近田就会去捕蝗虫、青蛙。他对于环境，有很多兴会。他的手耐不住地摸这个，玩那个；脚耐不住地要跑到这里，奔到那里；眼耐不住地要瞧这个，看那个；口关不住地要说这样、那样；你看如何活泼。

我们办学校的，偏要把他捉将起来，关在无山，无水，无花，无鸟的学校里；把他的手脚绑起来，使他坐在椅子上不能动；把他的眼遮起来，使他看不出四面关住的一个课堂以外的世界；要他的口来念“天地玄黄，宇宙洪荒”“人之初，性本善”等种种没有意义的句子。现在改了“一只狗”“一只猫”“哥哥读书，妹妹写字”这些话，就算是新式教科书了。

还有讲历史的时候，说什么“黄帝战蚩尤”这些话，小孩子本不识谁是黄帝，更不识谁是蚩尤。孩子听了，好像火星里打来一个电报。还有叫他唱“陀，来，米，发，索，拉，西”的歌；叫他听“咿唎呜噜”响的风琴。不如小孩儿素来所唱的“萤火虫，夜夜红，给我做盏小灯笼”好得多。二十五块钱的坏风琴，不如几毛钱的笛和胡琴好得多。

小儿的生长，要靠着在适当环境里活动。现在我们把他送入“监牢”里束缚起来，他们如何能生长？

德国人福禄培创教养儿童自然的法儿，他设了一个学校，用各种方法，使儿童自然生长；他不知道叫这学校作什么，一日他在山中游玩，看见许多花木，都发达得了不得，他就叫他的学校作幼稚园。幼稚园的意思就是“儿童的花园”，后来哪知道渐渐变为“儿童的监狱”。我们把儿童放到学校里来，只想他们得到知识，忘记了他是活泼泼的一个孩子。

无论在小学里或在中学里，我们要认定学生本来就是活的，他们的体力、脑力、感觉、感情，自一天一天地发展。不要用死书来把他们的生长力压住。我们都知道现在中学卒业的学生，眼多近视了，背多曲了。学级进一年，生气也减一年。我们不需要这样教育的出产品！

三

我们要造就能改良社会的个人。

一个人生在世上，终逃不了社会，所以社会良不良，和个人的幸福很有关系。若我但把个人发展，忘却了社会，个人的幸福也不能存在。

在中国办学的一个难处，就是社会腐败。这腐败社会的恶习，多少终带入学校里来。所以学校里的团体，终免不了社会上一种流行的恶习，不过比较好些罢了。学校是社会的镜子，在这镜子里面瞧一瞧，可以见得社会上的几分恶现象。不过学校里的生活，终会比社会上高一层，所以学生可以有改良社会的一个机会。

普通父母送子弟入学的用意，是有两种希望。一种是为家庭增资产：以为“我的儿子”入了学校，念了书，将来可以立身，为家庭增一个有用的分子；一种是为国家求富强：以为“我的儿子”求了学，将来可以为“拯世救民”的人才。

而好的学校宗旨，是在养成良好的社会分子，为社会求进化。社会怎样才进化？个人怎样参加谋社会进化的运动呢？这两个问题是学校应该问的。

我想，要学生将来参加改良社会的运动，要从参见改良学校社会的运动做起。我讲到此处，不得不提起学生自治的问题了。

学生自治，是养成青年各个的能力，来改良学校社会。他们是以社会分子的资格，来改良社会，大家互助，来去求社会的进化。不是治人，不是做主人翁，是自治，是服务。有人说学生在自治社会里自己捣乱，所以自治是不行的。我想自治会里边起冲突，是不能免的，这是一定要经历的阶段。况且，与其在学校里无自治，将来在社会上捣乱，不如在学校中经历这个实验，比较少的费用即可完成。

四

我们要造就能生产的人。

以前的教育，讲救国，讲做中国的主人翁，讲济世救民。最好的结果，不过养成迷信牧民政策的人才。不好的结果，自己做了主人翁，把国家当作奴隶；不来救国，来卖国；不来济世救民，来鱼肉百姓；到了后来，“只许州官放火，不许百姓点灯”。

今后的教育，要讲生产，要讲服务，要知道劳工神圣。为什么要讲劳工神圣呢？因为社会的生产都靠着各个人劳力的结果，各个人能劳力，社会生产自然就丰富了；假如大多数的人都是“四体不勤，五谷不分”，社会怎么能生存呢？

又如杜威先生说，希腊文化很发达，科学的思想也很发达，何以希腊没有物质科学家呢？何以物质科学到十九世纪才发展起来呢？因为希腊人瞧不起做工的人。瞧不起做工，就不会做实验，不会做实验就没有物质科学家了。

我们中国，素来把政治、道德两样合起来，做立国的中心。我们的学校，也不外政治道德四个字。几千年来的教育宗旨，都是一个“拯世救民”的仁政主义，牧民政策。今天以百姓当羊来牧他，明天羊肥了，就来吃他，你看中国几千年的“一治一乱”，不是羊瘦牧羊，羊肥吃羊的后果么！

…………

要能独立生产，要先会工作，要知道劳工神圣。美国教员联合会现在已加入劳动联合会，这是全国教师承认教书也是一种劳工。凡有一种职业，为社会生产的，都是劳工。劳心劳力，是一样的。“劳心者役人，劳力者役于人”这两句话，是在有分阶级的意思在里面，未免把劳力的人看得太轻了。

把以上的话总括说一句，教育要定出产品的标准，这就是标准：活泼泼的，能改良社会的，能生产的个人。这就是我所瞩望的中国教育的未来。

论教育之宗旨

王国维

王国维在文中指出：教育旨在培养“完全之人物”，能力全面、和谐发展的人才。他认为人的能力，分“身体之能力”和“精神之能力”。“完全之人物”就是精神和身体“无不发达且调和”的人。他还认为，人的精神能力是由智力、情感、意志三部分组成的，因此培养“完全之人物”的“完全之教育”就必须含对智力培养的“智育”、意志培养的“德育”、情感培养的“美育”和身体训练的“体育”。他指出智、德、美不是“各自独立”的，而是“互相交错”的，只有“三者并行”协调，“又加以身体之训练”才能成为“完全之人物”。

教育之宗旨何在？在使人为完全之人物而已。何谓完全之人物？谓人之能力无不发达且调和是也。人之能力分为内外二者：一曰身体之能力，一曰精神之能力。发达其身体而萎缩其精神，或发达其精神而罢敝其身体，皆非所谓完全者也。完全之人物，精神与身体必不可不为调和之发达。而精神之中又分为三部：知力、感情及意志是也。对此三者而有真美善之理想：“真”者知力之理想，

“美”者感情之理想，“善”者意志之理想也。完全之人物不可不备真美善之三德，欲达此理想，于是教育之事起。教育之事亦分为三部：智育、德育（即意志）、美育（即情育）是也。如佛教之一派及希腊罗马之斯多葛派[①]，抑压人之感情而使其能力专发达于意志之方面；又如近世斯宾塞尔[②]之专重智育，虽非不切中一时之利弊，皆非完全之教育也。完全之教育，不可不备此三者，今试言其大略。

一、智育

人苟欲为完全之人物，不可无内界及外界之知识，而知识之程度之广狭，应时地不同。古代之知识至近代而觉其不足，闭关自守时之知识，至万国交通时而觉其不足。故居今之世者，不可无今世之知识。知识又分为理论与实际二种；溯其发达之次序，则实际之知识常先于理论之知识，然理论之知识发达后，又为实际之知识之根本也。一科学如数学、物理学、化学、博物学等，皆所谓理论之知识。至应用物理、化学于农工学，应用生理学于医学，应用数学于测绘等，谓之实际之知识。理论之知识乃人人天性上所要求者，实际之知识则所以供社会之要求，而维持一生之生活。故知识之教育，实必不可缺者也。

---

① 斯多葛派：今译斯多亚学派，古希腊和罗马帝国时期的哲学学派，其体系分为逻辑学、自然哲学、伦理学三部分，以伦理学为中心，强调人是自然的一部分，只有善才能和理性和谐，成为有美德的人，否则只是恶。

② 斯宾塞尔：今译斯宾塞。

二、德育

然有知识而无道德，则无以得一生之福祉，而保社会之安宁，未得为完全之人物也。夫人之生也，为动作也，非为知识也。古今中外之哲人无不以道德为重于知识者，故古今中外之教育无不以道德为中心点。盖人人至高之要求，在于福祉，而道德与福祉实有不可离之关系。爱人者人恒爱之；敬人者人恒敬之。不爱敬人者反是。如影之随形，响之随声，其效不可得而诬也。《书》云："惠迪，吉；从逆，凶。"[①]希腊古贤所唱福德合一论，固无古今中外之公理也。而道德之本原又由内界出而非外铄我者[②]。张皇而发挥之，此又教育之任也。

三、美育

德育与智育之必要，人人知之，至于美育有不得不一言者。盖人心之动，无不束缚于一己之利害；独美之为物，使人忘一己之利害而入高尚纯洁之域，此最纯粹之快乐也。孔子言志，独与曾点[③]；又谓"兴于诗""成于乐"（《论语·泰伯》）。希腊古代之以音乐为

---

① 惠迪，吉；从逆，凶：语见《尚书·大禹谟》："惠迪，吉，从逆，凶惟影响。"惠，顺也。迪，道也。逆，反道，逆道而动。此句意为天道可畏，人必须顺从天道。

② 非外铄（shuò）我者：语出《孟子·告子上》："仁义礼智，非由外铄我也。我固有之也，弗思耳矣。"杨伯峻的译文为："这仁义礼智，不是由外人给予我的，是我本来就具有的，不过不曾探索它罢了。"铄：削弱。这里解释为"授"，给予。

③ 孔子言志，独与曾点：事见《论语·先进》，曾点即曾皙，曾参之父。有一次，孔子让弟子们谈谈自己的理想和志向。众弟子言毕，孔子长叹一声道："我同意曾点的主张呀！"

普通学之一科，及近世希痕林[1]、希尔列尔[2]等之重美育学实非偶然也。要之，美育者一面使人之感情发达，以达完美之域；一面又为德育与智育之手段，此又教育者所不可不留意也。

然人心之知情意三者，非各自独立，而互相交错者。如人为一事时，知其当为者“知”也，欲为之者“意”也，而当其为之前又有苦乐之“情”伴之：此三者不可分离而论之也。故教育之时，亦不能加以区别。有一科而兼德育智育者，有一科而兼美育德育者，又有一科而兼此三者。三者并行而得渐达真善美之理想，又加以身体之训练，斯得为完全之人物，而教育之能事毕矣。

教育的宗旨
- 体育
- 心育
  - 智育
  - 德育
  - 美育

（以上）完美无缺的人物

① 希痕林：今译谢林（1775—1854），德国著名哲学家，德国古典哲学代表之一。主要著作有《论宇宙精神》《先验唯心主义体系》《神话哲学》等。

② 希尔列尔：今译席勒。

教育家之任务

孙中山

本文是孙中山先生1912年9月在北京教育界欢迎会上的讲演词。该文简明扼要地表述了作者对中华民国教育界人士的希望和要求。其一，学问是立国之本，各位学人只有锐意进取，“使中国学问与欧美并驾”，中国的政治经济事业才能进步。其二，当今中国的政治制度已与昔日不同，各位学人应革除专制时代“以利权为目的”的求学宗旨，确立“为平民谋幸福，为国家图富强”的求学方针。只有这样，中国才有希望摆脱被“瓜分”的厄运，与世界各国同享和平。

兄弟今日承学界诸君厚意，欢聚一堂。兄弟于我中华民国，学界前途，对于诸君有无穷之希望。盖学问为立国根本，东西各国之文明，皆由学问购来。我国当革命以前，专制严酷，人无自由之权。然能提倡革命，一倡百和，以至成功，皆得力于学说之鼓吹。数十年来，奔走运动，都系一般学界同志之热心苦业，始得有今日之共和。

今破坏已完，建设伊始，前日富于破坏之学问者，今当变求建设之学问，世界进化，随学问为转移。自有人类以来，必有专门名家，发明各种专门学说，然后有各种政治、实业之天然进化。二十世纪以前，欧洲诸国发明一种生存竞争之新学说，一时影响所及，各国都以优胜劣败、弱肉强食为立国之主脑，至谓有强权无公理。此种学说，在欧洲文明进化之初，固适于用，由今视之，殆是一种野蛮之学问。今欧美之文明程度愈高，现从物理上发明一种世界和平学问，讲公理不讲强横，尚道德不尚野蛮。从前生存竞争之学说，在今日学问过渡时代，已不能适用，将次打消。何谓过渡时代？盖由野蛮学问而进于文明学问也。

诸君今日于学问一途，尚当改良宗旨，着眼于文明，使中国学问与欧美并驾，则政治实业，自有天然之进化，将来中华民国，庶可与世界各国同享和平。且专制时代，一般士子求学之心思，皆以利权为目的，及目的达到，由是用其智识，剥害民权，助桀为虐，是学问反为贼民贼国之根，由此兄弟从前之所痛恨最切者。

今国政既革，诸君求学之心思，亦宜更革。盖共和之国，首重平权，弱肉强食，优胜劣败之学说，是社会之蠹，非共和国之所宜用。我国四亿同胞，智愚不一，不能人人有参政之智能。才智者既研究各种学问，有政治之能力，政治之权势，则当用其学问，为平民谋幸福，为国家图富强。诸君须知此后求学方针，乃期为全国人民负责，非为一己攘利权。从此研究文明学问，铲去野蛮学问，使我国之道德日高一日，则我国之价值亦日高一日。价值日高，则有神圣不可侵犯之地位，而瓜分之说，自消灭于无形也。兄弟于诸君有厚望焉！

若不独立　人非为人

福泽谕吉

作者强调人的独立精神的极端重要性和迫切性，要求毕业生们成为“具备独立素质的人”。福泽谕吉（1835—1901）是日本明治时期的启蒙思想家和教育家。他生于一个下级武士的家庭，14岁开始学习汉语，通读“四书”“五经”；19岁时学习了荷兰文化和西方文化；23岁创办兰学塾，第二年开始学习英语，后从事翻译工作并随对外使节出访西欧。1868年，他将兰学塾扩建为庆应义塾，向全国招收学生。之后，他以民间思想家、教育家的身份从事著述及教育活动，宣传西方教育思想。《劝学篇》一书是福泽谕吉的代表作，书中宣扬的“天不生人上之人，也不生人下之人”的思想，为人的“独立”奠定了理论基础。

一、劝学

今天各位毕业了，实在是件令人高兴的事，从今以后离开学塾，就要忙于居家处世的事务，依依送别之时谨奉告一言。我经常向义塾学生谈论经济的重要性。一说到经济，必然涉及钱的事，学者听了不感兴趣。尤为不幸的是，一旦误解其意义甚至会误入歧途，所以今天我要从议论心术开始，然后再谈经济。大凡在人生中最重要的是掌握独立的意义。人之所以为人就在于此。荣辱的区别、君子小人的区别，归根结底也在于其人是否独立。从一个人、一个家庭到一个国家，若不独立，可以说人非为人，家非为家。这个道理大家已经知道，今天无须赘言。有人以为，独立之意义虽然如此重要，但身体力行之是人生中最困难的，实际上不是这样。仅就今日我们常见的人事关系，以概述其要点：第一，扩展知识见闻是重要的。人的智力有限，向他人请教求得利益是理所当然之事，而且人与人之间也有互助的义务，但是人的一生可能遇到千般万种的事情，只依赖他人，而缺乏独立思考，就等于自身虽有而若无。唯听他人之言以决定自身的进退，这是无知者之流的所作所为，恰如家中没储存一分钱，只靠他人的惠顾而饮食的人。因此要完全掌握独立的意义，就必须具有普通的知识和见闻。诸位在本学塾已学习多年，今后走向社会对不熟悉的事情向别人请教是理所当然的，但是不可完全没有自己的独立思考，只借用他人的智慧是不行的。我深信不疑的是，你们是具备了独立要素的人。第二，对有形之物不要仰仗他人的帮助。人有贫富、幸与不幸之别。邻家富有，而我家贫穷，的确是难堪的事，但这是因为文明社会组织的不健全而产生的幸与不幸之区别，不是靠人力能医治的。况且，羡慕邻人又有何用？那是根本无益的。我走我的路，自食其力，以贫居贫。如有幸而致富，则以富处富，毫不贪图意外之财，直至终生。在这个极其复杂的社会中，虽然有屈节取利之途，但屈节意味着没有自身的价值，而依赖他人，则是将自己置于非人之地以求利。打个譬喻，如同有一块黄金和自己的身体，二者任选，你杀身而取黄金，这就等于丧失精神独立，堕落为非人地步的人，活着也无异于动物，已经丧失了人的灵魂。大家长期受本学塾的风气所培养，是掌握了独立意义的人，所以无论受何事所迫都不要屈节以牟私利，更不可过分依赖他人。简单地说，不借无偿还目的的钱，不求助于你不了解的人。虽穷而不乞怜，虽迷途而不自陷；为贪图一生快乐，又何必烦扰他人呢！对大家，我敢保证绝无屈节之人，我是很放心的。

虽然独立的意义非常重要，但若把它解释得简单些并不很难。诸位的身上已经具备了应有的素质。大家今后也许要步入实业社会吧。近来学者人数逐渐增多，在社会上已不足为稀，所以要谋求一个地位很难，虽然后来者出路艰难，但是从另一个方面看，社会上应做的事业还有不少，实业家常苦于无人。即使是可以预料到的眼前的利益，也因为没有适当的人选而使唾手可得的利益化为泡影，我们不止一次听到这种憾言。可以说这是实业社会的一大难事。假如诸君知道人生的艰难，并且把平生所得的知识付诸实施，愉快地工作，把劲头放在他人耳目所未及之处，则取得了立身之道，力量也会绰绰有余。古人云：阴德必有阳报。把力量放在人所不知之处，就是阴功，必得有阳报。不同职业的种类，勿论报酬的厚薄，只要是适合本身做的工作，就坚定不移地追求进取。不顾左右，其中最重要的只有一点：无论从事什么样的低贱职业都不要忘记独立之大义，保持君子的风度，面临紧要情况而不屈节。这就是不同于一般学者士人凡俗之处，从而能够被别人尊重而易于立身的原因。我常说，现在的后来者如有立身处世之决心，其心术应该像无禄时代的武士，其工作应当如小官吏和商人。这句话的意义即在于此。在座的诸君，不要担心在世上得不到优越地位。

二、要晓得汉学已经失效

各地少年轻浮、躁进、妄谈时事不知伊于胡底，而且使社会安定受到妨害，对此我们深感忧虑。至于防止这一形势的策略，我的看法和治世家的看法略有不同。最近我在《时事新报》的社论中做了概要的论述。这些少年喋喋不休地评论政事，多出于无事无聊的心态。所谓无聊就是精神无所寄托，所谓无事就是无所事事地消磨时光。不了解社会，只从外表看如痴如愚，仅以少年血气方刚的气质，企图做各种各样的事，但却陷入轻躁与蛮横。为防止这种现象的出现，就要使少年们感到有许多事要做。这样可以分散他们的精力。古人曰："人生识字忧患始。"通过读书识字，可以了解许多古今的事理，这样使他们有事可做，不再是无所事事地消磨时光。现在的少年多半有接受教育的天赋，并不迟钝。但是他们所受的教育如何？只局限在入地方小学，能暂时入中学的人很少。这些中小学的教学如何？小学的课本、中学的教学水平都不高。维新初期，公立、私立学校中主要学习西洋的原著，明治六、七年更倡导以读洋书为正规，多聘用西洋人来教授。后来又改变措施，辞退了聘用的语言学教师，改为教授和[①]汉之书及翻译的书，把西洋的原著视作无用之物。招聘年老的汉儒做学校的教员，致使多数少年没机会接触洋书，只靠翻译的书籍加上洋学者的介绍来获得知识。（十年前，有个地方设立了洋学校，主要由政府管理。买进一些洋书、器械等对青少年实施教育，结果收益不大。忽然学校组织一变，不使用西洋书籍和器械了。这不限于一个地方，当时全国普遍流行。）这种教育的状况，只能说明对学术、对政治经济缺乏高瞻远瞩的眼光。三四年前设立了府县会，由政权参与的政谈逐渐在社会上盛行起来，少年们也不得不参加此政谈。这种政论多半是揭露当时的弊端，所涉及的问题甚多，从地方官厅的施政到警察巡查的一举一动，其根据也不过是从汉书或译书之类得来的见闻。地方报纸上的很多报道失实，这不足为怪。近年来，演说中词不达意的现象屡见不鲜。统计一下这些人的姓名、履历及出现错误的次数，便可以发现：出现错误次数最多的人，其受教育的程度也最低，受教育的时间也最短；反之，出现错误少的人受教育程度都较高；受教育的程度与失误的程度二者是成反比的。这是千真万确的事实，绝非妄言。

现在的治世家果真有真知灼见吗？少年的轻浮真是学习洋学之过吗？正如用儒家学说、周公、孔子的教导来平息社会上的风潮一样，这实在令人感到可笑又可怜。少年的浮躁不是学习洋学之过，

① 和指和学，和学即日本的国学，江户时代兴起的以研究日本神代史、皇朝史、典章制度与文学等内容的学问。

相反是不知洋学之罪。试想，善于进取者，亦是好的维护者。十六年来对国家的经营管理是什么的功劳呢？不外乎是洋学者们的功绩，即遵奉洋学者的教导做了事情。此间汉学与和学做了哪些事情？也只能说是没有妨碍文明进步罢了。从古至今千百年来，我国的文明有神、儒、佛教的功德，不能抹杀这一点，相反还应大加赞赏。但不能否认它们对近代的文明进步没有起什么作用，其软弱无力也是众所周知的事实。今天如被暂时的社会风潮所吓倒，企图借助和学、汉学作为退守之策，应该说这是脱离实际的想法。不懂得进攻的人，岂能明白退守之策？如此下去，距今不过三年便有后悔之日。

在这里，姑且不谈和学、汉学理论。先就今日少年们的浮躁而言，这是我们最忧虑的。预防它的方法在于在全国大力奖励洋学，学术、经济、政治学一切均以西洋的原著为根据进行教授，以使少年们知道学术之艰难，学问之高尚，这是唯一的良策。这样，可使他们心事繁多，有忧患感，再也无暇从事脱离实际的政治空谈。让他们品尝学术日新月异之真正意义，以达到其佳境，并引导他人也进入此佳境。为此，只靠报纸、演说来宣传其实际情况，实在是一件困难的事，有时它会令人失望，甚至迫使人在失望之余放弃学问，此乃学者的一大忧患。政治经济学也是如此。如果不学无术，只顾眼前的小利益，一旦要决定一国之大计时，则不免将天下公众引入歧途，白费心机。政府当局中缺乏胆识的人不少，更糟的是对这些人不加申斥，不加责备，对其无识不以为耻，反以为荣。要想把光明正大的论锋导入其中，是很难的事情，往往令人失望，这也是学者明明知道的忧患。既然知道了这个忧患，也就找到了产生轻浮、暴躁的社会原因。因此，当今的治世家如果真的担忧社会上的轻浮、暴躁者，就应该引导少年们认真地学习西洋学，此外别无好方法，这是浅显易懂的道理。若看不到此浅显易懂的道理，只顾眼前的利益，使本来就缺乏文明的少年更得不到接近文明。尤其是将孔孟之教定为基础，来制止今日的人心波动，束缚人的思想，以便经营文明昌盛的社会事业，这不仅是脱离实际的迂腐，依我来看，简直就是极端的迂腐，极端的轻浮行为。

1883 年

教育，财富蕴藏其中

第六章

多元跨学科教育才能培养真正的大师

查理·芒格

素有“幕后智囊”和“最后秘密武器”之称的查理·芒格，是巴菲特的黄金搭档。他曾在哈佛大学法学院毕业50周年聚会上以“多元学科教育”为主题进行了生动的演讲。

查理·芒格针对当下教育缺乏学科一体化的现状，阐述了多元跨学科教育可以有助于我们提高职业认知，解决生活问题。他在介绍了当下多元学科一体化的研究进展后，结合个人经历提出了研究思路和可行路径，其中列举的“美国飞行员训练案例”、学校实践策略、可应用的模式等，均对当下多元学科一体化的进程产生了重要影响。

一、职业认识需要增强多元学科技能吗?

为了解决这个问题，我们首先得明确多学科知识是否会提升职业认知。决心纠正偏离的认知，必定先要探明造成这种错误认知的原因。萧伯纳笔下的一个人物曾如此解释职业缺陷：“所谓职业，不过是蒙骗外行人的阴谋。”萧伯纳分析得极是。让我们追溯到十六世纪，当时占统治地位的神职人员因为威廉·丁道尔把《圣经》翻译成英文，就把他活活烧死在柱子上。

萧伯纳对这个问题一笔带过：从利己出发故意的作恶行为是刽子手。值得一提的是，在职业生涯中，潜意识层面复杂的思想倾向经常会导致可怕的后果，其中有两个倾向尤为突出：动机引起的偏见，一种先天的认知倾向，认为对职业有利的东西必将对客户或者广域文明有利。锤子倾向，源自一个谚语："对于一个拿着锤子的人来说，他眼中的问题都像钉子。"

纠正锤子倾向有一个对策，如果一个人拥有多学科技能，也就是说，在掌握多种工具后，将会限制由于锤子倾向带来的认知倾向度。此外，如果他能从实践心理学中学到一个道理——不管是自己还是其他人，若为了避免人生走上偏离的轨道，毕生都必须跟上面提到的两种倾向做斗争——那么，在通往生活智慧的道路上，他就跨出了新的一步。

如果A是一个专业原理，B也是一个重要的使用原理，但它来源于其他学科，显而易见，掌握A和B两者的效果通常要好于单纯掌握A。有人提出不愿意掌握B的合乎情理的原因是考虑到A的重要性，以及生活中有其他更紧急的事要做，学习B似乎不切合实际。稍后我将阐述这种理由的不明智性，至少对大多数有天赋的人来说是如此。

二、教育是否已具备足够的学科一体性?

我们的教育极度缺乏学科一体化，许多问题都是跨学科的，如果不运用跨学科的知识来解答，就相当于一个桥牌手把所有的注意力都集中到将牌上，对其他任何因素都不予关注。

这种疯狂行为就像疯帽子茶会一样愚蠢，职业实践中这种现象屡见不鲜。更糟糕的是，在基础性不如生物学的人文科学中，各个学科相互独立的思想已经深入骨髓。

我年轻的时候，一些德高望重的教授就对此大为震惊，因为学术界相互隔离、不相往来，大家各执一端，排斥其他领域的观点。

怀特海早就对此大加鞭挞，他称之为“致命的学科间壁垒”，用严厉的口吻为人们敲响了警钟。自此，怀特海的观点越来越得到大家的认同，而一些顶尖教育机构为改变这种学科分离的状况在增强跨学科教育方面取得了令人瞩目的成效，并涌现出一些在多学科交叉处奋勇战斗的勇士们，如哈佛大学的威尔森和加州理工大学的莱纳斯·鲍林。现代学术界在学科一体化方面比过去做得更好，这是正确选择。

三、多元学科教育最佳的实践形式是什么？

至于第三个问题，我们可以转换为：目前的目标是什么？

精英教育中多学科教育的最佳形式是什么？这个问题很简单，只要反思一下我们最为成功的单一学科教育，从中筛选出最基本的成分，然后把这些要素综合起来，最终将获得圆满的解决方式。

为了找到单一学科最好的教育模型，我们应看看高效率的教育带来的强大激励效果。

下面我们来谈一个逻辑性学科——对飞行员成功地推行强制性教育。

同其他职业一样，飞行驾驶中要面临锤子倾向带来的负面影响，我们不希望任何一个飞行员在应对X危险的时候，脑子里仅仅只有X的模型。考虑到种种原因，我们必须严格按照“六因素系统”来培养飞行员。

1. 所接受的正规教育的广度足以让他应付飞行实践中几乎所有可能遇上的问题。2. 所接受的必要的专业教育不仅能让他顺利通过一两项测试，而且能够让他应付自如地实践问题，甚至能同时处理一至两个复杂的危险状况。3. 必须学会正向和逆向思考，还必须学会何时把注意力放在期待的效果上，何时放在避免的错误上。4. 训练内容应根据学科的不同合理分配，以追求未来实践错误损失最小化为目标。针对实践中最重要的内容，进行强化训练，达到灵活运用的地步。5. 必须养成检查“清单”的习惯。6. 接受以上教育之后，必须养成复习知识的习惯——经常使用飞行模拟器，防止应对罕见和重要问题的知识在长期闲置后发生钝化。

这样一个涵盖六因素的合理系统对单一学科的要求很高，因为它下的赌注也很高，它与人类思维的深层结构相吻合，是必须掌握的。所以，我们期待能增强问题解决能力的教育必须具备以上六要素，应当在这些内容上进一步扩展，否则，还有什么其他更好的做法呢?

综上所述，我们希望通过精英教育获得货真价实的产品，必须能在广阔的多学科教育中获得最佳效果；能够持之以恒地应用必要的实践技能，包括具备跨越众多学科的综合能力；能在必要的情况下应用自如、灵活变通；能正向思考，也能逆向思考，正如代数中的逆运算一样；还能让习惯性的“清单”检查成为知识系统的一部分。

为了获得处事智慧，别无他法，也没有更简单的方法。这个任务看起来覆盖面积很广，让人望而生畏，似乎难以完成，但如果从以下三个因素通盘考虑，完成它并不是不可能的事情：

第一，从“必备技能”的定义看，我们认为，不能苛求每个人对天体力学的掌握达到与拉普拉斯并驾齐驱的地步，也不必苛求大家在其他知识领域也达到如此精湛的水平。实际上，每门学科真正重要的内容数量并不多，相互之间的影响也不复杂，考虑到耗费的时间和人力，对大多数人来说，掌握多学科的重要知识并不是不可能的。

第二，精英教育必须具备能人和时间。毕竟接受教育的是百里挑一的智力超群的人，一般说来，教育他们的老师要比学生还要优秀。我们有十三年充裕的时间，足以把这些尖子生培养成为职业新手。

第三，逆向思考和操作简单很容易学习，在飞行员中是如此，在日常生活中同样如此。

此外，我深信我们能够增强多元学科的技能。我们也曾目睹过一些人，比如现代版的本·富兰克林，他们获得了大量的跨学科综合知识，接受正规教育的时间少于目前聪明的年轻人；他们不仅成为自己学科的佼佼者，在转向其他学科后，变现能力也不错。

既然我们具备了时间和能力，前面又有跨学科大师的成功典范，而今我们未能把锤子倾向带来的破坏最小化显然说明了这样一个道理：如果你满足于现状，就不能在人文科学的众多领域集大成；如果你在改革的困难面前畏首畏尾，也不会成功。

四、界内探讨多学科教育最佳形式方面的进展如何?

从毕业到现在，我们尝试了许多，虽然有不利的结果，但也有不少起色。但是，我们期待的变革还有待进行，路途漫漫，任重而道远。

比方说，如果来自不同学科的教授相互合作或者一位教授能在不同的学科中融会贯通，将对人文科学领域大有裨益。但出现了一种调整的方法，而且效果还不错，它称为“改善”或称为“取你所爱”的措施，鼓励任何一种学科从其他学科随意选择需要的内容。它备受推崇的原因是因为回避了学术争论，曾经造成单一学科化的深层原因目前成为变革的目标。

不管怎么说，在“取你所爱”越来越普及的今天，许多人文科学领域都减少了锤子倾向带来的负面影响。比如，由我的同学罗杰斯·费雪牵头，法学院从其他学科知识中融合了谈判技巧。费雪睿智的谈判书籍畅销了三百多万册，他的成就可能是我们中的翘楚。法学院引进了大量有效的经济学知识，甚至是一些行之有效的博弈论，通过更有说服力地阐述如何竞争，推动了反垄断法的实施。

与之相反，经济学也从生物学家那里引进了“公用品的悲剧”的模型，发明了一个可以与亚当·斯密“看不见的手”共存的邪恶的“看不见的脚”。目前还出现了“行为经济学”，试图从心理学领域寻求帮助。但是，像“取你所爱”这样一种消极的实践注定不会人人满意。事实上，在它所造成的最糟糕的结果中包括了几种变化：在一些文学领域消化了弗洛伊德学说；把它引进了极端的政治意识形态领域，不管是左翼还是右翼，这使得极端主义者要想获得客观的品质就像重获童贞一样困难；一些本身被误导的企业财务的学科专家把形式怪异和有效市场的理论引进一些法学院和商学院，而其中有一位专家把伯克夏哈撒韦公司的成果解释为运气的标准差，直到连续六个这样的标准差出现后，他遭到了其他人的嘲笑，被迫改变了观点。

此外，即使能避免这些精神错乱的行为，“取你所爱”也会造成严重的缺陷。比方说，从更基础的学科中筛选出来的内容经常是没有归因的，很少有人把注意力放在如何为已有概念做基本排序的工作上。

这样的实践类似于一个乱七八糟的文件整理系统，削弱了对现有知识使用和综合的能力；莱纳斯·鲍林曾经为提高化学专业水平而转向对物理学科的系统开发，人文科学并没有把这种努力发扬光大，所以还应该出现另外一种更好的方法。

五、怎样的行为能够加快学科一体化的进展？

第一，应强制推出一些课题而不是自由选择，必要课程的指定者自己首先应该必须掌握多元学科中的重要知识并会灵活运用。

这个道理在培养决策型人才中的作用就像在培养飞行员中一样，比如，在律师培养中必须强迫学生掌握心理学和会计学，但今天的许多高等学府却没有提出如此的要求。这应归咎于课程设计者心智的狭隘，他们自己也不了解什么是必需的，所以不能改进这方面的不足。

第二，应该增强有助于解决跨学科问题的操练，包括模仿飞行模拟器在激活长年闲置技能方面的实践。

举一个例子，记得是在几十年前，哈佛商学院一个聪明但不像教师的教授的故事。这个教授给出的测验题是关于两名不太精于业务的老妇人的故事，她们刚刚继承了一家生产品牌鞋的英格兰鞋厂，但为一些严重的商业问题所困扰。教授具体说明了她们碰到的难题，然后让学生在充足的时间内思考对策并写出来。

各位同学积极献计，但最终得到的分数都不太理想，有一名同学的分数却遥遥领先。这个独特的答案是什么呢？非常简短，大体如下："她们处在特殊的商业领域和特殊的行业，不能靠别人的帮助来化解这些复杂但重要的问题，考虑到其中的难度和无法避免的代理成本，她们应及时脱手这家鞋厂，或许应该卖给一家拥有最高边际效应优势的竞争者。"

这个独树一帜的答案不是基于学生刚刚从商学院学习到的东

西，而是建在更为基础的概念上，比如代理成本和边际效应是从大学心理学和经济学知识中挪用而来。

巧合的是，许多优秀的私立学校目前很有远见地在七年级的学科中采用了这种学科一体化的教育方法，而许多大学却没有受到启发。这也是怀特海所说的教育“致命的学科间壁垒”又一个让人遗憾的佐证。

第三，大多数人文科学的学校应该充分发挥商业报刊的作用，如《华尔街日报》《福布斯》和《财富》等。

这些报刊的内容精彩，还能充当飞行模拟器的作用，在涉及多学科课程问题——特别是错综复杂的问题时，将会增强实践的能力。

有时候，这些报刊还能为学校课程引进新的模型而不仅仅停留在激活旧知识的层面。既然学生希望优化自己的判断，把毕业后众学生追求的内容从学校就开始实践，何乐而不为呢？

我认识的一些具有优秀判断力的商界人士中，每个人都在为修复智慧系统而利用这些报刊。既然如此，学术界为什么不模仿呢？

第四，为了弥补这些学术界的空白，不应任用那些政治意识形态过分极端的教授（或者学生），不管是左翼还是右翼。

学科一体化的最佳形式需要客观的品质，但这正是这些激情澎湃的人身上所缺少的东西，如果思想被意识形态所禁锢，很难在高难度的知识融合方面取得卓越的成就。

在我们那个时候，哈佛法学院的教授们曾列举出一个意识形态导致愚蠢行为的典型例子。当然，他们说的是耶鲁，当时不少哈佛人都认为他们试图重点引进一种特殊的政治意识形态，以此来提高法律教育的水平。

第五，人文科学中应该加强模仿自然科学中基本结构相结合的模式，即类似于“四门基本学科结合”，包括数学、物理、化学和工程学。这种做法值得仿效，自然科学毕竟拥有不少优势，比如产生了两个最好的成果：避免了单一学科的狭隘性；多学科领域的学习较为人性化，常常能获得很好的成果，比如物理学家费曼很快就发现了橡皮环是那次航天飞机失事的罪魁祸首。之前这种做法曾被借鉴到边缘学科中且卓有成效，比如，生物学始于一百五十年前，内容描述较混乱，没有与深层理论相结合，它逐步借鉴了自然科学的精髓后取得了显著的成效。

现代人逐步学会了运用更好的思维模式，他们掌握了一系列的模型，学会了思考“为什么”，所以对于远远没有生物学基础的学科来说，拒绝学习自然科学中的精髓确实让人费解。这里我列举出所谓的基本结构模式的精髓：

一是根据基础性不同为学科排序，并按照学科的基础性来使用它们。

二是不管你喜欢与否，必须要灵活应用并能常规地应用这四门基础学科中最基本的内容，对于比自己的专业更为基础的学科要给予特别的关注。

三是对多学科知识的学习归因不应违背“经济原则”，即禁止从自己擅长的学科或者任何其他学科中利用现成的解释。

四是如果第三个步骤不能产生有用的新观点，那就应仿照已有的经验进行假设和尝试建立新原理，但不能使用与旧原理相互冲突的新原理，除非你能证明旧原理是错误的。

同人文科学大量的实践相比，自然科学中的基本结构模式更为严格，这让我联想到飞行员培训，自然学科不是“取你所爱”的风格，而是“不管喜欢与否都必须自如运用”。在多元学科合理组织的基础上，学习这些知识就成为一项强制性的任务：首先，跨学科知识学习中必须要进行归因；其次，必须偏向于最基本的解释。

这种简单的观点显然是有用的，但不能忘记还有一个在商业、科学以及其他领域屡创奇迹的包含“二因素”的老规则：学会简单的基本观点；必须认真踏实地学习基本的结构。这样做好处多多，我以自己的例子来加以证明：

就读于哈佛法学院前我接受过糟糕的教育，虽然沃伦先生执意反对我入学，但在朋友庞德的周旋下，我最终被录取了。高中阶段我阅读了愚蠢的生物学课程，全靠死记硬背，只学到了一些关于“草履虫和青蛙解剖”的知识和“原生质”这样荒谬的概念，但从此以后这个概念就彻底从人们的视野中消失了，直到今天，我再也没有参加过任何化学、经济学、心理学或者商务的课程。

我早先曾接受过基本的物理和数学知识，全神贯注地吸收自然科学中基本结构模式的精髓，并不断运用到一些人文科学学科中。在此过程中，我竭力让文件整理系统符合跨学科中必要的生活智慧。所以，我的一生就是一个教育实验田，对基本结构原理的精髓进行可行性和实用性试验。

当我试图用非正式教育的方法修补以前教育的不足时，把基本结构模式的精髓作为导航，以普通人的毅力奋斗，这给我带来了不少惊喜，成效大大出乎我的意料。我曾在心理学领域徜徉，受益匪浅，虽然没有进一步深造的打算，但获得了实实在在的好处。

谁杀死了人文学科，为什么需要关心它？

约瑟夫·爱泼斯坦

约瑟夫·爱泼斯坦，美国著名的作家和社会评论家，曾任《美国学者》杂志编辑二十多年，后任教于美国西北大学，著有畅销书《势利：解读当代美国上流社会》《托克维尔：民主政治是非凡的》等。

当生活中、网络上到处充斥着自相矛盾的观点、毫无逻辑的标题、自以为是的论断及打着各种权威专家和形形色色旗号的标签与头衔的人各抒己见、大放厥词、自吹自擂的时候，当消费主义大行其道的时候，如何在众说纷纭的信息里找到相对妥帖的观点和立场，不致成为别人观点和立场的跑马场呢？唯有人文学科的洗礼与熏陶才能让我们不致迷失，找到自己的定海神针。

据说，欧文·克里斯托[①]曾在被问到“文化战争”这一话题时回答，“战争已经结束”，并加了一句，“我们失败了”。假设克里斯托

① 欧文·克里斯托：被称为美国新保守主义运动的“教父”，他代表了西方知识界中最早一批从自由派改宗而成的保守派。

的说法是对的，那么在文化战争中决定性的战役之一——人文学科教育领域中，我们也失败了。

在不太严格的定义中，人文学科指的是一系列主要和西方文学、哲学、历史紧密联系在一起的大学课程，而科学、数学和外国语言等其他学科则扮演着虽脚踏实地却不那么核心的辅助角色。在近现代，社会科学领域的心理学、社会学、政治科学等学科，有时也被包含在人文学科中。人文学科总是被人们和那些更专业化、更职业化的训练课程区分开来。在古希腊，人文学科被认为是一个自由人所必须学习的课程。按照这个观点来说，只要你还是个自由人，就必须从过去最伟大的思想中汲取知识，培养自己的思维深度和批判精神，而这将指导人在现实世界中过着一种有知识和讲理性的生活。

多年来，人文学科都是我自己的第二信仰。我崇拜它的内涵，我相信它的重要，我为捍卫它与庸俗之人抗争，就像参孙[①]在他的那个时代一样，不同的是我的头发还在，也没有拉倒什么柱子。然而，就目前的实践而言，捍卫人文学科是越来越困难了。人文学科的内容飞速变化，人文学科的重要性遭到质疑，在其自身踯躅徘徊的情形下，继续捍卫人文学科已经显得不那么重要。

人文学科的声誉渐失也是美国高等教育全面危机中的一部分。这一危机起源于经济衰退。大量的美国公民进入大学，却有大约三分之一从未毕业。有意思的是，与男性不同，多数女性都完成了学

① 参孙：《圣经》中犹太人的领袖，大力士。

业。在近几年的经济衰退中，由于进入高校的慈善捐款减少和联邦及州的拨款削减，导致公立和私立大学的学费上涨。通货膨胀对高等教育领域的影响比其他公共领域要大。到处都在埋怨私立大学的学费上涨——通常在每年50000美元至55000美元不等。很多学生在离开学校的时候都欠着一屁股债。考虑到传统人文学科的大学学费，很多学生选择进入诸如走读大学这样的机构来接受职业教育。

尽管大家都有这样的常识，获得一个大学学位较没有学位能更好地让自己赚得更多，被大家常常传颂的情形是大概一辈子多赚一百万美元，而今天的大学生发现毕业以后很难找到一份像样的工作。人们开始在想，大学教育是否还配得上它高昂的学费。会不会高等教育就像高科技和房地产一样，只是下一个即将破灭的泡沫。

《高校的前世、今生和未来》一书呈现了大量表明美国高等教育危机的证据。此书的作者安德鲁·德尔班科，是霍尔曼·麦尔维尔的传记作者，人文学科的坚定捍卫者，在哈佛大学获得大学学位并在哥伦比亚大学教授相关课程。人文学科在大学的日渐式微让他忧心不已。在美国，目前有1800万人正在注册接受一种或其他类型的大学高等教育——但只有不到10万人申请人文学院。

与此同时，就只针对极少数精英的人文学院而言，哈佛大学、耶鲁大学、普林斯顿大学、斯坦福大学、杜克大学、芝加哥大学等学校入学申请持续攀升，无论其学费多高。那种进入一流学府的冲动与渴望，无论是出于经济、社会，还是功利的原因都产生了一种考试文化，至少是在那些富裕家庭里出生的孩子们中间，从学前班开始就不停地接受无休止的测试，以进入更高级别的学校，高中、大学直到职业学校。德尔班科教授坚决反对这些安排会导致经济上的不公平的说法并确信作为这么做的结果，“和过去曾经泛滥的直接排斥相比，阻挡低收入家庭的孩子进入精英学校的障碍已经收敛多了”。

如果不考虑所接受的专门教育和测试，现在的学生是不是比过去的学生做得更好呢？这一点还远未弄清楚。我们从摇篮里就开始训练孩子去攻克诸如美国高考和其他各类型测试。孩子中的一些人或许在通过测试方面表现优异，但这并不表明他们在认知和思维理解方面会更强。照德尔班科的观点，通常情况下，孩子会被父母的期望所驱动，像英国社会学家迈克尔·杨所注解的那样，形成精英统治观点而构建一个由被高尚但空洞的野心所驱使的年轻男女们所统治的乌托邦。“他们真的是我们期待去运转这个世界的主人吗？”德尔班科问。不幸的是，他们已经是了。不是只有我发现，这个国家里最坏的一些人——如果需要可以说出他们的名字——就是哈佛和耶鲁法学院的毕业生。

在为数不多的面向精英的大学帮助其毕业生获取大量机遇的同时，虽然越来越少但仍有人相信从大学毕业的人比没有从大学毕业的人要聪明得多。随着大学的标准一再降低，学习时间一再缩减，研究报告表明，很多大学生已经不再能自如地书写或掌握一些基本的思想概念，因此上大学看起来已经越来越不能和一个人的智力水平联系起来。

在德尔班科的注脚里提及的研究表明，大学生中的欺诈、酗酒和抑郁不断增长。在《学术漂流》一书中，作者理查德·阿鲁姆和乔斯帕·洛斯卡表明，大学中多数学生的批判思维和复杂推理能力不是极差就是非常低。在《高等教育年鉴》选自该书中的一篇文章中，阿鲁姆和洛斯卡写道：

> 尽管对于不断上涨的学费心怀不满，父母们仍然期望大学提供一个能够让孩子们成熟、自立并获取信任走向成人的安全环境。通常学生会寻求全方位的大学集体生活体验，并将注意力更多地集中在社会生活交往而不是学术活动中，并因此在课程中谋求高分上投入较少的精力。教授们渴望能够获得充足的时间，将精力集中在学术和专业兴趣上。管理者被要求关注外部高校排名和财务盈余。政府资助机构的主要兴趣则是开发新的科学技术……全部教育体系中没有一个因素是将兴趣放在提高本科生教育水平上，尽管许多人都对学生的在校率感兴趣。

狡猾的雇主们可能会就此得出结论，从大学里出来的毕业生比没上过大学的年轻人会更墨守成规一点，因此也就更加可以依靠。被现代人所遗忘的1960年代的宗教领袖保罗·古德曼，常常论证说，其实完成大学学业的真正含义在于一个人自愿完成在一个资本社会获取成功所必须付出的那些努力。古德曼坚持，如果一个人想获取一个大学学位，就是在努力表达一个愿望：我希望加入这场游戏，给我一只手，我会绝望地玩下去。而教育自身与此本来并无多大关系。

并不是在高等教育的所有领域都出现标准滑坡的现象。一种观点认为，从某种方式来看，由于计算机科学的贡献，工程领域和科学领域的标准被一直很好地维系，甚至还有所增强。计算机科学作为知识体系中的新领域，主导的时间还不太长，因此尚未迷失自己的方向。医学和法学教育则和它们传统的样子比起来区别不大，看起来只是人文学科领域的标准在彻底下滑。

19世纪早些时候，悉尼·史密斯的《爱丁伯格评论》的创始人之一曾评论说，如果能在教育领域取得和烹饪艺术一样的进展，我们就能够拿手喝汤了。除了取消体罚和普及公民受教育权以外，我们实在是不敢说几个世纪以来教育领域还有过其他更大的成就。当下，有人在互联网给教育所带来的进步方面持有一股很大的热情。比如，斯坦福大学的两位老师，将自己的人工智能课程放在互联网上并获得全世界16万名学生听众。但是科学，作为寻求唯一正确答案的学科，在没有实体教师的教室中学习起来，或在互联网上进行教学，要比人文类学科容易一点，因为人文科学通常都有多个答案且很少永远正确。《华盛顿月刊》中曾经有个叫作“学校改革的下一波浪潮”的单元，而这一作者笔下的“浪潮”一词就直接指向拓展学生自身的能力，培育批判思维和独立思考能力，解决复杂问题并将知识应用于新领域，追求团队合作和有效沟通。“学校改革的多次浪潮所伴随的问题就是这样一个事实：我们之所以需要下一波浪潮，就是因为前一波浪潮总是在岸上留下了超出我们期望的沙砾。”

事实上我们还是不知道如何进行教育评估，在基础学科以外的领域，以学生的测试成绩为准看起来并没有太大帮助，而且我们对于以学习为名而进行的师生间交互的自然本质仍然一无所知。在本科生教育上，在年级扩张和课程政治化现象的影响下，我们甚至还倒退了一两步。

从19世纪开始，职业教育与人文学科教育开始分道扬镳。当时美国政府通过划拨土地建立公立大学的方式启动了这一过程，而今天则变得越来越职业化了。即使在人文学科内部，越来越多的学生，用德尔班科的话来说，“逃离无用学科而选择像经济学这样更市场化的学科，他们希望这样做可以给自己带来拥有实践经验的信用和标签，并以此打动未来的雇主”。

德尔班科提醒我们马克斯·韦伯在“拯救灵魂”和“获取技能”之间所做出的区分。用德尔班科的话来说，人文学科要完成这样一个任务，在那些学习人文知识及其功能的人们身上建立起一个外圈，作为一种抵御功利主义的藩篱，而变成灵魂的拯救者。

德尔班科警告说，设想高等教育在历史上曾臻于完美并在堕落之前进入了一个黄金时代并没有多大意义。他显然是正确的，很多旧式的人文学科教育都令人厌烦。教学这门职业，就像传教士和心理学医生那样，对于使命感和天分的要求要比可怜的人文学科能够获得的更高一点。历史上曾经有过那么一段时间，人文学科在世界上所拥有的地位要比今天高得多，造成滑坡的主要原因之一是很多人文学科的教师自己也不再信仰自己教授的内容，而目前这一点日益严重，德尔班科并没有成功地直接面对这一现象。

早些时候我曾经提到，作为自己的第二信仰，人文学科是为了寻求善。现在让我补充一点，我在上大学以前甚至从来没有听说过它的存在。

作为学业上还比较温和的懈怠者，当我即将从高中毕业的时候，在班级里的排名也就比最差的四分之一好那么一点点。从来没有上过大学的爸爸告诉我，如果我希望上大学的话，仍然会支持我，但是他鼓励我仔细考虑一下这会不会是在浪费时间。他个人认为或许我可以成为一个很好的销售人员，这听起来像是在恭维，因为他自己就是一个很好的销售人员——成功的销售人员。我回避了他的建议，不是因为没有听见，而主要是因为我觉得在18岁这个年纪我还没有做好去工作的准备。

在那个年代，伊利诺伊大学至少对于州常住居民还是开放申请的。如果你是常住居民，无论你的高中成绩多差，伊利诺伊大学都必须接受你的入学申请。很多孩子都退学了，而我则读着书坐在从芝加哥到厄巴纳的列车上，还穿着一双白鹿皮鞋。我将和拉伊的投球手们在一起。

我的多数朋友，那些从中产阶层的下层中爬升上来的犹太孩子们，都选择去伊利诺伊大学主修商务专业。“商务专业”那一本正经的钟声，善意地鸣响着。然而，商务专业中的课程让我感到心跳停止一般的窒息，像会计、经济、市场、广告、公司财务啦，听起来就像一盘不新鲜的海鲜拼盘。我尤其对会计课程感到头疼，而糟糕的书法和混乱的头脑看起来又是对自己的两大直接打击。难道除了商务专业就没有别的什么可以让我学的了吗？兄弟会里面的一个哥们儿建议我试试人文学科，直到这时我才第一次听说人文学科。在我的头脑里面，对人文学科究竟为何物仍然一无所知。

在我就读伊利诺伊大学的第一年，我刚好过B。我完全凭借记忆达到这一点：生物分类学、法语不规则动词和词汇、17世纪诗歌。我还发现在一门叫作修辞学的课程里面，自己在散文撰写方面有一点小技巧，因为我可以不使用任何比逗号和句号更复杂的标点符号。

在取得这个初步成功后，我觉得自己已经做好准备可以选择更奇特一点的学校——芝加哥大学，并且在伊利诺伊大学的第二个学期递交了申请。当时我还不知道，但后来才发现，我所在的这个生来就处于中期或晚期抑郁症的人群，在申请大学的时候是非常幸运的，因为此类人群的稀有数量导致大学想录取我们的渴望就像我们想进入大学一样的强烈。长话短说，虽然事情发生在今天的话，我将永远不会被接受，但我还是被芝加哥大学录取了，在这里，我完成了自己第二年、第三年和第四年的正式教育。

芝加哥大学以拥有许多优秀的老师而闻名，但是我却在某种程度上躲开了他们。我从来不会坐在被尼奥·斯特劳斯、约瑟夫·嘉信、诺曼·麦克莱恩、戴维·格林或爱德华·希尔斯主导的课堂上。（当然，优秀的老师，就像伟大的爱一样，有时候会被高估。在后来的生活中，我还遇到几个被认为非常优秀的老师，后来却发现他们既华而不实又愚蠢，他们的脑袋都因为过多和孩子们的谈话而被宠坏了）。我参加过戴维·赖斯曼的一个讲座，其睿智而彬彬有礼的表现给我留下了深刻的印象，他当时是上过《时代》杂志封面的名人。我还听过《思想的后果》一书作者理查德·维沃的几节课，但毫无触动。最能打动我心弦的是来自中欧的老师，他们是希特勒送给美国的礼物，他们带来的文化看起来比我所见到的任何本土教师都更加厚重，我也没有觉察到隐藏在英文口音背后有平庸思想。

我选了莫顿·德维恩·扎贝尔的课，他是哈利特·门罗、玛丽安·摩尔、埃德蒙·威尔逊的朋友。虽然称不上是一个好老师，但扎贝尔在呈现我们这个伟大世界中的文学生活方面表现还不错。我还选了老奥德森的夏季课程——诗歌与评论。老奥德森在吸烟时总是将烟灰留得很长，而且在读《荒原》的时候以这样的方式结束——“写得太美了，我简直不敢相信语言可以这么美。”

至于芝加哥大学的学生则是另外一回事。德尔班科在自己的书中为了给小教室的授课方式辩护，特意提到所谓的“横向学习”，也就是学生可以从他的同学那里学习。他特意引用卡迪罗·纽曼和约翰·杜威在这上面的观点，并援引纳撒尼尔·霍索恩的文字：

> 我在芝加哥大学的很多同学看起来都来自纽约，其中有些还来自学者家庭。他们看起来从11岁开始就在阅读“国家”和“新共和”。他们的家庭会在晚餐的桌子上谈论托洛斯基，他们中的许多人有着像神经错乱似的过度坦诚……

芝加哥大学的一些学生有着令人印象深刻的书本知识。一个早晨，在老奥德森的现代诗歌课上，奥德森开始引述波德莱尔，而我旁边的一个叫马萨·希尔佛的学生当场加入，用法语相和，两个人一起将诗歌吟诵至结尾。有时候我会产生干脆去吉菲润滑油去找份工作的想法，而这就是让我产生这个念头的时刻之一。

"我总是在公开的或私下的所有讨论和练习中拿第一名，不仅我的老师们可以做证，而且同学们的书面贺词和赞誉也可以说明这一点。"莱布利兹在描述自己的课堂表现时就这样写道。把莱布利兹的描述反过来再写一遍，你就知道我在芝加哥大学的表现了，在我的老师中没有一个人认为我有天分。他们从不认为我有，我也从来没有表现出任何潜质。我既没得过A，也没写过漂亮的论文，考试表现不好，在教室里的反应也不快。

几年以后我才意识到反应快速——作为95%的教育基础所在是与主题无关的，仅仅被诸如政治、医疗急救、法庭律师和销售这样的职业所需要。严肃的智力活动需要缓慢和刻苦的思考，经常在达到正确目标前却行走在错误的道路上，这还得假定他足够幸运能够成功。一个现代教育系统的关键特征，即考试体系会将如此之多的东西仅仅构建在快速反应上。比如要求给出6个雅典衰落的原因、8个文艺复兴产生的原因、12个法国大革命之所以重要的原因，然后让你在20分钟内给出答案。

在芝加哥大学的日子里，我读过很多书，其中没有一本是多余的，因为在那个年代二、三流作者的作品是无法进入大学课堂的。

库尔特·冯内古特、托妮·莫里森、杰克·凯鲁亚克、艾德里安娜·瑞奇或一些在那个时代与他们齐名的人，甚至都没有资格进入这个行列。没有固定的教材，你不会仅仅读“马克斯·韦伯假设如何如何”，你会有自己的判断。一个工作前提是你在大学里面的时间是有限的，所以你不能将任何时间花在不重要的事情上面，或学习那些二手材料。芝加哥大学也不提供任何花里胡哨的软性课程。我记得自己在最后一个学年里挑选课程来填入已经满满当当的选课表中，并最终选择了希腊哲学史。太困难了，我想，我怎么能这样呢？少许前苏格拉底时代的概念（泰勒斯如何如何，赫拉克利特是那样），偶尔几次浮光掠影的涉猎，也就是这样吧。加入班级的第一天，我们的老师，一个头发总是修剪得很整齐，叫沃纳·阿姆斯·威克的小个子男人，宣称希腊哲学史并不存在，因此取而代之的应该是将时间花费在阅读亚里士多德和柏拉图上。我怎么能读那么多书呢？作为一个19岁到20岁的男孩，我怎么能克服荷尔蒙所设定的日程，而将自己限制在这些严肃的智力话题上呢？对于获取体验的渴望什么时候才能够实现呢？我还记得在阅读柏拉图和修昔底德时的那种思维上的兴奋，更不要说翻阅马克斯·韦伯的《新教伦理与资本主义精神》时，在一次又一次和伟人的智慧接触时所直接体会到的那种极度愉悦。我还记得在阅读弗洛伊德的《文明及其缺憾》后陷入的一次短暂而真实的抑郁。

在芝加哥大学设定的课程所蕴含的教育理念是阿诺德风格的，即将西方世界中诞生及传播的智慧精华浓缩进大学课程并介绍给大学生们，熟练掌握则根本不在考虑之列。至少我从来没有觉得自己熟练掌握学过的任何一门课程或某本书。大学所教给我的是一种高度的自信，我能阅读严肃的作品并确信自己对此有所回报，最后以某种形式一次又一次地证明我真正懂得了它们。

我从来都是一个附属角色，我之于芝加哥大学与其说是个学生不如说是个过客。在1959年我毕业离开芝加哥大学时，和1956年的自己相比，我已经焕然一新。究竟发生了什么？我在大学里度过的日子让我重新思考人生，除了命运摆弄之外的另外一种可能。我不再觉得被束缚在特定的社会阶层中——犹太人、中产阶级、来自美国中西部——生我养我的地方，取而代之的是感谢它们在我的成长中所发挥的重要作用。虽然还不太清楚，但是我已经模模糊糊地看到一些更高尚的东西，并且期待专注于此。

我常常好奇地想，如果没有去过芝加哥大学，自己的生命将会是何般模样？我怀疑自己可能会很有钱。所有那些我读过的书中蕴含着伟大的真理并驱使着自己用生命去实践，而这一点让我无法将精力付诸获取财富。如果没有芝加哥大学的求学经历，或许我对于世界一流的学府和运行它们的这些人不会这么具有批判精神，我甚至会与之为伍。谁知道呢？如果芝加哥大学的求学经历所触发的转变没有让我变得那么擅于内省的话，反而我会幸福一点——没有人会说经过反省后的生活只是一系列笑话。然而，我绝不会和任何人交易放弃这三年的奇特经历。

看起来作为老师，我比当学生要合格一点。事实上，我喜欢这么讲，对于自己在西北大学英语系约三十年的工作经历而言，教学工作事实上让我比当学生获得了更好的教育。如果老师不希望自己的学生觉得上课像喝白开水一样乏味并给自己带来尴尬的话，就必须做他所能做的一切来让自己表达清晰，呈现生动和细致认真。然后，再来那么一点运气，你的教学就上道了。

尽管已经教学三十多年，我仍然不确信自己在课堂里做的什么事情是有效果的，以及什么时候有效，为什么有效。在数千份我收到的教学评估表中，蠢学生写道："这个家伙了解自己讲的东西""领带不错""玩笑开得不错"。只有一句留在我的脑海里："他在课程中做得不错。"我本应该因为做不好而被责备的。正是因为希望了解究竟什么导致了学生的责怪，我一次又一次进行这种教学评估。

教学评估制度，作为让学生产生一种他们可以针对自己的教育发出重要声音的印象，是20世纪60年代的政治喧哗所引发并进入大学教学制度的无效干涉之一。教学仍是一种神秘而魔法般的艺术，任何宣称他懂得其工作机制的人都在撒谎，没人会告诉你怎么做。你走入教室，试图回忆起令你印象深刻的老师是怎么做的，或在晚一点的时候，回忆一下你过去怎么做效果最好，除此以外，完全靠现场发挥，无论你的备课笔记有多长。

作为证明在评估教育质量过程中遇到困难的证据，德尔班克教授援引了一系列针对学生教育评估的毁灭性注解。一项研究表明，学生倾向于给容易打及格或看起来好看的老师较高的评价，但是对于女教师或外国教员却比较苛刻。在另一项俄亥俄州立大学所做的调查中发现，“在对教授的评估和实际发生的学习过程中没有发现明显的联系”。就像德尔班克所提及的那样，在学生中进行教学评估的主要结果就是让学生避免遇到苛刻的老师，或通过严苛的检视来惩罚那些坚持高水准的老师。

我自认为不是一个严格的老师，但是我倾向于认为从来没有降低对自己和对学生的要求。对于那些曾经听过我的课程的作家们，我所能给予的就是用我所教授的和他们自己内在的审美一起，去理解生活。一件非常重要的事是大量阅读像约瑟夫·康拉德[①]、亨利·詹姆士[②]、托尔斯泰、费奥多·陀思妥耶夫斯基、威拉·卡瑟及其他我讲过的作家们的著作，可能最终的时候——虽然我从来不直接这么说过——这一点比加入哈佛法学院或斯坦福商学院更重要。在我教授散文的时候，我强调正确表达自有其优雅所在，并且在使用语言方面差不多是远远不够的，这可不是在穿马靴：精确表达就是最低要求，就是一切。

对于究竟多少学生会发现我所教授的内容是有用的，我根本没有概念。在我和学生相聚课堂的时候，我所说的对他们是否重要，我不得而知。既然我自己不是一个学者，我也从来不试图将自己的学生培养成学者。他们中的少数人将继续从事文字工作，成为作家、批评家、诗人、小说家，还有一些将成为大学教师。可能我的

① 约瑟夫·康拉德（1857—1924）：英国作家，擅长写海洋冒险小说。

② 亨利·詹姆士（1843—1916）：美国小说家，代表作有长篇小说《一个美国人》《一位女士的画像》等。

榜样能促使他们决定不再选择一条挣钱的道路，而选择一条追求荣誉的生活之路，而这样也不错。毕竟一个多数像我这样的人所填充的世界是令人无法忍受的。

在我教课的时候，我总是思考如果自己是隔壁教室里的那个家伙的话，会想些什么。在我当老师的日子里（1973—2003），我非常肯定隔壁教室里的那个家伙所讲授的和自己大为不同。这是一个由解构主义、学术雌性化、历史相对论、马克思主义及其他各类思想混杂的时代，用华莱士・史蒂文森[①]的话来说，单方面的精神错乱。有一天，一个聪明的年轻女学生过来问我是否认为大卫・科波菲尔是一个性罪犯。“为什么你要这么想？”我问。“某某教授这么说的，”她说，“他申明说，由于大卫・科波菲尔的妻子在生孩子时候的死亡，是他，科波菲尔，通过使其怀孕而导致的一场犯罪。”我所能回答的是：“我想批判主义是永不停歇的。”

由于并不期望加入那些在我们的时代中为高等教育高唱赞歌的人们行列，安德鲁・德尔班克在和他们唱反调的时候毫不羞愧。无论在哪里，他都强调重要的是教师们基于实际教学活动的研究。他提到，科学在通过可证实性来导向技术进步并最终获得回报方面较人文学科更卓越。他指出在大学董事会主席中出现的明显腐败，大学高水平体育竞技中的欺诈等，一些橄榄球和篮球队教练挣得比整个大学院系都多。

德尔班克，作为一个俗世中的犹太教徒和“越战的一代”，却不

① 华莱士・史蒂文森：美国著名诗人，曾获普利策诗歌奖。

承认和早期新教徒针对高等教育在人文学科领域的观点有关。

精神权威属于大学的时代已经过去。然而我从未遇到过比如下更好的范式——展示给我看如何思考和如何选择。一所大学应该努力做到这样：一个思考的助手，一个能够让青年们反思自己的天分和热情的地方，在这里他们能够看清楚自己的人生，选择一条对自己真诚和对他人负责的人生道路。

大学，它的昨天、今天和明天展示出一幅包括宇宙内外各种力量的清晰图景，而所有信息都显示对人文学科不利。德尔班克并没有责难那些处于最佳位置的人，他们本可以拯救教师，那些隔壁教室里的人。在"越战的一代"在大学中获得声望以前（获得终身教职），关于如何教授人文学科还有不少话可以说出来：他们将会是枯燥无味的、呆滞的、迂腐的及令人惊讶的无意识，但是他们甚至都不能获得当小丑的机会，因为"隔壁教室里面的那些家伙们"会占上风。并不是因为他们准备的基础不够好，在很久以前，大学被兴办用来教授书本知识以及那些在高等教育中没有被正式教授过的完整科目。至于新闻学，每个在报社工作过的人都知道，在新闻学院里面上四年学还不如去报社实习两个月。在新闻学校逐渐普及后自身却渐渐异化，好像一个人只有从这里毕业才能加入一个大型都市日报。进入新闻学院已经变成像是在兄弟会入会仪式一样的外在形式。每个加入的人都必须宣誓；你是谁啊，哥们儿？别以为不用宣誓你就可以加入。你看，新闻学院成为许多大学的办学支柱。

然后是商学院，尤其是工商管理硕士。商学院根本就不是教育，而是所谓的建立关系网络，是对于未来的雇佣者的一份证明自己可以做任何事的保证书，即使是放弃两年的收入并付出高昂的教育费用也在所不惜。美国运通卡什么样，工商管理硕士就什么样，甚至在你申请某个公司的职位时，不带着它你都不敢出门。一些大型公司甚至只招聘工商管理硕士，并且限定在有限的四到五所商学院。你看，又是兄弟会入会仪式的套路。

不久，在隔壁教室里面的那些家伙们，在渴望发生关联和爱好自我放纵的冲动下，就会开始以他们所谓内在美和重要性的外在延伸为由而开始自信授课，并且在尚未了解历史上究竟发生了些什么之前，就企图开始解释历史。政治化后的心理学和社会学，使得关于非洲裔美国人的研究较希腊和罗马古典文化研究更为持久。他们断言多重文化比西方文化更重要。他们将通俗文化和高雅文化放在平等的智力层面上来考察（康拉德或连环画、三小时短时信贷）。最终，他们认为种族、性别、社会阶层是人文学科和多数社会科学的核心所在。经过这样的一次最终润色，人文学科在这场游戏中看起来已经完了。

对于人文学科存在的一个有利的竞争态势是，通过对经典名著和宏伟话题的沉思，可以让学生超越所在教区的狭小视野，并将自己提升到更高、更严肃的领域。争论应该在教授们之间、学校之间产生和传播，而不是创立普遍的关于哪些知识值得在学生的短暂教育经历中被传授的一致意见，比如，我们所思考和谈论的最好的东西是由什么构成的，是更霍布斯一点而不是洛克，更耶茨一点而不是弗罗斯特。一致意见早已分崩离析，而且我们今天所学的已经越来越超出教授们感兴趣的范畴。

哥伦比亚大学仍然为它的毕业生提供两年的传统人文学科教育，芝加哥大学则挣扎着继续基于老的罗伯特·哈钦斯大学计划合并其核心课程。位于安纳波利斯和圣菲的圣约翰大学则从基础上狂热地投入到人文学科中去，他们甚至让学生学习中古世纪的科学课程。学生对人文学科教育所提供的那种智力愉悦的渴望，尚未完全死亡。（在西北部，由加里·索尔·奥森讲授的俄罗斯小说课程吸引了600名学生，仅仅落后于臭名昭著的被学校提供并最近取消的性教育课程而排名第二。）但是，不同于以上个别现象，余下的人文学科课程大多采取防守态势。

人文学科之死将会导致巨大的损失。失去了人文学科，我们就会失去作为一个完善整体中的重要组成部分，不再拥有判别真正智力进步的正确标准。失去了人文学科，我们将不再对于“什么构成了一个受教育的人”，或“为什么一项艺术作品超越其他”，再或“人生中的什么是严肃的”“什么是没有价值的”这样的问题还持有任何真正的观点。人文学科的缺失将导致权威判断被自相矛盾的专家意见和政治与艺术上二、三流水平的自吹自擂所替代，或一生中都被时尚流行所主宰。未经人文学科的洗礼而瞥见最高尚的思想，一个民族将永远活在糟糕的境地而浑然不知。

人不学，不知道

一、勉学

颜之推

颜之推（531—约590以后），字介，琅邪（今山东临沂）人，北齐著名文学家。所著《颜氏家训》是中国历史上第一部内容丰富、体系宏大的家训，也是一部学术著作，在儒学、文学、佛学等方面均提出了许多独到的见解。

夫明《六经》之指，涉百家之书，纵不能增益德行，敦厉风俗，犹为一艺，得以自资。父兄不可常依，乡国不可常保，一旦流离，无人庇荫，当自求诸身耳。谚曰："积财千万，不如薄技在身。"技之易习而可贵者，无过读书也。世人不问愚智，皆欲识人之多，见事之广，而不肯读书，是犹求饱而懒营馔，欲暖而惰裁衣也。夫读书之人，自羲、农以来，宇宙之下，凡识几人，凡见几事，生民之成败好恶，固不足论，天地所不能藏，鬼神所不能隐也。

古之学者为己，以补不足也；今之学者为人，但能说之也。古之学者为人，行道以利世也；今之学者为己，修身以求进也。夫学者犹种树也，春玩其华，秋登其实；讲论文章，春华也，修身利行，秋实也。

人生小幼，精神专利，长成以后，思虑散逸，固须早教，勿失机也。吾七岁时，诵《灵光殿赋》，至于今日，十年一理，犹不遗忘；二十之外，所诵经书，一月废置，便至荒芜矣。然人有坎壈①，失于盛年，犹当晚学，不可自弃。孔子云："五十以学《易》，可以无大过矣。"魏武、袁遗②，老而弥笃，此皆少学而至老不倦也。曾子七十乃学，名闻天下；荀卿五十，始来游学，犹为硕儒；公孙弘四十余，方读《春秋》，以此遂登丞相；朱云亦四十，始学《易》《论语》；皇甫谧二十，始受《孝经》《论语》，皆终成大儒，此并早迷而晚寤也。世人婚冠未学，便称迟暮，因循面墙，亦为愚耳。幼而学者，如日出之光，老而学者，如秉烛夜行，犹贤乎瞑目而无见者也。

古人勤学，有握锥投斧，照雪聚萤，锄则带经，牧则编简，亦为勤笃。梁世彭城刘绮，交州刺史勃之孙，早孤家贫，灯烛难办，常买荻③尺寸折之，然明夜读。孝元初出会稽，精选寮寀④，绮以才华，为国常侍兼记室，殊蒙礼遇，终于金紫光禄。义阳朱詹，世居

---

① 坎壈（lǎn）：困顿，不得志。

② 魏武、袁遗：三国时人物，魏武即曹操，袁遗是袁绍的堂兄。

③ 荻：多年生草本植物，常生长于路边或水边，秆可造纸、编席等。

④ 寮寀（cài）：官吏。

江陵，后出扬都，好学，家贫无资，累日不爨[1]，乃时吞纸以实腹。寒无毡被，抱犬而卧。犬亦饥虚，起行盗食，呼之不至，哀声动邻，犹不废业，卒成学士，官至镇南录事参军，为孝元所礼。此乃不可为之事，亦是勤学之一人。东莞臧逢世，年二十余，欲读班固《汉书》，苦假借不久，乃就姊夫刘缓乞丐客刺书翰纸末[2]，手写一本，军府服其志向，卒以《汉书》闻。

二、子产不毁乡校

《左传》

《左传》原名《左氏春秋》，是中国现存最早的编年体通史，我国第一部较为完备的编年体史书。相传为鲁国史官左丘明所著，大约成书于战国初期。本文选自《左传·襄公三十一年》，“乡校”是地方上的公共场所，既是学校又是乡人聚会议事的地方，易让人联想到古希腊的民主政治传统。子产作为一个开明政治家，不赞成毁掉乡校。全文叙事简明扼要，议论生动活泼，生动而富有说服力。

① 爨（cuàn）：烧火做饭。
② 客刺书翰纸末：指名片、书信的边角纸。

【原文】

郑人游于乡校，以论执政[1]。然明谓子产曰："毁乡校，何如？"子产曰："何为？夫人朝夕退[2]而游焉，以议执政之善否[3]。其所善者，吾则行之；其所恶者，吾则改之。是吾师也，若之何毁之？我闻忠善以损怨[4]，不闻作威[5]以防怨。岂不遽[6]止？然犹防川[7]：大决所犯，伤人必多，吾不克救也；不如小决使道[8]，不如吾闻而药之也[9]。"然明曰："蔑也，今而后知吾子之信可事也[10]。小人实不才[11]。若果行此，其郑国实赖之，岂唯二三[12]臣？"仲尼[13]闻是语也，曰："以是观之，人谓子产不仁，吾不信也。"

【译文】

郑国人在乡校里游玩聚会，议论国家政事。然明对子产说："毁了乡校怎么样？"子产说："为什么？人们早晚事情完了到那里游

① 执政：政事，指执政的得失。
② 退：工作完毕后回来。
③ 善否（pǐ）：好坏。
④ 忠善：尽力做善事。损：减少。
⑤ 作威：摆出威风。
⑥ 遽（jù）：很快，迅速。
⑦ 防：堵塞。川：河流。
⑧ 道：同导，疏通，引导。
⑨ 药之：以之为药，用它做治病的药。
⑩ 信：确实，的确。可事：可以成事。
⑪ 小人：自己的谦称。不才：没有才能。
⑫ 二三：这些，这几位。
⑬ 仲尼：孔子的字。（孔子当时只有十一岁，这话是后人加上的）

玩，来议论政事的好坏。他们认为好的，我就推行它；他们所讨厌的，我就改掉它。这是我的老师。为什么要毁掉它？我听说尽力做善事，能减少怨恨，没有听说摆出权威能防止怨恨。靠权威难道不能很快制止议论？但是就像防止河水一样：大水来了，伤人必然很多，我不能挽救。不如把水稍稍放掉一点加以疏通，不如让我听到这些话而作为药石。”然明说：“蔑，从今以后知道您确实是可以成就大事的。小人实在没有才能。如果终于这样做下去，这确实有利于郑国，岂独有利于这些大臣？”孔子听到这些话，说：“从这里来看，别人说子产不仁，我不相信。”

知识与学习

纽曼

英国维多利亚时代的著名神学家、教育家纽曼的教育理念是对英国功利主义教育观的一种抵抗，他认为实用的并不一定是好的，好的教育不以追求功利和实用为目的。他力图维护学校教育的声誉和质量，而不是让学校变为单纯的职业训练所。教育是为了实现人的自由发展，教育是自由的教育，教育需要的是心智、理智和自我的不断反省与不断参与。教育需要的是精神的陶冶、理性的提升、道德的熏陶。教育是为了自由而自由，为了追求而追求，但学校和教育无法脱离社会和环境而独立存在，在环境、理念与未来之间寻找平衡，考验每一个教育人的智慧。

如果有两类大学，其中一类不为学生提供住宿，也不督察学生的学习情况，只要学生通过一系列课程的考试就可以授予学位；另一类大学既没有教授，也根本不安排考试，而只是把一大群年轻人召集到一起生活三四年，然后把他们送出校门，像人们所说牛津大学约六十年来所做的那样。如果有人问我，这两者中哪一种方法更有利于才智训练，我不是从道德的角度来评说孰优孰劣。因为很显然，强制性的学习必定是好的，而懒散的学习则是无可容忍的不幸，但如果我必须决定，这两条道路中哪一条更能成功地训练、塑造、启发心智，哪一条道路造就出来的人更能适应现世的职责，造就出更好的公职人员、通晓世情的人以及名垂青史的人，那么，先生们，我要向各位声明，我将毫不犹豫地优先考虑那种既无教授也不考试的大学，它比那种迫使学生了解天底下每一门学科的大学要强。这尽管听起来有些自相矛盾，但如果以实际结果作为检验这两种体系成功与否的标准，那么19世纪英格兰的公主学校及学院至少可以证实上述鲜明对照的矛盾的一个侧面。另外，使我们这个时代念念不忘的理想教育体系给我们带来了什么？这种理想教育体系会不会得到实施？这种体系是不是就不会造就才智方面举止轻率、思想狭隘、能力贫乏的一代人？这些是可开展辩论的合适话题。有一点到目前为止是确定无疑的：我所指的大学及学术机构只是先把大批的孩子、大批的青年集合到一起，这些机构存在着可悲的道德缺陷，对基督教只是空口信奉，而实际却采用异教社会的伦理准则。我说，这些机构至少可以吹嘘，说它们培养了一批批的英雄和政治家，一批批的文人和哲学家，一批批凭借过人的天生美德、处事习惯、生活知识、精明见识、高雅品位、才能业绩而出名的人，正是他们才使英格兰有了今天的样子——征服世界。

这又该做何解释呢？以下是我的想法：当一大批具有青年所有的敏锐、心胸开阔、富有同情心、善于观察等特点的年轻人相聚在一起，自由地互相融合，毫无疑问，即使没有教师教他们，他们也肯定会互相取长补短、共同进步。每个人的谈话对其他人都是一系列的讲座，他们日复一日使自己具备全新的观点和看法，吸收新鲜的思想，养成判断事物和采取行动的种种不同准则。婴儿需要理解由感官传递给他的种种信息，这似乎是他的本分。他以为呈现在他眼前的一切都近在咫尺，后来才了解到情况不尽如此。这样，通过实践，他才确知他自然生存所必需的那些基本知识所具有的关系和用处。我们在社会上的存在需要类似的教育，这种教育应通过一所大规模的学校或学院来进行。有许多东西有待他们去综合、去适应、去摒弃，各种内在联系有待他们去确立，各种规章制度有待他们去建立。通过这种过程，整个群体被放在一起塑造，形成统一的气质、统一的性格。

我重申，我并没有把道德或宗教方面的种种考虑计算在内，我希望这一点能得到清楚的理解。我只是强调，一个年轻、充满活力的群体会凝聚成一个整体，它会体现特定的观念，会代表一种信念，会左右某种行为规范，会提供思想及行动的准绳。它会带来活生生的教育，随着时间的推移，它会形成一种生生不息、自我发展的传统，或者会形成一个所谓的“人才汇聚地”。这种教育一经诞生就不易挥去，就会一个接一个或多或少地影响并造就不断被送入其中的每一个人。因此，实际情况是，在新教盛行的英格兰的高等学府中存在着某种自我教育，这并不是高级长官的直接指示使然。在这些学府中，可以找到一种独特的思想氛围，也即一种公认的判断标准。随着这种氛围在投身于其中的个人身上的发展，这种氛围对个人就变成了双重的力量源泉：一方面，它给每个人的思想留下独到的印记；另一方面，它在人与人之间建立纽带——该地方的当权者也会从中获益，因为他们自己也在这种思想氛围中接受教育，并自始至终处在这种道德氛围的影响之下。不管它的标准和原则如何，也不管这些标准和原则是对是错，这才是真正的教育。至少它有理智培育的倾向，至少它承认知识不仅仅是被动地接受零零碎碎、枝枝节节的东西。这是一种有意义的教育，并且能成就某种有意义的事情。但是，教师如果相互之间没有同理心、没有沟通，主考官如果没有观点敢于发表，没有共同的原则可以分享，那么，如果接受教育和考试的一批青年不认识他们，他们相互之间也不相识，他们只是在冷冰冰的教室里或是在盛大的周年庆典上向这批青年传授或询问一大堆种类不同、毫无宽泛哲理联系的科目或问题，每星期三次，或每年三次，或每三年一次，这批教师和主考官即便是再卖力、再辛苦，也绝对不能做成这件有意义的事情。

首先，对才智，我坚决主张把对它的训练当作一种可以为其自身而合理追求的正当目的。其次，我强调这种训练的本质及其包含的内容。真理，无论是哪一种，都是理智恰当的对象。对理智的训练，就是使其适宜于理解和思考真理。除了不需要在此特做说明的例外情况，目前状态下的理智不能直观地或从总体上去辨别真理。我们长见识，不是靠直接而简单的想象，也不是看一眼就行，而是靠日积月累，靠一个心理过程，靠围绕一个目标孜孜以求，靠对许多不完整的意念的比较、综合、互相关联及不断调整，靠对大脑的许多机能及活动的运用、集中及共同作用。智力的这种联合与协作，这种扩增与发展，这种综合性，势必是一个训练的问题，而且这种训练也是一个规则的问题。这种训练尽管具有示范性，但不是纯粹的运用，可以把理智引向真理的殿堂。它不是阅读大量书籍或钻研许多科目，也不是大量实验观察或听许多的课程，所有这一切都是不够的。有人也许可以完成这所有的事情，然而他却仍在知识的大门外徘徊——他也许并不能意识到他嘴里讲出的话是什么，也不能用心灵的眼睛来看待他面对的一切，不能抓住事物的本质，或至少他根本没有能力根据自己已掌握的知识把自身向前再推进一步，也没有明辨是非曲直的能力，没有去粗取精、去伪存真的能力，没有按照事物自身真正的价值对其进行安排的能力，也没有，如果可以允许我用一个短语的话，就是构建概念的能力。这种能力是心智的科学构成的结果。这是一种习得的判断力、敏锐力、洞察力、见识力、心智的理性延伸力以及才智的自制力及沉着力。这些品格并非完全后天习得。肉眼——感知物象的器官是天生的，而心灵之眼靠训练和习惯，因为它的对象是真理。

这一训练过程被称作自由教育。通过这种教育，理智不是用来造成或屈从于某种特殊的或偶然的目的、某种具体的行业或职业，抑或是学科或科学，而是为了理智自身进行训练，为了对其自身固有的对象的认识，也是为了其自身的最高修养。尽管这种自由教育还没有在任何人的身上得到尽可能的实施，也没有人的理智会成为理智塑造的典范，然而，能知道真正的训练是什么，最起码是对其存有仰慕之心并且将其真正范围和结果而不是其他的东西当作他评判优劣的标准，这样的人几乎没有。能甘心接受它并且充分争取它的人倒是为数不少。因此，确定正确的标准，根据所有学生各自的能力开展训练活动并帮助他们朝这个标准努力，我相信，这才是大学所要做的事情。

生活即教育[1]

陶行知

陶行知相信，教育改造是中国社会改造最为有效之道。种种的事实表明，生活是至高无上的，教育如要兴旺发达、繁荣昌盛，则必须以生活为基础。

今天我要讲的是“生活即教育”。中国从前有一个很流行的名词，我们也用得很多而且很熟的，就是“教育即生活”（Education of life），“教育即生活”这句话，是从杜威先生那里来的，我们过去常常用它，但是从来没有问过这里边有什么用意。现在，我把它翻了半个筋斗，改为“生活即教育”。在这里，我们就要问：“什么是生活？”有生命的东西，在一个环境里生生不已的就是生活。譬如一粒种子一样，它能在不见不闻的地方发芽、开花。从动的方面看起来，好像晓庄剧社[2]在舞台演戏一样。“生活即教育”这个演讲，从

① 晓庄学校于1930年1月16日至2月7日举行全国乡村教师讨论会，本篇系陶行知在会上的演讲词。原载1930年3月《乡村教师》第9期。

② 晓庄剧社：晓庄学校师生组织的戏剧团体，成立于1929年年初，陶行知任社长，是中国最早的话剧团体之一，与南国剧社、复旦剧社齐名。

前我已经讲了两套，现在重提我们的老套。

第一套就是：

是生活就是教育；

是好生活就是好教育，是坏生活就是坏教育；

是认真的生活，就是认真的教育，是马虎的生活，就是马虎的教育；

是合理的生活，就是合理的教育，是不合理的生活，就是不合理的教育；

不是生活就不是教育；

所谓之生活，未必是生活，就未必是教育。

第二套是第二次讲的时候包括进去的，是按着我们此地的五个目标加进去的，那是：

是康健的生活，就是康健的教育，是不康健的生活，就是不康健的教育；

是劳动的生活，就是劳动的教育，是不劳动的生活，就是不劳动的教育；

是科学的生活，就是科学的教育，是不科学的生活，就是不科学的教育；

是艺术的生活，就是艺术的教育，是不艺术的生活，就是不艺术的教育；

是改造社会的生活，就是改造社会的教育，是不改造社会的生活，就是不改造社会的教育。

近来，我们有一个主张，是每一个机关、每一个人在十九年度里都要有一个计划。这样，在十九年里，我们所过的生活，就是有计划的生活，也就是有计划的教育。于是，又加了这么一套：

是有计划的生活，就是有计划的教育，是没有计划的生活，就是没有计划的教育。

我今天所要说的，就是我们此地的教育，是生活教育，是供给人生需要的教育，不是作假的教育。人生需要什么，我们就教什么。人生需要面包，我们就得过面包生活，受面包的教育；人生需要恋爱，我们就得过恋爱生活，也受恋爱的教育。以此类推，照加上去：是那样的生活，就是那样的教育。

与"生活即教育"有连带关系的就是"学校即社会"。"学校即社会"也就是跟着"教育即生活"而来的，现在我也把它翻了半个筋斗，变成"社会即学校"。整个的社会活动，就是我们的教育范围，不消谈什么联络，而他的血脉是自然流通的。不要说"学校社会化"。譬如说现在要某人革命化，就是某人本来是不革命的；假使某人本来是革命的，还要他"化"什么呢？讲"学校社会化"，也是犯同样的毛病。"学校即社会"，我们的学校就是社会，还要什么社会化呢？现在我还有一个比方：学校即社会，就好像把一只活泼的小鸟从天空里捉来关在笼里一样。它要以一个小的学校去把社会上所有的一切东西都吸收进来，所以容易弄假。社会即学校则不然，它是要把笼中的小鸟放回到天空中，使它能任意翱翔，是要把学校的一切伸张到大自然里去。要先能做到"社会即学校"，然后才能讲

"学校即社会"；要先能做到"生活即教育"，然后才能讲到"教育即生活"。这样的学校才是学校，这样的教育才是教育。

杜威先生在美国为什么要主张教育即生活呢？我最近见着他的著作，他从俄国回来，他的主张又变了，已经不是教育即生活了。美国是一个资本主义的国家，他们是零零碎碎的实验，有好多教育家想达到的目的不能达到，想实现的不能实现。然而在俄国已经有人达到了，实现了。假使杜威先生是在晓庄，我想他也必主张"生活即教育"的。

杜威先生是没有到过晓庄来的，克伯屈先生是到过晓庄来的。克伯屈先生离了俄国而来中国，他说："离莫斯科不远的地方，有一个人名叫夏弗斯基[1]的，他在那里办了一所学校，主张有许多与晓庄相同的地方。"我见了杜威先生的书，他说现在俄国的教育，很受这个地方的影响，很注重这个地方。他们也主张生活即教育，社会即学校。克伯屈先生问我们在文字上通过消息没有？我说没有。我又问他："夏弗斯基这个人是不是共产党？"他说不是。我又问他："他不是共产党，又怎么能在共产党政府之下办教育呢？"他说："因为他是要实现一种教育的理想，想用教育的力量来解决民生问题，所以俄政府许可他试验，他在俄政府之下也能生存。"我又对他说：

① 夏弗斯基（1878—1934）：通译沙茨基，苏联教育家。他曾主持国民教育第一个实验站的工作。此实验站是一个教育科研机构、幼稚园、学校、儿童校外机构和成人教育的综合体。这里研究并实际上检验了组织共产主义教育的许多问题，对如何把学校与生产劳动结合起来、教学活动的合理化、集体的形成，以及与周围环境联系等问题，给予了高度的重视。论著有《生活教育论》《沙茨基教育文集》等。

“这一点倒又和我相合，我在国民党政府之下办教育，而我也不是一个国民党党员。”这是克伯屈先生参观晓庄后与我所谈的话。

现在我们这里的主张，终于已经到了实现的时期了，问题是怎样实现。这一点可以分作三个时期：

第一个时期，是生活是生活，教育是教育，两者是分离而没有关系的。

第二个时期，是教育即生活，两者沟通了，而学校社会化的议论也产生了。

第三个时期，是生活即教育，就是社会即学校了。这一时期也可以说是开倒车，而且一直开到最古时代去。因为太古的时代，社会就是学校，是无所谓社会自社会、学校自学校的。这一时期，也就是教育进步到最高度的时期。

其次，要讲生活即教育与社会即学校，有几方面是要开仗的，而且是不痛快的，是很烦恼的，而与我们有极大的冲突的。

第一，在这个时期，是各种思潮在中国谋实现的时期，中国几千年来传统教育所支配的许多传统思想都要在此时期谋取它的地位。第二，是外来的各种文化，如德国的文化为中心的教育，英国的绅士教育，美国的拜金教育。第三，是外国的都在中国倾销，从各国回来的留学生便是推销外国文化的买办。

现在先说中国遗留下来的旧文化与我们的生活即教育是有冲突的。中国从前的旧文化，是上了脚镣手铐的。分析起来，就是天理与人欲，以天理压迫人欲，做的事无论怎样，总要以天理为第一要件。

它是以天理为一件事，人欲为一件事。人欲是不对的，是没有地位的。在生活即教育的原则之下，人欲是有地位的，我们不主张以天理来压迫人欲。这里，我们还得与戴东原[①]先生的哲学打一打通。他说，理不是欲外之理，不是高高地挂在天空的；欲并不是很坏的东西，而是要有条有理的。我们这里主张生活即教育，就是要用教育的力量，来达民之情，遂民之欲，把天理与人欲打成一片，并且要和戴东原先生的哲学联合起来。

与此有连带关系的就是“礼教”。现在有许多人唱“礼教吃人”的论调，的确，礼教吃的人，骨可以堆成一个泰山，血可以合成一个鄱阳湖。我们晓得，礼是什么？以前有人说，礼是养生的，那是与生活即教育相通的。这种礼，我们不惟不打倒，并且表示欢迎。假若是害生之礼，那就是要把人加上脚镣手铐，那是与我们有冲突的，我们非打倒不可。因为生活即教育是要解放人类的。

再次，中国从前有一个很不好的观念，就是看不起小孩子。把小孩子看成小大人，以为大人能做的事小孩也能做，所以五六岁的小孩，就要他读《大学》《中庸》。换句话说，就是小孩子没有地位。我们主张生活即教育，要是儿童的生活才是儿童的教育，要从成人的残酷里把儿童解放出来。

还有一点要补充进去的，就是书本教育。从前的书本教育，就是以书本为教育，学生只是读书，教师只是教书。在生活即教育的

---

① 戴东原（1723—1777）：戴震，清代思想家、教育家。

原则之下，书是有地位的，过什么生活就用什么书。书不过是一种工具罢了。书是不可以死读的，但是不能不用。从前有许多像这样的东西，是非推翻不可的，否则不能实现生活即教育。

现在外国传进来的思潮，也有许多与我们是冲突的。以文化做一个例子吧，以文化为中心的教育，它的结果是造成洋八股。文化是人类创造出来的，固然是非常的宝贵，但它也不过是一种工具而已，不能拿作我们教育的中心。人为什么要用文化？是要满足我们人生的欲望，满足我们生活的需要。电灯是文化，我们用了它，可以把一切看得更明白。无线电是文化，我们用了它，可以更便利。千里镜是文化，我们用了它，可以钻进土星、木星里去……所以文化是生活的工具，它是有它的地位的。我们不唯不反对，而且表示欢迎。欢迎它来做什么呢？就是满足我们生活的需要。有些人把它弄错了，认它做一种送人的礼物，这是不对的。文化要以参加做基础，有了这参加的最低限度的基础，才能了解，才能加上去。生活即教育与文化为中心的教育不同，就是如此。

还有训育[①]与生活即教育的理论怎么样？生活即教育与训育把训与教分家的关系怎么样？生活即教育与社会即学校如何实现？小学里如何把它实现出来？假使诸位以为是行得通的，最好是每一个人拟一个方案来交给我，哪一部分可以实现，我们就拿那个地方当一

① 训育：德国赫尔巴特把教育工作分为管理、教育和训育三个部分。训育，一般指对学生行为、习惯的训练与控制。中国自清末举办学堂以来，传统教育所实施的训育，是强化以统治阶级的思想意识来影响学生，对学生的思想行为，从精神上进行严格的控制。

个社会实现出来。

现在我举一个例子说，去年因为天干，和平学园因为急于要水吃，就开了一个井。井是学校开的，但是献给全村公用，不久就发现了两大问题：

1. 每天出水二百担，不敷全村之用。于是大家都起早取水，后到的取不到水。明天又比别人早，甚至于入夜到天亮，都有取夜水的。到天亮时，井里的水已将干了。群聚在井边候水，一勺一勺地取，费尽了气力才打出一桶水。

2. 大家围着取水，争先恐后，有时甚至用武力解决。

这种现象，假使是学校即社会，就可以用学校的权力来解决，由学校出个命令，叫大家照着执行。社会即学校的办法就不然，他觉得这是与全村人的生活有关系的，要全村的人来设法解决，于是就开了一个村民大会，一共到了六七十人，共同来做一个吃水问题的教学做。到会的人，有老太婆，也有十二三岁的小孩子，公推了一位十几岁的小学生做主席。我和许多师范生，就组织了一个诸葛亮团，插在群众当中，保护这位阿斗皇帝。老太婆说的话挺多，但同时有许多人说话，大家听不清楚，而阿斗皇帝又对付不过来。这回，诸葛亮用得着了，他就起来指导。结果，共同议决了几件事：

1. 水井每天休息十小时，下午七时至上午五时不许取水。违者罚洋一元，充修井之用。

2. 每天取水，先到先取，后到后取。违者罚小洋六角，充修井之用。

3. 公推刘君世厚为监察员，负执行处分之责。

4. 公推雷老先生[①]为开井委员长，筹款加开一井，茶馆、豆腐店应多出款，富户劝其多出，于最短期内，由村民团结的力量，将井开成。

这几个议案是由村民大会通过的。这就是社会即学校的办法。由此，我有几个感触：

1. 民众运动，要以对于民众有切身关系的问题为中心，否则不能召集。

2. 社会运动，非以社会即学校，则不能彻底实行。而社会即学校，是有实现的可能的。

3. 不要以为老太婆、小孩不可训练，只要有法子，只要能从他们迫切的问题着手。

4. 公众的力量比学校发生的大，假使由学校发命令解决，则社会上了解的人少，而且感情将由此分离。

5. 民众没有指导是不行的，和平门饮水问题，倘无相当指导，可能再过四五十年也不会解决。

6. 做民众运动是要陪着民众干，不是替民众干。要想培养中华国民，非此不可。

这就是以小学所在地做学校的一个例子，其余的例子很多，不必多举。社会即学校要如何的实现，请大家一样一样地做个方案，下次开会的时候再谈。

① 雷老先生：雷万民，南京晓庄村有名望的士绅。

这是证明“生活即教育”与“社会即学校”是相连的，是一个学理。

关于“生活即教育”，我现在再来补充一套。我们是现代的人，要过现代的生活，就是要受现代的教育。不要过从前的生活，也不要过未来的生活。若是过从前的生活，就是落伍；若要过未来的生活，就要与人群隔离。以前有一部书叫《明日之学校》，大家以为很时髦的，讲得很熟的。我希望乡村教师，要办今日之学校，不要办明日之学校。办今日之学校，使小学生过今日之生活，受今日之教育。

知识、教育与人生

维恩巴尔格

卢多尔夫·维恩巴尔格（1802—1872），德国作家。青年时期在荷兰任家庭教师，后在基尔大学任教。1835年参与创办《德国杂志》，大力宣传青年德意志派的理论主张。1842年至1846年参与编辑《博森哈勒尔文学与评论》杂志，提倡以文艺形式宣传政治理论和社会改革思想。他的理论主张在青年中引起较大反响，主要著作有《1831—1832年的荷兰》《美学的远征》。

诸位先生们：

我们不乏哲学，至少不乏哲学家，我们也不乏学识，我们所缺的是一种共同的教育重心，归根结底，是缺乏一种共同的生活。

教育的目的何在？教育的目的是为实现人生目标做好准备。那人生的目的又是什么呢？人生的目的就在于生活本身。

这样的答复是不是太简单了？显然不。答案尽管如此明确，但人们还是忽略了自然的呼唤，对社会制度、教育观和人生观做了人为的选择。

生活是为了学习？抑或学习是为了生活？前者显然意味着本末倒置！然而在德国却显露出一种迹象，好像人生来就是为了读书。

生活，什么是生活？生活是一种构筑灵魂和躯体的飘逸气息，是一种健康活泼、令人喜爱、充满活力的原则。忘却这一点，就只能囿于烦恼、紧张和痛苦之中，就只能去翻阅生活之书——历史，去求助希腊和罗马，以致抛弃了整个世界。

然而无论对于个人还是对于整个人类，伟大而光彩夺目的生活虽然值得青年人憧憬，但往往只是时代与机缘的产物。有一种生活根本无须借助历史之笔，而是来自心灵之感，来自所有活生生的事物。你们从希罗多德[①]那里知道，古代波斯人是按照其民族的意愿来建构生活：给他一匹马、一副弓箭，教会他说真话，这样他就算成熟了。我们基督徒向来具有同情心，能嘲笑他们无知吗？我想不可以。波斯人身跨骏马，手执弓箭，眼中闪烁着光芒，从未为谎言所亵渎的唇边挂着坚定的微笑，这也是一个人，他沐浴着阳光，充满了喜悦和欢乐。

诸位先生们，纯粹的知识是无止境的，内容数以百万计。例如有的科学，仅仅为了突破某一点，就需要一个人献出一生，为其夜以继日地工作和学习。你们现在也许能想象两千年后我们将拥有一部多彩的世界史，或者想象你们将成为教授，于两千年后执讲世界史——但请你们想一想，历史不光欧洲有，亚洲、非洲、美洲及南

① 希罗多德（前485—前425）：古希腊著名历史学家，擅长描写希腊波斯战争史。

海诸岛也会有；请你们想一想，千百万知识分子，在漫长的岁月中致力于社会生活、艺术和科学的创新、变革和演讲，这将汇集成怎样的一股洪流？请你们再想一想，历史学教授要将这一切统统纳于为期一年或三年的课程中去，将是多么的为难和尴尬，所以教学也必须有所分工。

因此，毫无节制地汲取知识并不是人生的任务和目的，而只会导致自我毁灭。然而数百年来，德国在教学上却就是这样随心所欲，它把宝贵的人力都投放在毫无结果的坦塔罗斯①作为上。我们德国人怎么由浪迹天涯的英雄，由武士和猎手变成了惧怕现实、埋头于书斋的书生了呢？

希腊不也有学者、智士吗？但希腊的学者并不迂腐，因为世界和学习向他们伸出了热情之手，希腊的科学源自它的生活，它使我们自叹不如。

我们从古希腊中只需汲取一点，那就是如何使灵魂的构成与生活的和谐高于一切，用顺应我们的生命与否来衡量其余的一切。

把人视作一个小小的世界，这一点都不错。人可以并且应该是一种微观世界，因为它本身包含了所有的因素和力量，它确实是全部创造的缩影。然而，一切的创造之物，如天体、动植物均系微观世界，尽管它们的形式是混沌的和无意识的。我们现在并没有去展现我们自身的世界，而只是作为一个旁观者，我们的学者、诗人和

① 坦塔罗斯：希腊神话中的一位国王，因触犯宙斯，被罚立在齐胸深的水中，头上有果树。他口渴欲饮，水即退去；腹饥欲食，果子就被风刮走，因此永远又饥又渴。

思想家满足于冷漠地反映世界，他们自以为把全部的思想、事物、数字和词句印刻于脑海，这便是人生。

那么我们的世界，有机生命体及生机勃勃的现实又将置于何处呢？小小的杜鹃花也使我们感到羞愧。杜鹃花有着跳动的心房及和谐的生命，它是一个小小的学生，学着怎样扎根岩隙、适应气候、汲取露珠和享受春天的气息，懂得把这一切深深地融于自己的生命之中，而我们的教育却是吹毛求疵，空话连篇，无聊至极。

生活，它是人生的最高目标。而学识和科学并非自在之物，它的存在完全是为了满足人类心灵之需，为其提供养分。人类的心灵绝非蓄水池，用来接纳知识之泉，将其装得满满的，它更像一朵鲜花，为甘露张开它的花蕾，从大自然的怀抱中汲取养分和获得生机。生机勃勃，多姿多彩，浓郁芬芳，这便是人类之花的特征。

我们的学习已经脱离了生活，我们必须重新回归生活。要彻底考虑一下，应如何学习，该怎样生活。德国的大学至今仍只适合于欧洲的崇古民族，热衷于以往的历史，忽略未来。德国只有图书馆而无先哲祠。德国人只是世界这一大剧院的观众，而不是舞台和演员。他们为自己的不偏不倚沾沾自喜，满足于公正评判其他民族的生命和力量，而自己却拿不出积极的生命内容供其他民族称颂。

我以为，纯粹的知识不该是教育的目的，也不该是人生的任务，它只会是一种历史累赘，使德国陷于万劫不复之地。不过，也有一种更高级的知识，它与历史的和教条的知识不同，不是记忆性的，而是主动的和理解性的，即所谓的哲学。然而其中最深奥的形而上学部分同样也偏离生活，背弃事实，它抹杀了知觉和感性，甚至同宗教的神秘主义串通一气。

除了哲学，还有一种范围更广的思维，它同样摆脱事件和历史的束缚，但却又不超越现实世界的极限，而是集中全力于生命力的创造，迷恋于创造的有机性与想象力。它的目的和结果在于形成一种符合实际、与我们的思维规律相一致的知识。它并不毁灭现实，而只是超越现实，允许自由想象，准许探讨、评判和检验，提倡通过艺术加工和复制来美化主题。所以，政治学家探究国家的组织，美学家探究艺术的结构、规律以及展现艺术美的条件，所有这一切的目的和结果，均在于知识。这种知识新颖实在，富于个性，有别于抽象的和历史的知识。然而，这样的知识若不以生活为前提，那么它即使合乎自然规律仍谈不上是生活知识，也替代不了生活。

人不光是一面镜子，用来折射创造，解释创造，它本身就是一种创造，拥有天赋的权利和力量，在现有的世界中抢占一席之地。它应该以这种创造活动去维护和巩固这种地位，牢牢立足于现在，去从事反映其短暂一生的创造；应该喜爱人类的业绩，献身于人生的乐趣，充分施展自身的才华，为权利和真理而奋斗；应该颂扬清廉，崇尚美德，揭露虚伪，抨击丑恶，蔑视风险，如有必要，甘为自由和祖国赴汤蹈火。

人生在世，不光是为了探索世界，也不光是为了建功立业。没有我们，地球照样转动。我们只应按自身的常规行事，去提高理解力，去增强作用力，去以力抗力。思考、教育是美好的事物，但它缺少重点，没有核心——生活以及百折不挠的坚强意志，于是思考成了一面镜子，教育失却了内容。

生活是人生的最高目标。知识、科学、教育均替代不了生活本身。虽说有些知识、学科和教育即使不以生活为前提而照样能够存在。然而，诸位先生们，这不可能是科学，科学只有在生活的海洋中方能求得自身的发展。生活将对蔑视它的人施以报复：以偏见之雾弥盖伟大而简单的真理，使之脱离自然科学家、哲学家、政治家、美学家的视野。过去的两百年间，艺术及科学的各个领域时有难堪之事发生。政治这门高级的科学，理当分析一切组织中的最完善者——国家，然而它却难以名副其实，当时欧洲各国将所做的一切都冠以国家的名义，一位法国国王甚至放肆地声称“朕即国家”。现在看来，这种政治不就成了借国家之手炫耀自我的一种可悲写照？不就成了一种推行专制、玩弄阴谋、故弄玄虚的权术？不就成了对国家的一种讽刺？处于这样一个时代，法国或者热衷于愚蠢效仿法国风俗的德国怎么会有自然美？处于这样一个时代，又怎能指望艺术家、诗人乃至美学家将美、艺术和诗作奉献给大众。

狄德罗和卢梭是两位不朽的伟人。他们率先摈弃了流行于世的矫揉造作的陈腐手法。卢梭的《爱弥尔》为欧洲新型的青年教育奠定了基础，他的《社会契约论》则为法国革命，为摧毁欧洲文化艺术、社会伦理及国家政治中的专制提供了依据。而对德国人来讲，在莎士比亚传入德国的同时，也随之带入了一种烘托天才和权势的氛围，一心沉湎于挖掘永恒的主题——纵情享乐。在一段相当长的时期里，人们只求享受乐趣，而不问其源于何处。然而，随着时间的推移，困惑顿生，人们自问，莎士比亚笔下令人陶醉的那种生活和力量又来自哪里？他的作品为何如此有生命力，如此难以逾越？答案明摆着：莎翁的创作绝非闭门造车和即兴发挥，而是扎根于生机盎然的伟大生活。这种生活是他青年时代的梦想，也是他成年之后努力为之奋斗的目标。

种种事实表明，生活是至高无上的，而其余的一切如要兴旺繁盛，则必须以生活为基础。

时代的精神状况——人要成为他自己

雅斯贝尔斯

作为一个哲学家，雅斯贝尔斯认为哲学的任务既不是去说明客观世界的意义也不是去说明一般的意识或精神的意义，而是要描述人的存在的意义。人唯一能达到生存的途径是显示生存，即发现人的各种可能性。人的生存的本质特征就是人的自由，而人的生存就是发现和选择人面向未来的各种可能性，这种发现和选择的行动就是人的自由。

那成就人的世界达几千年之久的事物看来正面临着近在眼前的崩溃，而已经出现的新世界则是提供生活必需品的机器，它迫使一切事物、一切人都为它服务，它消灭任何它不能容纳的东西。人看来就要被它消化掉，成为达到某一目的的纯粹手段，成为没有目的或意义的东西。但是，在这架机器中，人不可能达到满足，它并不为人提供使人具有价值和尊严的东西。在过去的贫穷与困苦之中曾经作为人的存在不被争议的东西，现在正处于消失的过程中。虽然人正在扩展自己的生活，但是他似乎也在牺牲那个可以实现自己的个体自我的存在。

因此，人们非常普遍地相信：各种事物的安排出了毛病，真正重要的事陷于混乱中。每一种事物都成为可疑的，每一种事物的实质都受到威胁。过去人们常常说我们正生活在一个过渡的时代，但是，现在每一家报纸都在谈论世界危机。

那些探寻更深刻的原因的人发现了国家的危机状况，他们认为，当政治管理的方法不能形成走向整体果断意志时，当赞同的情绪游移不定时，所有的基础都开始瓦解。另一些人则谈到了文明的危机，这危机来自我们的精神生活的解体。最后，更有人宣布了这种危机对人类整个存在的影响。一种要求绝对地位的群众秩序，它的界限正如此明显地暴露出来，以致这个世界摇晃起来。

危机体现为信心的缺乏。如果说人们现在仍然依靠着法律的强制，仍然服从着权力，仍然恪守着严格的常规，那只是出于物质利益的考虑，而非源于任何真正的信心。当所有一切都归结为生活利益的目的性时，关于整体之实质内容的意识便消失了。

事实上，在今天，没有任何事业、任何公职、任何职业被看作是值得信任的，除非在每一具体的场合都揭示令人满意的信任基础。每一个不乏见闻的人都对他自己熟悉的领域中的欺骗、犯规、不可靠的现象司空见惯。只有在非常狭小的圈子内尚存有信任，这信任绝未扩至整体。危机是普遍的、包含一切的。它具有多方面的原因，所以不可能通过头痛医头、脚痛医脚的方法来克服，而必须作为我们在世界范围内的命运来理解、来忍受、来控制。

从技术的和经济学的观点来看，人类必须解决的所有问题，就其范围而言，似乎都已成为全球性的问题。这一点不仅在于我们星球的表面已经产生了各种经济条件的普遍交织（这种交织是对生活作技术控制的基础），因而这个世界在今天只能作为一个单元而运作，而且越来越多的人开始把这种情况看作是必要的统一，即统一到一个范围明确的领域中，只有在这个领域的基础上，在如此统一起来的各种条件下，他们的历史才得以展开。这次世界大战就是第一次使得整个人类实际上都卷入其中的战争。

与我们星球的统一一起，开始了一个整齐一体化的过程，人们以恐怖的心情注视着这个过程。那种在今天对我们人类已具有普遍性的事物，始终是最肤浅、最琐碎、最无关于人的可能性的东西。然而，人们仍然努力地要产生出这种统一化，仿佛通过这种方法，人类的统一就能够实现。在热带的种植园里以及在地球北端的渔村，都在放映来自大都市的电影。人们的穿着彼此相似，日常交往的习俗通行于世界。同样的舞蹈、同样的思维方式以及同样的通行语言（它是一种来自启蒙运动、来自英国实证主义以及来自神学传统的混合语言），正在走向全世界。在世界性的会议上，那些与会者们则推进了这种统一化，他们不是设法促进异质存在之间的交流，而是希望在一个共同的哲学和宗教的基础上实现统一。不同的人种之间彼此通婚。历史形成的各种文明与文化开始同自己的根源脱离，它们都融合到技术与经济的世界中，融合到一种空洞的理智主义中。

当然，这个过程还只是刚刚开始，不过每一个人，不单是成人还有儿童，都受到了它的影响。一个扩展着的世界的最初的陶醉，就要为一种受制感所取代。当我们听说人们会惊恐地躲避一艘越过西伯利亚的齐伯林飞艇时，我们确实感到惊讶。那些持久地居留在出生地不走的人，看来已经陷于停滞不前的境地。

我们时代的最显著的特征之一，是实体的丧失持续不停、无法挽回。在一个世纪的时间里，几代人的风貌不断地降低水准。在每一种行业里，尽管始终有新的进取者出现，但是人们埋怨缺乏有力的个人。在各个领域，我们都看到一大群凡庸之辈，在他们当中点缀着一些特别有才干的人，这些人是生活机器的官员，他们照看着这架机器，从中找到自己的事业。过去所具有的几乎所有的展现的可能性都被滞留了，结果便是差不多无法清理的混乱。其结局就是，外在的炫耀代替了真实的存在，多重性代替了统一性，喋喋不休的喧嚷代替了真正的知识的传播，经验代替了实存——一句话，是永无止境的重复仿效。

这种衰落有着精神或心灵上的原因。权威过去曾是通过互相信任而达到的互相联结的形式，它规范着不确定的因素，它使个人同存在的意识相联系。在十九世纪中，这一形式最终被批判的火焰所消融。其结果，一方面是现代生活呈现玩世不恭的特征，人们以轻蔑的态度看待种种粗鄙和琐屑的现象，这类现象无处不有，无论在重大事情中还是在细小的事情中。另一方面，对义务的恪守以及自我牺牲的忠诚都已经消失。我们用无所不施的仁慈（它已不再有人性的内容），用苍白无力的理想主义，来为最可怜、最偶然的事情辩护。既然科学已使我们头脑清醒，我们就认识到这个世界已成为无神的世界，而任何无条件的自由律已退出舞台，剩下的只是秩序、参与和不干扰。我们意志的运用不可能重建任何真正的权威，因为这样的努力只会导致建立强权的统治。只有从新的起点开始，才会形成真正有力量的事物。批判无疑是向更好的事物演变的先决条件，但是批判本身并不具有创造力。从前，批判曾经是再生的力量，但是现在这种力量已经消散、衰亡，走向自身的反面，走向由为所欲为而引起的不稳定。批判的意义不再可能是按照正确的准则做出判断和指导，这原是它的真正任务，即评价事实和指出真正实存的事物。但是它现在不可能这样做，除非有一种真正的内容以及一个自我创造的世界的可能性使它重新获得活力。

面对这样一个问题，即："今天仍然实存着的是什么？"我们的回答是："一种关于危险与失落的意识，即一种对根本危机的意识。"在当前，实存是一种纯粹的可能性，而不是某种已获得的和已被保证的东西。一切的客观性都已变得模棱两可：真理，无可挽回地丧失了；实体，成为令人困惑的谜；现实，则是一种虚饰的伪装。凡是想要探索这种危机根源的人，必须检视真理的失地，以收复这块失地；必须穿越困惑的重重迷雾，以达到关于他自身的决定；必须剥除掩盖真相的种种虚饰，以揭示真正隐藏着的东西。

一个新的世界不可能通过合理的生活秩序本身的作用而从这种危机当中产生出来，所必需的是如下的情形，即人所达到的境界要超出他在生活秩序中所完成的。他要通过表现指向整体的意志的国家来达到这种境界，对于这种国家来说，生活秩序已无非是手段而已；同样，他也要通过精神的创造来达到这种境界，因为经由精神的创造，他开始意识到他自己的存在。沿着这两条道路，他能够在自由的自我创造的崇高之中重新认识人的实存的根源和目标，而对这一点的认识，在生活秩序中已经丧失。倘若他设想，他在这种国家中已经发现他的最本质的需要，那么经验会告诉他，这种国家就其自在自为的存在而言并不能达到他的期望，而仅仅是提供了实现种种可能性的空间。倘若他相信精神，把它作为一种自在自为的存在，那么他会发现这种自在自为的精神在其现存的每一种客观化了的形态中都是可疑的。他必得返回最初的开端，即返回到人的实存，而国家和精神均由人的实存而获得生命和现实性。

如此，他就使能够联结一切的唯一纽带成为相对的状态。这个纽带即是合目的的思想、合理的思想、运用到世界的客观秩序上去的思想。但是，使社会得以形成的真理，是一种暂时的、历史的信念，它永远不可能是所有人的信念。当然，理性的见识所具有的真理对所有的人都是相同的，但是，人自身所持的真理、使人的信念清澈明晰的真理，却在人与人之间各不相同。在原始交流的无休止的斗争中，相异突现，分歧产生。由于这一原因，在当代精神状况中开始思考自身的人，拒斥任何从外部作为权威而强加给他的信仰或信念。尚能作为整体的统一性来理解的，就是这种国家的历史、精神作为一种生命同其根源的联系以及人在其暂时特定的和不可取代的本质中的存在。

教育与人类的命运

联合国教科文组织

教育是人类最基本、普遍的课题，所以教育革新必须跟上急剧变化的现代世界。联合国教科文组织的富尔等人提出，随着现代科技的发展，终身教育和学习化社会的来临为信息翻译、信息传输、信息发现和媒介传播等方面提供了各种可能。学校依然是社会有组织向年轻一代实施教育的重要机构。

一、教育必须与时俱进

很多国家认为，现代人的教育是一个特别困难的问题，而所有的国家都认为，它又是最重要的问题之一。有些人想使今天的世界变得更美好些，因而就要为未来做好准备。在这些人看来，教育乃是一个基本的、普遍的课题。联合国教科文组织成立了国际教育发展委员会，这是一项适时的措施，能跟上当代世界的政治议事日程。

我们发现，一种传统的教育体系曾经历过时间的考验，而且一般认为只需要一些临时性的点滴改良和一些多少带点自动性的调整就行了。但是近来对于这种传统教育体系的批评和建议总是像雪片一样飞来，这种批评和建议甚至对整个教育体系都产生了怀疑。现在有些青年人多少有点公开地反对那些强加在他们身上的教育模式和学校类型，虽然要说明这种特殊现象的影响往往并不是容易的，因为这种现象所表现的不安感是模模糊糊的，反抗是转瞬即逝的。

还有一种教育体系是新近才建立起来的，而且是照抄外国的模式的（在发展中国家里通常有这种情况），而这种地方也出现了类似的混乱现象。当第三世界国家从殖民地时代挣脱出来的时候，他们就以全副精力投入了反愚昧的斗争。他们十分正确地把这种斗争视为彻底解放和真正发展的非常重要的条件。他们认为，似乎只要从殖民者手中攫取所谓技术优势的工具就够了，但是现在他们已经意识到，这些外国模式（甚至在设计者和为之设计的人这两方面看来，都已经过时了）既不符合它们自己的需要也解决不了它们的问题。这些国家在教育方面的投资和它们在财政上的可能性是不相称的。毕业生的人数远远超过了经济所能承受的范围，致使某些特定的集团出现了失业现象，而在这方面的弊端不仅是得不偿失而且造成了如此广泛的心理上和社会上的损害，以致破坏了社会的平衡。那些有关的人们，为了他们的一个基本愿望（即向愚昧做斗争）已经做出这样大的牺牲，受了这样多的痛苦，经历了这样久的战斗，现在要使他们放弃这个基本愿望是绝对办不到的。于是“惹人苦恼的重新评价”是必要的了，正是这种形势要求资金比较雄厚的国家出一份力量，以利于团结。

最后，我们还应该注意到某些国家以为它们自己的教育体系是令人满意的，至少从广义上讲是这样的，而又没有一个权威为它们下结论，说它们是正确的还是错误的。这些国家可能由于没有觉察到那种根深蒂固的败坏情况，而正在自己哄骗自己。在那种状况下，当人们觉醒时，这种觉醒势必十分猛烈，如1968年5月法国所发生的情况那样。但是同样也有这样的可能性，即这些国家通过特别良好的管理和某些其他的一系列的办法而能成功地适应在别人看来难以适应的情况。

尽管如此，即使那些现代国家自以为处于幸运的地位而没有受到危机的影响和良心的煎熬，但是它们还是不敢因此而推断它们自己没有问题和毫无忧虑。相反，这些国家总是十分注意使自己的教育机构和方法现代化并不断地改进它们，因而对于革新的实验并不感到震惊。它们意识到：使尽可能多的“学习者”掌握尽可能高水平的知识，获得崭新的进步，这是可以达到的也是希望达到的。这些国家也不会意识不到这样的事实，即科学发明和科学革新的不断发展使得这种需要日益迫切，但与此同时达到这个目标的前景却又愈益遥远了。

现代国家即使只考虑它们自身的利益也不能不发觉增强国家之间的合作和更自由地、更有组织地交换文献和经验，将有助于它们在自己的事业上取得更高效和更迅速的进步。可是，这方面的成就至今仍然是微小而零星的。

但最重要的是，这些国家对世界的其余地区不能熟视无睹。

当这些国家正在走向知识和力量的顶峰时，它们怎能不对这个行星上处于愚昧无知——如持续挨饿和过早死亡的一大片阴暗区域感到担心，甚至感到苦恼呢？在这个急剧变化的现代世界中，我们不但希望防止经济的、智力的和政治的种种差别变得更加微小，而且还希望所有的人民都可以享受到一定水平的福利、教育和民主。而对于这一点，我们不再认为是什么博爱、仁义、慈善和精神高尚之类的东西了。

我们时代的这种巨大变化正在危及人类的统一和它的前途，也正在危及人类特有的同一性。我们所害怕的不仅是严重的不平等、穷困和苦难的痛苦前景，而且还有人类可能被两极分化，把人类分裂成为优等集团与劣等集团、主人与奴隶以及超人与下等人这样的危险。在这种形势所产生的危险中，不仅有冲突与其他灾难（今天具有大量破坏性的工具很可能落到贫困和反叛集团的手中）的危险，而且还有非人化的根本危险，这种危险既影响着有特权地位的人们也影响着受压迫的人们。因为对人类所造成的伤害，也会伤害所有的人们。

二、学校与学习化社会

有些批评者以教育往往已经过时和僵化为理由提议废除教育，而不是改革教育。既然教育必须比较接近于生活，因而还有一些人就建议干脆禁止办学。这一类观点通常是以进步的甚至是革命的姿态出现的，但是如果把这些观点在任何程度上付诸实践，其效果将肯定是反动的，正像时常与之联系的“零点增长率”这派经济观点一样。

科学与技术的革命、人们可能获得的大量知识、庞大的通讯传播网的存在以及其他各种经济的和社会的因素，已经大大地改变了传统的教育体系，表明了某些教学形式的弱点和其他一些教学形式的优点，扩大了自学的活动范围并且提高了获取知识的积极性和自觉性。根据思考进行教学的地位正在不断地提高。对各种年龄的学生（包括成人在内）进行指导和教育，要求我们采取多种多样校外学习的方式。校外教育包括很多可能的途径，而所有国家都应卓有成效地利用它们。藐视校外教育不过是旧时代的遗风而已，没有哪一种进步的教育赞同这一点。然而，学校这个向年轻一代有条不紊地施行教育所设计的机关，在培养对社会发展有贡献并在生活中起着积极主动作用的人的方面以及在训练人们适当地准备从事工作等方面，现在是将来仍然是具有决定性的因素。特别是在现代社会中，我们通过变化日新、数量日多的渠道接受了大量的信息。如果我们要确切地处理这些信息，我们就要具备系统的知识、才智和技能。科学知识和科学观点乃是事物与现象的普遍的和本质的精华。知识体系和方法可以使人们能够对这样大量的信息做出他们自己的诠释，进而以肯定的方式去吸收它。如果我们要掌握这种科学知识和科学观点，特别是要掌握这种知识体系和方法的话，我们就需要接受恰当的教育机关对我们所实施的有组织的教育。

我们承认从不同的国家来看，根据不同的理由某类学校和某种教学形式必须受到有力的批判，而且学校教育的许多方面也要求彻底重新予以评价和进行改造。虽然如此，如果我们废弃了学校，不把学校当作教育的一个主要部分（当然不是唯一的部分），这就等于我们不让成千上万的人受到这种可使他们系统地掌握知识的教育。尽管人类的文化并不限于知识，但知识在今天依然是文化的有机的和不可缺少的部分。

因此，国际教育发展委员会所采取的立场乃是一种辩证的探讨方式，它一方面要对现行的教育体系加以改进，另一方面在这些现有的体系之外，还要提出可供选择的其他途径。所以这种立场显然既不同于仍被现有教育结构所束缚的那些人的老办法，也不同于梦想教育结构发生剧变而毫不考虑其现实性，因而使自己陷于未知之境的那些人的做法。

根据这些理由，国际教育发展委员会特别强调两个基本观念：终身教育和学习化的社会。由于在校学习已不能再构成一个明确的“整体”，而且也不能在一个学生开始走向成人生活之前（不管这时他的智力发展水平如何以及他的年龄多大），先让他接受这种学校教育，因此教育体系必须全部重新加以考虑，而且我们对于这种教育体系所抱有的见解本身也必须重新加以评议。如果我们要学习的所有东西都必须不断地重新发明和日益更新，那么教学就变成了教育，而且就越来越变成了学习。如果学习包括一个人的整个一生（既指它的时间长度，也指它的各个方面），而且也包括全部的社会（既包括它的教育资源，也包括它的社会的和经济的资源），那么我们除了对“教育体系”进行必要的检修以外，还要继续前进，达到一个学习化社会的境界，因为这些都是教育将来所要面临的挑战。文化上的保守性会不会比经济上或政治上的阻力更容易克服，这一点我们还不能肯定。但是我们一旦要衡量付出代价的利害关系时，我们又怎能拒不进行这场战斗呢！

何况我们现在已经具备了那种需要用于战斗的各种武器。